国家出版基金项目
NATIONAL PUBLICATION FOUNDATION

刘大年全集

书信（下）

十一

長江出版傳媒
湖北人民出版社

编者说明

一、《刘大年全集·书信》（上、下）共收入刘大年先生自1946年至1999年的往来书信，及其保存的他人信函共900封，其中已公开出版487封，未刊413封。

二、《书信》（上、下）共分三个部分。第一部分“往来书信”，收入刘大年先生致他人书信，及与此相关的他人回函。第二部分“他人来函”，收入他人致刘大年先生书信。第三部分“收藏信函”，收入刘大年先生因工作关系保存的他人书信。

三、《书信》（上、下）每个部分的书信均按时间顺序编排。凡年份可考而月日无从考定的，编在该年之末；年份无从考定的，按书写的大致年代编在该年代的末尾，或编在每个部分的末尾。为便于阅读，相关主题的来往书信集纳在一起，按其中第一封书信的时间排序。

四、凡正文中提到的若干人物，在《书信》（上、下）每一部分第一次出现时，尽可能地稍作注释，再次出现时，除非其工作单位、职务、职称等发生了变化，不再重复注释。

五、在作注释时，参考了《刘大年存当代学人手札》（刘潞、崔永华编，中国社会科学院近代史研究所1995年印制）、《刘大年来往书信选》（王玉璞、朱薇编，中央文献出版社2006年版）。

六、残缺或模糊难辨之字，以□代之。

七、脚注均为编者注。

八、《书信》（上、下）由中央党史和文献研究院第二研究部处长、副研究员朱薇编辑。

目录

他人来函

收藏信函

他人来函

一九四六年

1　尹达[①]来函

（1946年10月15日）

大年同志：

因史料尚未运回[②]，课文提纲亦未在手，故鲁雨[③]尚未能去上课，请以告

---

① 尹达，原名刘曜，时为北方大学教务处负责人。

② 指当时北方大学从河北邢台迁往山西潞城转运史料事。关于北方大学，时任北方大学领导小组成员、工学院副主任的刘大年在《北方大学记》（载《近代史研究》1991年第3期）一文中说：

> 北方大学创设于抗日战争胜利以后。它的特点我以为可以说，这所学校形式上更多地接近于所谓正规的综合大学。
>
> 晋冀鲁豫边区1946—1947年时，是面积最大、人口最多的解放区，地理位置重要，工农业生产条件好。北方大学设在那里，有需要和可能把事情设想得稍微远一点。学校陆续开设包括文教、财经、工、农、医学等七个学院和经济、历史两个研究室，有的学院分本科、预科，就是从当时当地的实际情况着想的。教职员队伍的水平也与学院设置相称。校长范文澜同志以外，先后有一批在教育、学术、文艺界富有经验的与知名的知识分子在那里工作。他们中间，一部分是长期在边区从事教育工作的，如王振华、罗青、张柏园、增一、孟夫唐等。孟夫唐与王振华、晁哲甫抗战前在河北南部办教育，思想开明，得到不少青年信从。再一部分是从延安来的和国民党统治区来的，如艾思奇、黄松龄、乐天宇、张宗麟、张光年、陈荒煤、叶丁易、王冶秋、尚钺、李何林等。其他还有一批新从北平等地去的专业知识分子。在校学生最多时上千人。据说除西藏以外各省都有，也有来自台湾的青年。他们中不少人打听到了北方大学，慕名远道而来，历尽艰险。学校里重视学术讨论、思想交流。
>
> 1946年夏天举办暑期讲演会，范文澜讲历史，聂真讲农村政策，还有讲哲学、讲生物学的。……华北解放区连成一片以后，北方大学与华北联合大学合并，组成华北大学，再过半年多以后又进入北京，成了人民大学前身的一部分。它在存在的两年半时间里，为革命输送的干部约一千四五百人。

③ 鲁雨，时任北方大学历史教员。

同学。

你院[①]历史课问题，我们商量很久，最后决定一个办法，即全部由鲁雨同志担任，并拟合堂。这样办也只是一个初步意见，因为困难太多，颇有难以应付之感，万望和同学再度研讨，看是否可以？鲁雨同志很虚心，故特写信给您，请您考虑。并望作复！

您院安置定否？有暇即前往观光，想可享之以白水两杯也！

闻力坤[②]同志即来，然否？

敬礼！

弟　达

十月十五日

关大哥，谢先生[③]等都好！

吴彬[④]同志两次相晤，均未详叙，歉甚！

---

① 指北方大学工学院。

② 力坤，即师力坤，刘大年夫人，时任北方大学校部秘书。

③ 谢先生，指谢籁，1949 年后为北京工业学院院长。

④ 吴彬，时任北方大学工学院秘书。

一九四七年

2 范文澜[1]来函

（1947年1月）

大年同志：

您因工作繁重，影响到健康，我们非常不安，盼望您早点得到休养，以便早点恢复健康。工院[2]工作，请移交陈唯实、高锡金[3]两同志，此地正在为您找住处，以便安静休养。

致

敬礼！

范文澜

---

① 范文澜，时任北方大学校长。

② 指北方大学工学院。

③ 陈唯实，时任北方大学领导小组成员。因工学院副主任刘大年生病休养，陈唯实于1947年1月被任命为工学院主任。高锡金，1947年1月任北方大学工学院副主任。

一九四八年

3 成仿吾[1]来函

（1948年8月12日）

大年同志：

前天由石家庄回来时，李何林[2]同志托带回代乳粉三筒，想你知道是那几个同志的。现派人送去，请为转交是荷。搬家后有无其他新的问题，便中盼见告。即致

敬礼！

成仿吾

八月十二日

4 何干之[3]来函

（1948年8月22日）

大年同志：

介绍史地系助理员尹胡同志来谈，请接洽。

何干之

八月廿二日

---

① 成仿吾，时任华北大学副校长。

② 李何林，时在华北大学研究部历史研究室工作。

③ 何干之，时任华北大学二部主任。

5　孟夫唐①来函

（1948 年 9 月 7 日）

大年同志：

国文系近代文选，拟请王南同志担任，对编教科书是否影响太大？假使不太影响的话，希望他担任起来。因高山②同志多年没有教课，开始任课，颇为费事也，请你给高山同志面谈。此致

敬礼

弟　夫唐

九月七日

6　艾思奇③来函

（1948 年 9 月 9 日）

大年同志：

今天白天我有事，研究部的会，想改到晚饭后再开，请通知各室同志准备意见。

敬礼！

艾思奇

九月九日

7　艾思奇来函

（1948 年 9 月 24 日）

大年同志：

---

① 孟夫唐，时任华北大学教务长。

② 高山，即王治秋，时为华北大学四部研究人员。

③ 艾思奇，时在中共中央宣传部工作，兼任华北大学研究部副主任、党支部书记。

（1）今晚三部有一民间艺人[①]演唱晚会，四部同志如高兴，可以去参加。

（2）我明早去看范老[②]，今天不能来，请告诉萧前[③]一下。

（3）请告高山同志接孩子回家时，顺便到我这里一谈。

艾思奇

九月廿四日

8　钱俊瑞[④]来函

（1948年10月1日）

大年同志：

李何林同志处，你今天请找他一谈，因他本人及带的信，我均未接触。你谈时，请本昨天我谈的精神，即组织上从未得知他这一方面的任何材料，并表示组织上对他的信任。

高山同志待传达会后再找机会一谈。

敬礼。

俊瑞

十月一日

9　钱俊瑞来函

（1948年10月4日）

大年同志：

校部决定外语研究室即日成立，在该室主任未到前，其行政工作暂由该

---

① 指刚入华北大学三部的郭兰英。

② 范老，指范文澜。

③ 萧前，时为华北大学经济研究室工作人员。

④ 钱俊瑞，时任华北大学党委书记，在原教务长孟夫唐南下后任教务长。

室研究员兼秘书齐云[①]同志担任。现介绍齐同志来接洽住房及其他行政生活问题，请协助解决。以后行政上由您负责联系。（业务指导由二部外语系）
敬礼

钱俊瑞

十月四日

10　何干之来函
（1948年10月9日）

大年同志：

二部社会科学小组[②]取消后，据吴、成校长，钱教务长[③]指示，小组四人，入历史研究室，进行中国社会史研究，该组研究工作，并同时同我发生联系。详情我们明天面谈。他们预定即搬四部，房子问题，希望解决。

何干之

十月九日

11　艾思奇来函
（1948年12月25日）

大年同志：

你的信收到了，因为预计很快可以会面，就没有复。我在正还要等些天，课程才能完毕。校长派来的车空回了。研究部的事，让你抱病偏劳，实在抱歉。我看目前情况也只能维持现状，如要进城，还须改革一番。最重要问题，是大家要加强理论学习。否则，就难起作用。你以为如何？

你的《美国侵华史》，没有人审阅，最近送到我这里来了。[④]几天后，我

---

① 齐云，即戚云，1949年后任全国妇联国际部主任。

② 指华北大学师范部的社会科学小组。

③ 分别指华北大学校长吴玉章、副校长成仿吾、教务长钱俊瑞。

④ 指刘大年著《美国侵华简史》送中共中央宣传部审阅出版一事。

读一遍，就可以决定如何处置。特告
敬礼！

艾思奇
廿五日

萧前的信也已收到，请转告。

12 范文澜[1]来函
（1948年）

大年同志：

刚才那些信里，乐天宇同志的那一信（即寄杨的那一信）可不必给成校长[2]看，因事已过去。不必再提也。
敬礼

文澜

---

① 范文澜，时任华北大学副校长兼研究部主任、历史研究室主任。

② 成校长，指成仿吾。

一九四九年

13　何思敬[1]来函

（1949年1月8日）

刘大年同志、冷桂海同志：

今派白金娃去你处运我的行李，请让他带来。我突然离开你们，心中颇有留连，不过他日或到北平后总有会面之日。希各位同志保重身体，尤其大年同志。

冷桂海同志对我甚为关心与照顾，特向你表示谢忱。合作社股票不必换钱，就交白金娃带来吧。

国际法研究室问题已向副主席报告，恐将来不久华大[2]会解决此问题，请告张志明同志，安心工作为幸。草草即致

敬礼。

何思敬

一月八日

王可风[3]、王景华诸同志均此。托带之物转托金城同志转去了，乞代告。又及

① 何思敬，时任华北大学研究部法学研究室主任。

② 指华北大学。

③ 王可风，时为华北大学历史研究室工作人员。

14 王冶秋来函[①]

（1949年1月12日）

范老[②]、大年暨诸同志：

到此后，前一时期忙于搞接管计划，材料太少，很难弄得通当。文管会[③]分四部，我派在文物部，尹达正，我副，下有联络员四人。四部中以我们这一部为最小，对象现确定者为故宫博物院、北平图书馆、历史博物馆、文物整理委员会等。我兼图书处，尹兼博物处。袁同礼、马衡[④]据说全未走。古物、图书蒋匪令十二月十日前运京，闻已运走一部分，后飞机停了，未运走。接管方针，目前维持其现状，万一其负责人走了，仍旧其原机关找中间人士而得信任者继续负责，以免混乱。怕的是现在城内尚有十七个师左右，届时发生抢劫等事。闻故宫已拉出二百大车古树，解决其柴荒。似此长久，

---

① 王冶秋，这时由华北大学研究部抽调至北平，任北平军事管制委员会文管处副处长。关于1948年解放军包围北平情况，时任苏联驻北平领事馆总领事的齐赫文斯基所著《我的一生与中国》（社会科学文献出版社1994年版）一书第53—54页有如下记载：

> 到1948年11月底，华北的战况开始有利于人民解放军。在东北各省的国民党部队投降以后，中国人民解放军总部向华北地区派了大量增援部队，以迫使傅作义的部队基本龟缩在平津周围地区。1948年11月到12月间，涌进北平的除了傅作义的20万部队以外，还有拖家带口的难民（有地主、国民党官僚、伪警察、地方的地主武装“自卫队”头子们），后者总共有三万余人。在中国人民解放军的进逼下，从东北各省撤出并新近编入傅作义部的国民党部队，纪律极为涣散。他们一到北平城内，就开始对当地居民挨户抢劫，就连外国公民也无法幸免。
>
> 所有预感到江山不保的国民党上层人物、特务机关的官员、富有的地主等，因考虑到对人民犯下的罪行而难逃厄运，纷纷寻找门路，以便逃离被围困的城市。
>
> 从1948年12月下旬起到1949年1月30日为止，在市内东长安街与崇文门大街交汇处及大街附近的一块原“外交使馆区”的空地上，紧急修建了两条起降跑道，由国民党和美国飞行员驾驶的小型运输机每天在此着陆，把面粉和其他仪器运进被围困的市区，又把那些一旦中国人民解放军攻城后有理由担心自身命运的、花了大钱的人运出北平。中国共产党的围城部队没有阻止这条空中走廊发挥作用。被围困的北平城全体居民都在焦虑地盼望北平城尽快投降。

② 范老，指范文澜。

③ 文管会，指北平解放时，由解放区诸部门派出人员组成的文化接管委员会。

④ 袁同礼，时任北平图书馆馆长。马衡，时任故宫博物院院长。

恐多损坏，是一忧虑。傅[①]在城正进行血腥统治，有大令队、突击队、义勇队等组织，途中若有说八路者，当场砍死。闻十五晚逮捕数百人，杀死二十余人。东城挖地道，城内有两机场，一在东单，一在天坛。其在城外之正中印刷局，已焚毁。北京饭店附近楼房也要炸毁，以便其飞机降落。朝阳学院之特务学生大打进步学生，打伤数十人。不过他这种统治，大约也不久了。

清华大学前日已正式接管，钱教务长亲自去的。仍由冯友兰[②]负责维持（梅[③]已跑）。由一月一日起经费由我方负责。当全校大会冯宣布我接管方针，并说清华很荣幸为人民解放军、共产党接管的第一个大学，这时全体员生鼓掌不停，直鼓了五分钟。钱讲话之后，院长、教授们认为这是从未听到的共产党这样合理、科学、诚挚的话，使他们非常感动（过去他们对我们十分不了解），而且要求我们多开这样的会。他们要上课，还要我们发大批的书。——总之此次第一个接管的大学很顺利地完成。现学生已放寒假，拟在此时办政治训练班。

北京大学农学院因接近火线，已将其院长、教授、学生等接来此间。院长为俞大绂，表示还好。

现正学习政策，且因各机关调来的同志程度不齐，糊涂观念还很多，预备即日上大课来训练。

石景山、门头沟、丰台等地工厂都完整无缺，石景山且早已发电，现仍往北平送电，以解决人民之用水等问题，但傅限制他们。

此间情况，大致如上。我个人深感一年来理论学习之不足，深恐接管中犯错误。在清华、燕京之同志已有错误发生。尚盼多多指示。

专此并颂健康！

问候吴老、成校长、何老、戴老[④]诸同志健康。

王冶秋　敬上

元月十二日

---

① 傅，指傅作义。

② 冯友兰，时任清华大学文学院院长，代理梅贻琦校长职务。

③ 梅，指梅贻琦，时任清华大学校长。

④ 分别指吴玉章、成仿吾、何思敬、范文澜夫人戴冠芳。

15　张仲实[①]来函

（1949 年 3 月 1 日）

大年同志：

王南、荣孟源、刘桂五、彭明同志在这里的工作[②]已经完毕——近代史上册（鸦片战争至辛亥革命）已经付印，并已看过清样；下册（五四至现在）也写好了初稿。

初中本国史古代部分（鸦片战争前），这里为了应急起见，曾决定暂时采用叶蠖生所编的《中国历史课本》，高中的本国史课本，曾决定暂时采用吕振羽的《简明中国通史》及华岗的《中国民族解放运动史》上册。但是这些书内容都有点深，而且体裁也不适合于课堂教学之用。因此，这些课本还要编写的。这里人力缺乏，将来在编写这些课本时，还要请你处帮助的。具体如何，以后奉告。匆此，并致谢忱。

敬礼！

张仲实

三月一日

---

① 张仲实，时在中共中央宣传部研究室工作，主持中学历史课本的编纂。

② 王南、荣孟源、刘桂五、彭明均为华北大学历史研究室研究人员，当时参加中共中央宣传部为迎接全国解放组织编写历史课本的工作。彭明在《范文澜治史的我见我闻》（载《文史知识》2000 年第 12 期）一文中说："第二次见范老，是在河北平山县西柏坡（中共中央所在地）附近的一个村庄。当时全国解放在即，中共中央宣传部急需编写全国通用的政治、历史课本。正好那时范老在中央所在地附近的一个地方养眼疾，因此中央宣传部请范老从华大研究部历史研究室派一些编选人员。这样，我从 1948 年 11 月至 1949 年 2 月，就随王南、荣孟源、刘桂五几位先生到了西柏坡中共中央宣传部，帮助工作。元旦和春节都是在那里度过的。"

16　范文澜来函[①]

（1949 年 3 月 19 日）

大年同志：

听说您又犯旧病[②]，至为系念！望少管事专心疗养，至要！四部可能找到一所合理想的房子，希望您病早日痊可，与四部诸同志回来。但如身体尚差，千万不要勉强上路，至嘱！！

敬礼！

文澜

十九日

研究室诸同志均此奉候

17　吴玉章来函

（1949 年 3 月 23 日）

大年同志：

听说你病了，回来就想来看你，因为连日作报告，没有时间，未能如愿。希望安心调养，早日康复。

前次修改我的《中国历史教程绪论》（铅印的已印出，送上一本请查收）时，有章实诚说"六经皆史"一句，我记得章名"学诚"，字"实斋"，现没有书籍可考，不知是否我记错了，请告我为幸！

敬礼！

吴玉章

三月廿三日

① 范文澜先期到北平。华北大学研究部和刘大年此时尚留在河北省正定县，准备进京。

②1943 年刘大年从冀南边区政府赴太行山八路军总部途中遭遇日军，为躲避日军追击跳崖导致肺部破裂大出血，落下贻害终生的肺病。

18 姜国仁[①]来函

（1949 年 3 月 23 日）

大年同志：

我是十七日离正定的，走的时候没来向你告别，因为先天下午力坤[②]同志说你的热度又高了些，所以不敢来扰乱你的静养。我这次又和中央防疫处那个女大夫同车，我把你的病状告知她，她说你的病如果营养很好，休养得很好，就可治好，恢复健康。她并且举了一些实例。希望你为党爱惜自己的

---

① 姜国仁，时任华北大学历史研究室研究员。关于姜国仁，刘大年在《一位平凡中见伟大的女性》（载《湖南日报》1986 年 3 月 16 日）一文中有如下评述："湖南这个地方就有向警予、蔡畅这样的著名女革命家，也有更多的像姜国仁同志这样平凡中见伟大的女同志。我认识姜国仁同志是在 1946 年。那时我是北方大学（校址在河北邢台）工学院负责人，她在文学院任教。但在很早以前我就和她有一点间接的联系。1985 年 3 月我写过一篇短文，那上面有这样一段叙述：'抗日战争爆发，爱国心使我决定奔赴延安。1938 年夏天到长沙八路军驻湘通讯处办理去延安的手续。当时湖南知识界尊而不名的'徐先生'徐特立先生介绍办事处一位姓刘的中年同志与我谈话。在日机空袭警报频传下，我们先后作了两次长谈，也可以说是两次辩论。他用历史唯物主义原理，指出我所认为的'国学'要点——《大学》上的正心诚意治国平天下那一套唯心主义实质，旁征博引，议论滔滔，叫人折服。后来从姜国仁同志，也就是这位刘同志的夫人口里才知道，原来他就是当时中共驻湘通讯处主任兼新四军驻湘办事处主任王凌波。徐老和已经在延安去世的王凌波同志，他们是我最早的指路人。'我说很早以前与姜国仁同志有一点间接的联系，就是指这一段往事。1946 年以后，经过一些变动，我们又一起在华北大学研究部工作，并同属一个党支部。直到 1949 年进北京为止。她回湖南工作以后，每次到北京来，总要见面谈一谈。前年六七月间湖南人民代表大会开会，我是湖南选出的全国人大代表，回去列席会议，接受监督。那时姜国仁同志住在医院里，我特地前往探望，作了一次长谈。她非常高兴。她同我爱人师力坤同志彼此熟悉。当她知道师同志不久前因病去世以后，不胜悼叹……姜国仁同志的一生，是把全部心血献给中等教育和语文教学的一生。她多半个世纪如一日，培养出一批又一批学生，对革命和社会主义建设事业卓有贡献。她从不计较名誉地位，也不知什么是个人得失。论工作能力，论显赫的社会关系，她一样也不缺少……如果她追求名誉地位几乎唾手可得。但是她鄙视那种向党伸手，要这要那，把为人民服务当作口头禅，只热衷于谋求个人私利的人，而以孜孜不倦办好中等教育事业引为光荣和自豪。"

② 力坤，即师力坤。

身体，安心调养，不要完全在金钱上计算。余续告，敬颂
痊安。

国仁

三月廿三日

19 吴玉章来函[①]

（1949年3月26日）

大年同志：

前由胡华[②]同志处借到你的《国民党史稿》，冯自由的《革命逸史》，华岗的《中国民族解放运动史》二册，除《国民党史稿》已交还你外，兹将其余三本送还，请查收，赐据为荷。

敬礼！

吴玉章

廿六日

20 范文澜、戴冠芳来函

（1949年3月28日）

大年同志：

日前接天巩、可风[③]同志来信，极为驰念。昨成老[④]来平，得悉尊恙已见轻可，血已停止，为之稍慰。此次是一种警告，以后必须牢记，万不可再大意。望把工作搁起不再挂心，决心静养，一年后再看情形。如稍好即思工作，实是危事。记起宋人笔记中有一人肺病甚重，医生均说难疗，此人即静蛰一

① 时任华北大学校长的吴玉章当时从石家庄参加中共中央召开的会议返回正定，做进北平的准备。

② 胡华，时在华北大学任教。

③ 天巩、可风，即舒天巩、王可风，时为华北大学历史研究室工作人员。

④ 成老，指成仿吾。

室，不与闻任何事，甚至某夜偷儿入室，此人亦熟视无睹，当作不见，无动于心。此人如此静养，三年完全痊愈，如无病人一样。我想此人所为可作参考。只要把病养好，不在目前争做工作，将来工作多得很哩。兹因便车回正定，带上些许微事，借以佐餐，请哂纳为盼。（鲞鱼加一点肉饼加些葱姜味好）

四部借用东厂胡同一号[①]房子（胡适住宅），勉强可住下现有四部，内有颇大的图书馆（闻藏书卅万册）可借读。我目疾颇有进境，希望今后有节制的做些工作。正定设分校，你在那里静养可不感寂寞也。致

敬礼！

范文澜、戴冠芳

廿八日

天巩、可风暨四部同志均此奉候！

王、荣、刘、彭四同志工作完成回来[②]，向他们致敬！

21　范文澜来函

（1949 年 5 月）

大年同志：

好久不得您的消息，甚为念之。近来情况如何？想大有进境。此地[③]读书环境甚好，切盼您安心静养，恢复工作能力，不愁无工作做。为了将来工作，就必须花他一年工夫来休养。您的稿子[④]据艾思奇同志说，他看了，同

---

① 东厂胡同一号，指 1949 年 3 月，华北大学研究部（四部）迁入北平，进驻的东城区王府井大街东厂胡同一号。此前东厂胡同一号为北京大学文科研究所所在地，胡适、傅斯年、汤用彤、梁思永、郭宝钧等人也在此居住。今为中国社会科学院近代史研究所与考古研究所所在地。

② 指王南、荣孟源、刘桂五、彭明，当时均为华北大学历史研究室研究人员，参加中共中央宣传部组织的编写历史课本的工作。

③ 指北平。此时刘大年尚留在正定，范文澜已抵北平。

④ 指刘大年著《美国侵华简史》书稿。

意出版。近去信托中宣部同志将稿寄来，我们照艾同志所提几点意见，修改后拟向新中国书店接洽，听说稿费多一些，出版快一些。此事已以我的意思向中宣部请示，如批准，我想这样做，不知尊意如何？兹乘可风同志去正定之便，匆匆致慰问之意。正定第一部[①]学生中，如有够入历史室之条件者，请您与可风商之，李新[②]同志多多留意。北平书籍浩如烟海，需加增人力也。
敬礼！

文澜

22　王冶秋来函

（1949年8月30日）

刘大年同志：

听说你已搬到先农坛养病，近况如何，念念。

北平图[③]，为迎接人民政协的召开，布置一个美国侵华史料展览室，希望找你的大著[④]作参考，以便布置陈列，不晓得你自己还存有一份原稿否，若有盼即能借用一下，用毕即负责送还。兹介绍北平图马同俨先生往洽，希接谈并帮助解决为荷。此致

敬礼

王冶秋

八月卅日

---

① 指华北大学一部短训部。

② 李新，时任华北大学一部副主任。

③ 指北平图书馆。

④ 指刘大年著《美国侵华简史》。

23　胡乔木[1]来函

（1949 年 10 月 6 日）

大年同志：

尊稿[2]已读，并已送《人民日报》于双十节刊出。稍微有一点字句上的删节，主要是在末了。

敬礼！

乔木　谨覆

十月六日

24　钱信忠来函[3]

（1949 年 10 月 22 日）

大年同志：

来信悉。

据我的了解，肋骨切除对肺病的再发有作用的，但必须看空洞在什么部位，使胸腔塌后影响如何而作决定。

此外两侧肺都有病，一般不十分合适，因一侧塌后他侧要增加□，同样有再发的机会。

以上只是一点小意见，请同医生具体商量一下。即此供您参考。

健康

钱信忠

十月二十二日

① 胡乔木，时任人民日报社社长。

② 指刘大年《介绍辛亥革命中的君主立宪派》一文，在《人民日报》1949 年 10 月 10 日发表。

③ 钱信忠，时任中国人民解放军西南军区卫生部部长。1943 年，刘大年从冀南边区政府赴太行山八路军总部途中遭遇日军，为躲避日军追击跳崖导致肺部破裂大出血，落下贻害终生的肺病。其时在八路军总部医院曾得到过钱信忠医生的治疗。1949 年进北京后，刘大年住进先农坛医院治疗肺病，故有此信。

25　范文澜来函[①]

（1949年）

大年同志：

经常打听您的病状，知道已逐渐见好，至以为慰！尚望坚决休养，以期早日康复。自您离研究室后，我残敝之人，如觉失左右手，可风亦半年未回，又失一助手（听说不久可回来）。研究室同志一般工作很好，但某些疏懒不振作（个别的）之情形，也实在令人寒心。尊恙何时能痊愈，医生如何说法？医生说可以出院时，希望能回研究室半卧治（一个月后此地可有屋子空出来），不必认真工作，对我帮助就很大了。如医生说尚须休养，则坚决服从之。

我想写一篇关于中国封建分期问题，到马列学院讲一次，征得很多意见，想不到您也在休养中为我提意见，感谢之至！等各方意见收集后，我想比较周到地写出来，再向各方请教。如能对此问题相当说得通，亦一快事也。祝痊好！

文澜

十三日

《侵华史》[②]已遵嘱改正矣。

---

①1949年1月中国科学院成立。原华北大学历史研究室迁入北平后，于1950年5月改为中国科学院近代史研究所，范文澜任所长。

② 指刘大年著《美国侵华简史》。

一九四〇年代

26　何思敬来函

（1940年代）

大年同志：

临走时，曾以我的日文《苏维埃法论》交外文研究室洪术同志翻译，听说已译了一半以上，现因急于参考。请您要他交白金娃带来为幸。草草即致。

敬礼。

何思敬

1月10日

一九五一年

27　人民出版社来函

（1951年6月12日）

刘大年同志：

六月七日，大函奉悉。

尊著《美国侵华史》一稿荷承俯允授与出版权，以定量陆万〇千册办法计算稿酬，兹特填就出版合同一式两份，随函附奉，敬请签字盖章以后一份掷还存查为荷！此致

敬礼

人民出版社经理室　启

六月十二日

28　陈家康[①]来函

（1951年8月4日）

大年同志：

来稿[②]我已看过，经我们司里同志研究后，认为可以发表。特送还给你，即请查收。

此致

---

① 陈家康，时任外交部亚洲司副司长。

② 指刘大年《一八七四年美国与日本合作进攻台湾的经过》一文，载《新建设》1951年第5卷第3期。

敬礼！

陈家康

一九五一年八月四日

29　范文澜来函

（1951年）

大年同志：

明晨八点半郑先生来我处商量开会事，我已去约丁瓒[①]同志来指导。如不妨碍你的睡眠，希望你也来，但不要违反你的起床习惯。

文澜

30　范文澜来函

（1951年）

大年同志：

今年是旧朝辛丑条约五十年，丁名楠同志的稿子趁这个机会出版，倒是一个机会。我想请您空闲时看一看，指出应改之处，以便名楠同志修改。

敬礼

范文澜

28日

---

① 丁瓒，时任中国科学院计划局副局长。

一九五二年

31 曹日昌[①]来函

（1952年3月13日）

大年同志：

奉上我的检讨底稿[②]一份，请你提示些意见。修改后，值得在党组小组

---

① 曹日昌，时任中国科学院联络局副局长。

② 检讨底稿，指1952年全国知识分子思想改造运动时，曹日昌当时所作自我批评的底稿。

中国科学院的知识分子思想改造于1952年2月开始，由郭沫若领导的全院学习委员会主持，刘大年负责实际事务，半年后即结束。《竺可桢日记》1952年2月25日记载："下午三点约刘大年……谈我们四位副院长如何检讨事，决定先在院学委会上检讨，再加领导各单位之代表在此前之小组先检讨，再提意见，然后至学委……刘大年说要注意政治思想和学术思想……"（载《竺可桢日记》第三册，人民出版社1984年版，第270页）

关于中国科学院知识分子思想改造的情况，中国科学院编辑的《院史资料与研究》1993年第1期中《何祚庥先生谈访录》一文中有如下记载：

> 思想改造时，陆定一的指示是"和风细雨，自觉革命"。有一个总结报告，刘大年写的，我参与了修改，登在中央宣传部的《宣传通讯》上，这是一个关于科学院知识分子思想改造的全面性总结。……赵沨是科学院思想改造党组的书记，刘大年是副书记，这个党组里还有恽子强、丁瓒、范文澜……刘大年同志在全面的工作上管得多一些。刘大年讲的情况是真实的（见《院史资料与研究》1992年第1期《刘大年先生访谈录》——引者注）。大多数人都没有什么大问题，除胡先骕以外。所谓"除外"，也就是胡先骕的检讨要二次过关。……在思想改造时，有些人有严重的历史问题或生活作风问题，群众有意见。他们自己也比较紧张。我们所采取的方针是，有些事情只要跟我们谈了，我们就不要人家在会上检查。因为这是我们不要人家讲，人家也就心安理得了，否则人家会觉得自己思想改造不彻底。在积极分子会议上我们也再三重申"和风细雨，自觉革命"的方针，请与会者不要老刺激他们的自尊心，

同志前提出时，再开会。你看如何？

布礼！

日昌

三月十三日

32 竺可桢[①]来函

（1952年4月11日、23日）

一

大年先生：

寄你过去《我在反动的思想与时代》两文（1945—1946年左右），和另外两单行本，请你给检讨。此致

敬礼

竺可桢

四月十一日

二

大年同志：

我的检讨[②]已写好，寄你一份，请你多多的提意见。我自己知道这检讨极不深刻，并盼沈自敏[③]同志也帮我的忙，使我能改正思想上的错误。此致

所以很多问题在会上是回避的，因为要尊重一个人的人格、自尊心。所以说科学院搞得比较好。

还有些人是保护过关的，根本不让碰，像几位副院长就是。几位副院长都参加思想改造，写材料，竺可桢、吴有训、陶孟和、李四光也都写了一大厚本。思想改造内容之一就是要说清楚过去和国民党有什么关系。在旧社会，怎么能不和国民党发生关系？不发生点关系他怎么能当中央大学校长、浙江大学校长？他们把材料送来了，给共产党送来了，这就行了，不需要再做检讨了。后来由邵荃麟、陆定一等找他们谈谈话，就行了，过去了。

① 竺可桢，时任中国科学院副院长。

② 指思想改造运动时竺可桢所写的自我批评的文章。

③ 沈自敏，竺可桢的学生，当时在中国科学院近代史研究所工作。

敬礼

竺可桢

四月廿三日

因为时间的关系结论写得很短，解放以后一段事迹就写得很少，这在正式检讨时必须加以补充。

33 罗常培[①] 来函

（1952 年 5 月 5 日）

大年同志：

今天下午我因为民族事务委员会在军管会招待印度文化代表团，不能分身听你所作关于资产阶级思想的报告，甚为失望。你如有写出来的稿子，事后希望能借我一看。特此请假。

顺致

敬礼

罗常培

五月五日

34 郭沫若[②] 来函

（1952 年 6 月 9 日）

刘大年同志：

四位副院长的文章[③]，我都看了。李副院长的Ⅳ、Ⅴ两章，文字再加润色，如得他同意，似可发表。其他三位的，觉得都有不便，在处理上望仔细斟酌。报告会[④]何时可以召开？我在二十二三恐又须出国。我须领头报告，

① 罗常培，时任中国科学院语言研究所所长。

② 郭沫若，时任中国科学院院长。

③ 指李四光、竺可桢、吴有训、陶孟和在思想改造运动时写的自我批评的文章。

④ 指四位副院长的自我批评会。

望于廿日以前连续召开。今晚八时如有暇，请约丁瓒、曹日昌等同志来我处一谈。

敬礼！

郭沫若

六、九

35　侯外庐[①]来函

（1952年）

大年同志：

来函奉悉。西北领导方面已告我，一如你所云各点。“历史研究”会议[②]等件亦收到。现正部署工作，惟上面领导并未说让我离开之确切时间。京中工作如需我即去，应由你们函催西北领导。

我介绍一位作校勘和集资料之工作人员，名索介然，现在西大工作，请能列入编制，于我回京最好能随回，以便在工作上使用他。自传不日寄去。

此候

编政！

侯外庐　具

九日

36　范文澜来函

（1952年）

大年同志：

① 侯外庐，时任西北大学校长，准备调京任即将成立的中国科学院历史研究所第二所副所长。

② 指中共中央成立的中国历史问题研究委员会会议。

叶菲莫夫[①]同志来电话，约明天来看我们。电话条子在桂五[②]同志处，请你看后决定或明天上午或下午，或我和你去看他或请他来所，都请你决定，去电话约定。我明天大概无事情。现在我去开会了，不必等我回来，你就去电话商约吧。

敬礼！

范文澜

二十九日

37 范文澜来函

（1952年）

大年同志：

刚才丁瓒同志来，怕你睡了，要我转告你，明天你上院时，请将所有学习的全部材料带去，以便向郭老[③]汇报并在考虑问题时有所参考。

文澜

---

① 叶菲莫夫，列宁格勒大学副校长，苏联研究中国近代史的学者，是新中国成立后第一位访华的苏联历史学家。

② 桂五，即刘桂五，时任中国科学院近代史研究所研究员。

③ 郭老，指郭沫若。

一九五三年

38　杨钟健[①]来函

（1953年2月6日）

大年同志：

昨未及畅谈为憾。今早得知已购得今晚车票，局事已呈准由兄代理，一切偏劳为谢。如兄离国[②]，似可托杨肇廉[③]兄代行。仍请兄斟酌决定。弟大约二月廿五前后可以返京。出国后望仍保持联系，多赐教言。目前存在问题开列于后，请于离国前加以催促为要。

（一）办公室非再加两三间无办法，请与办公厅再恳谈，以便早日解决。

（二）翻译室领导问题应即明确决定。弟意行政方面事仍由余元厂[④]办较为妥当。应明确以明责任。

（三）名词室，李不打算叫来，郑作新[⑤]的任务应即进行。

（四）本局各种章则早指定整理，迄今未办，弟甚着急，此于业务进行十分重要，已面嘱王洪年推进，兄可再加催促。

（五）机械名词情况要向文委反映，并请指示。

（六）各片汇报制度限本月内建立。

（七）兄去后科通委员会及科通信工作应有一布置。

（八）刊物定价问题也很重要，恐要协助出版□先定出一方案再呈院。

---

① 杨钟健，时任中国科学院编译局局长。

② 指刘大年参加中国科学院访苏代表团，即将赴苏联访问。

③ 杨肇廉，时任中国科学院编译局编审。

④ 余元厂，即余元盦，时任中国科学院编译局翻译，后调进近代史研究所。

⑤ 郑作新，时任中国科学院编译局编审。

其他尚有许多小事，已面告王洪年，不赘。

专此，即请□□□□，并祝出国顺利成功，回来为我们局工作的开展打下更好的道路!

弟　杨钟健

二月六日早

学术论□丛刊的工作仍要加油，可与黄宗甄谈。

39　郭沫若来函

（1953年2月9日）

为了加强《科学通报》的编辑工作，业将原编辑委员会加以调整和扩大。仍聘先生为《科学通报》编辑委员会委员。

此致刘大年先生。

院长　郭沫若

1953年2月9日

40　中宣部来函

（1953年8月8日）

刘大年同志：

为了领导中国历史问题的研究工作，中央决定成立中国历史问题研究委员会，并决定以尹达、吴玉章、吕振羽、杜国庠、范文澜、胡绳、侯外庐、陈伯达、郭沫若、翦伯赞、刘大年为委员，以陈伯达同志为主任。委员会会议召集日期另定，特此通知。

中共中央宣传部

1953年8月8日

41　郑振铎[①]来函

（1953 年 11 月 2 日）

张副院长[②]、大年同志：

我局与所属单位，约有一千多人，拟于十月革命节举行庆祝大会（在故宫神武门）。希望你们两位中能有一位到会，讲“访苏见闻”[③]。群众是迫切希望的！兹由我局罗歌同志持函面洽，盼予接见为感！致

敬礼！

郑振铎

十一月二日

42　郭沫若来函

（1953 年 11 月 3 日）

刘大年同志：

上海李平心[④]先生去年寄我的一篇东西《居延汉简奴隶考》（似稿又似信），内容颇好。凡关于汉简出处，我已仔细据《汉书》校正了一遍。所引别的书籍，可能亦有误记处，我就没有工夫仔细校对了。这稿子，我觉得《历史研究》里面可以选用。此致

敬礼

郭沫若

十一月三日

此稿如用，望直接通知李君，问他有无补正处。李通信处见附上原信。

另外有一篇《伊尹、迟任、老彭新考》，我觉得太牵强了，不好。

---

① 郑振铎，时任中国科学院考古研究所所长，文化部社会文化事业管理局局长。

② 张副院长，指张稼夫，时任中国科学院副院长。

③1953 年中国科学院曾派出第一个科学家代表团访问苏联，张稼夫与刘大年同参与其中。

④ 李平心，时任华东师范大学教授。

43 郭沫若来函[①]

（1953 年 12 月 14 日、15 日）

一

刘大年同志：

感冒大体上好了，还有点咳嗽，体温不稳定，有时高过三十七度。汪篯同志的报告[②]看了。浦江清[③]先生和杨向奎[④]先生的文章都跳着看了一遍。浦文是费了大功夫的，我认为可以发表。（作为一个单行本印行，也是办法。）这是一个很麻烦的问题，提供出来可让学者们继续研究。杨文，问题比较多，断定《周礼》"无论如何不是王莽'时代'的伪造"，很难使人信服。《周礼》和《左传》，是刘歆利用了大批的原始资料而加以改编，也窜杂了己见，大体上是可以成为定论的。[⑤]

敬礼！

郭沫若

十二、十四

在廿号左右召开一次编委会，我同意。关于科学院的报告，留下慢慢看。

二

昨天，何北衡[⑥]来访。谈及周孝怀[⑦]老先生有信给他，提到两件事。一件

---

① 十四日、十五日两封信是连接写下来的，没有另外起头。

② 汪篯，时任北京大学副教授，陈寅恪的学生。汪的报告即关于请陈寅恪任中国科学院历史研究所第二所所长一事的报告。

③ 浦江清，时任北京大学教授。

④ 杨向奎，时任山东大学教授。

⑤ 刘大年在《郭沫若关于〈历史研究〉的六封信》上对此有如下叙述："评价别人的论著自然离不开自己的学术观点。12 月 14 日的信上，认为刘歆伪造《左传》《周礼》，那是他早年同意今文经学的学术观点使然。……郭老如果在今天谈论这个问题，大概也会改变自己的看法。"（载《历史研究》1994 年第 1 期）

⑥ 何北衡，时任全国政协委员。

⑦ 周孝怀，清末时任四川巡警道。

是译经工作，马一浮[①]（陈毅[②]同志曾到杭州去访问他，并邀他去沪游览）到上海，周与马谈及，马也赞成。就是把《十三经》译成白话文，我看这工作是可以做的。周意每月需几百万元[③]开支，这数目也不大。我请他拟一个详细计划来。譬如成立一译经组，摆在上海，让周主持。他可以推荐些人来，怎样进行分工，房屋是否需要等等。何北衡答应把这意见转达。我意，在上古史所中附设一"译古组"，恐有必要。老先生们搞的，或许不一定合用，只要他们肯搞，也好。让他们搞出后，再看。《十三经》等是不失为研究古代的资料的。

第二件是关于搜集近代文献的工作。这事，我叫何北衡当面和您谈，他会来访您。关于搜集近代文献，的确是值得做的。问题是要拟出一套办法出来。近代史所恐也须准备这一笔预算。由近代史所主持，通过各级文教机关，就地进行搜集或采访。

郭沫若

十五日

44　季羡林[④]来函

（1953年12月29日）

大年同志：

冯家昇[⑤]先生的论文[⑥]已阅过，文字方面有些不妥当的地方，冒昧加以改正。排印后一定要请冯先生自己再校阅一遍。特别是畏兀儿文部分，很多地方，冯先生写得不清楚，不经他自己校阅，恐怕会出很多错。此致

① 马一浮，即马浮，时任浙江文史研究馆馆长。

② 陈毅，时任中共中央华东局第二书记。

③ 旧币，币值相当于1955年3月1日后发行的新人民币几百元。

④ 季羡林，时任北京大学教授。

⑤ 冯家昇，时任中央民族学院教授。

⑥ 指冯家昇发表在《历史研究》创刊号上的《元代畏兀儿文契约二种》一文。畏兀儿，今译维吾尔。

敬礼

季羡林

12月29日

45 范文澜来函

（1953年）

大年同志：

星期座谈会名单，至少有一半人没有听过你的报告①。（参加者是哲学和历史部门的人，“大哲学家”冯友兰、金岳霖都参加了。）请他们发表高见，似不甚方便。我想请你准备三十分钟的发言，扼要叙述上次报告中的几个要点，并加上搞哲学的参加人需要的东西。我想不等他们提出意见，你先讲一讲，是比较好的。

你给元维②的钱，我应该奉还，决不应客气。如果易地而处，你是不是一定要还呢？兹再奉上，务恳收下，以了我一桩心事。如说可等元维信来再说，这个想法是不对的。难道我们能不相信留学生管理处么？如再推辞，我只好在党小组会提出来，那就把问题闹“大”了。见胡乔木③同志，有没有问起《大公报》评语的日期？

敬礼！

范文澜

九日

---

① 指刘大年1953年参加中国科学院访苏代表团回国后所作的报告。

② 元维，即范元维，范文澜次子，时在苏联列宁格勒留学。刘大年在访问苏联时，曾将在苏联得到的稿酬借给范元维，故有还钱之事。

③ 胡乔木，时任中共中央宣传部副部长。

一九五四年

46　郭沫若来函

（1954年1月3日、4日）

一

刘大年、尹达[①]同志：

发刊词[②]昨晚起了初稿，今早看了第二遍。写得不大好，特别在尾巴上想不出更响亮的语句来结束。请您们尽量地删改、润色。如不可用，就只好请您们另起炉灶了。

敬礼！

郭沫若

一、三

二

刘大年同志：

发刊词末尾一小节，如无大改动，请将“促进高潮”四字，改为“各尽所能”。此致

敬礼！

郭沫若

一、四

---

① 尹达，时任中国科学院历史研究所第一所副所长，《历史研究》主编。

② 指郭沫若为《历史研究》写的发刊词。

47 郭沫若来函

（1954年1月7日）

刘大年、尹达同志：

这是陈公培同志开的名单[①]，供您们参考。

郭沫若

一月七日

48 吴晗[②]来函

（1954年2月22日）

大年同志：

送上朱士嘉[③]来信，请研究处理。

朱这个人，廿多年前和他认识，没有深交。解放后他来历史所，曾见面几次，并有一次特地找我谈话，说明他对宿舍、待遇、薪金等问题的意见。当时我就把他的意见转达给你。以后他对我及工作多次来信，要求调动工作。

---

① 名单，指陈公培向郭沫若推荐的参加《历史研究》工作的人员名单。此事刘大年在《郭沫若关于〈历史研究〉的六封信》（载《历史研究》1994年第1期）一文中说："这两行字（指郭沫若来函——引者注）是批在陈公培提供的一个资料上转来的。那个资料上列有可以考虑参加刊物编辑工作的人员的名单，又并排写着'史学研究''历史研究'两个刊名。刊物叫什么，显然1月初尚未确定。郭老书写了'历史研究'四个字，这才定下来。关于这个名称后来还有一个小故事。1955年春天，苏联驻华大使、哲学家尤金访问中国科学院，潘梓年和我同他谈话。在谈到《历史研究》时，他表示对刊物名称颇有疑问。理由是'研究'一般表示学问高深，所以苏联科学院的历史刊物叫《历史问题》。他说你们叫'研究'，把自己提得太高了。他提出的疑问让人觉得苏联'老大哥'希望别人什么事都跟他们一样才对。我们只好作些解释，说明在中国文字中，'研究'并没有高深的意思。"

② 吴晗，历史学家，时任北京市副市长。

③ 朱士嘉，1950年由美国回国，任武汉大学图书馆馆长，1953年调中国科学院近代史研究所工作。

最近一次信具体提出要求搞档案工作。我把他的信转给曾三[①]同志，曾三同志回信说，已向历史三所了解，此人不宜作档案工作，要我回信。我就回信告诉朱，档案机构目前暂不需人，请在原岗位安心工作。

今天他又来一信，并附材料。提出可能因为是历史三所没有给他作结论的缘故，要求我协助解决。

我对朱这廿多年来的情况不清楚，不能提供什么意见，只能将原信转上，供参考。请考虑处理。如需原附资料，请告。即奉上。

敬礼

吴晗

2.22

49　顾颉刚[②]来函

（1954年4月22日）

大年先生：

别来匆匆一月，想一切安好，为念。

月前复旦大学人事室派员来接洽，谓得华东高教局通知，前来了解，以便帮助打箱，当即告之，并将尊意可以分批运京述及。一月以来，杳无消息。前日去函询之，得复。知渠已将接洽经过报告中央高教部，须得部中来文方可着手进行。

我的书籍分置苏州、上海，而上海又分置七处。估计打箱工作即须做一个月。深恐高教部来文太晚，致影响七月动身。特此奉闻，请由科学院催促高教部速办。

我的家庭住所已否找到，乞见告。

---

① 曾三，时任中央档案局局长。

② 顾颉刚，时任复旦大学教授，经周恩来总理提议，准备调京至中国科学院历史研究所第一所任研究员。调京之事由刘大年赴上海洽办。此事见《顾颉刚年谱》1954年2月："中国科学院决定见聘。三月，刘大年自京至沪，告此事，并告历史研究所的办公处已定。"（《顾颉刚年谱》，中国社会科学出版社1993年版，第351页）

敬礼！

顾颉刚 上

一九五四年四月廿二日

尹达先生前均此。

50 胡绳来函[①]

（1954年5月5日）

大年同志：

对范老和傅衣凌[②]的稿子已看过（后者只匆匆翻阅），意见如下：

一、对范老文章。

提出这个文章作为讨论的材料，我赞成。此文缺点似乎是对所提出的论点未作充分的论证。我有一些看法或可供范老考虑。对于在“某种程度上仍旧保留着封建割据的状态”全文未作说明，因而对政治上的统一的说明似乎有点言之过甚。例如我想，不能只把唐以后的五代十国看作封建割据，而是在唐的后期，藩镇割据已使唐的统一政权大打折扣了。这是一点。其次，对全国经济上的联系似乎也缺少具体分析。当然不能把封建时代的所谓中心大市场所起作用理解为和资本主义社会中的城市一样。本文固然没有说作用相同，但因未和自给自足的农村联系起来谈，未具体分析这些市场的作用，故会使人发生误解。中央集权的统一国家的基础之一是商品生产与商品交换，这判断是值得怀疑的，至少在看到商人在政治上的地位时，就会使人发生这种怀疑。这是第二点。以上是两个主要问题。附带说一点，第三页引恩格斯的话，原文所说要求统一的人应是指最早的资产阶级——商人（因引文节去上文，看不清楚），但下面说明则说“欧洲人向国王寻求支援”，没有了阶级

---

① 胡绳，时任中共中央宣传部秘书长，中共中央直属高级党校一部主任。范文澜在这封信上的批语是：“大年同志：胡绳同志的意见很好，我改了一些请你仔细看看，提出修改的意见。吴大琨文发表很好，以提倡批评风气。” “吴大琨文”，指吴大琨著《与范文澜同志论划分中国奴隶社会与封建社会的标准问题》一文，载《历史研究》1954年第6期。

② 傅衣凌，时任厦门大学教授。

分析，从而对战国时“人们厌恶战争要求统一”也没有阶级的说明。

以上看法只可供考虑，请提交范老为荷。

二、傅衣凌的书我看还有点价值。但作者理论说明的能力似不高，故导言写得不大好。以下文章提供材料，粗加分析，是颇用了功的。我以为此书可介绍给人民出版社出版（他们可用三联书店名义印），如果你以为可节出一章在《历史研究》用，也无不可。

胡绳

一九五四年五月五日

51　何其芳[①]来函

（1954 年 6 月 17 日）

刘大年同志：

学部报告[②]我觉得可以在第五页倒数第四行“理论问题”下加写这样几句，请考虑决定：

“文学方面，需要研究我国文学运动中的有关社会主义现实主义的理论问题，需要研究五四以来新文学运动的历史，需要用马克思列宁主义观点对我国古代伟大的现实主义的作家及其作品进行研究，作出适当的评价。”

专此。致

敬礼！

何其芳

六月十七日

① 何其芳，时任北京大学文学研究所所长，准备调任中国科学院文学研究所所长。

② 指中国科学院哲学社会科学学部成立大会上的报告。学部成立后，北京大学文学研究所划归中国科学院领导，成为中国科学院文学研究所。刘大年时为中国科学院党组成员，参加学部的筹建工作，负责起草社会科学部分的报告。关于中国科学院学部，据 1954 年 4 月 9 日《人民日报》载，“学部是中国科学院领导所属各研究所进行学术研究的机构。日前先着手筹备设立四个学部。四个部和各部负责人是：物理数学化学部，主任吴有训，副主任庄长恭、华罗庚；生物学地学部，主任竺可桢，副主任许杰、陈凤桐；技术科学部，主任严济慈，副主任茅以升、武衡；哲学社会科学部，主任郭沫若，副主任张稼夫”。

52 罗常培来函

（1954年8月6日）

大年同志：

语言学部委员[①]会，我建议仍添吴老[②]，列在我的名次前边。吴老对文字改革方案两年来极热心努力，为我辈所不及，德望亦足以领我群伦。黎锦熙[③]学术上已过时，不足以服众，请再考虑（他在语法上的成就实远逊王力[④]与叔湘[⑤]，如除名，将来可列入所的学术委员）！此外同意向达[⑥]意见，把陶孟老[⑦]摆个名字在内（论旧的著作，他也有几本，是英文的）。请再反映、考虑。

敬礼

培

一九五四年八月六日

53 钱三强[⑧]来函

（1954年8月13日）

大年同志：

你叫我写的东西，我搞了一下，基本上是“文抄公”（特别是题目！！！）。题目和内容是否合适请考虑。我想科学工作成就平铺直叙而无体会似乎不好，但不知当初分配工作时，是否体会交给别人了。计划的原则我也提了一下。总之，你考虑后我们再谈。文章则更希望你们修改，因为你

---

① 指哲学社会科学学部中语言学方面的学部委员。

② 吴老，指吴玉章，时任政务院文字改革委员会主任。

③ 黎锦熙，时任北京师范大学教授。

④ 王力，时任北京大学教授。

⑤ 叔湘，即吕叔湘，时为中国科学院语言研究所副所长。

⑥ 向达，时任北京大学教授。

⑦ 陶孟老，即陶孟和，时任中国科学院副院长。

⑧ 钱三强，时任中国科学院学术秘书处秘书长。

是知道我的文字是不成的。

三强

八月十三日

54　罗常培来函

（1954年8月14日）

大年同志：

送来石钟健一文，与考古学人类学的关系多而与语言学之关系毫无。建议送交翦伯赞、潘光旦、林耀华、费孝通[①]各位先生审查为宜。原稿“獠”字必须改正，免违政策。请费神退回《历史研究》编辑部为盼。

此致

罗常培

一九五四年八月十四日

我从明天起拟休息两星期，有事九月一日以后再谈。

55　贝时璋[②]来函

（1954年8月21日）

大年先生：

遵嘱写了一篇感想[③]，实在不成样子，如果不能用，请作罢好了。《科学通报》稿子，尚待以后努力，这几天还是很忙。

致

---

① 翦伯赞，时任北京大学教授。潘光旦，时任中央民族学院教授、全国政协委员。林耀华，时任中央民族学院教授。费孝通，时任中央民族学院教授。

② 贝时璋，时任中国科学院上海生物研究所所长。

③ 指1954年《科学通报》副主编刘大年向贝时璋约稿一事。据贝时璋1995年回忆，稿子为1953年冬在中共中央党校杨献珍主持的会上所作的题为《生命起源》的报告。

敬礼

贝时璋

八月廿一日

56 吴晗来函①

（1954年8月30日）

范老、大年同志：

朱士嘉同志最近来谈，有两个问题向你反映一下：

一、他的工作分配在辛亥革命史组，但是他自己过去比较注意美国侵华史实，希望能到美国侵华史组。

二、他多年研究地方志，搜集材料很多，也希望能有所安排，在所内能有地方志组之类的分工，带几个助手进行工作。另一面，他家住东城，离所过远，也希望能够帮助调换一下，节省来往时间，多做工作。

我想我应该把他的希望转告，供你们参考。

敬礼

吴晗

8.30

57 陈伯达②来函

（1954年9月29日）

刘大年同志：

现在定十月四日（星期一）上午九时在科学院第一会议室开历史问题研

---

① 范文澜在这封信上的批语是："大年同志：朱对吴说的话不甚切实，你是否可写一信和吴解释一下？他根本没有到辛亥组，也没有不让他搞地方志。"

② 陈伯达，时任中共中央宣传部副部长、中国科学院副院长、中国历史问题研究委员会主任。

究委员会[①]第二次会议，讨论历史教材的编辑问题。附上人民教育出版社关于编辑历史教材问题的意见和载有范文澜同志所作的《关于中国历史上的一些问题》一文的《中国科学院历史研究所第三所集刊》各一份，以供参考，

---

① 关于中国历史问题研究委员会，刘大年存有会议记录如下：

《中国历史问题研究委员会第一次会议记录》

时间：1953 年 9 月 21 日

地点：中国科学院

出席：陈伯达、郭沫若、吴玉章、范文澜、侯外庐、吕振羽、翦伯赞、胡绳、尹达、刘大年

缺席：杜国庠

列席：黎澍、佟冬

陈伯达同志说明会议内容：

这个委员会是中央决定组织的，是党内的机构，名单在半年以前已经中央的指定，因事延至现在才开会。最初是高教部提出各地历史教学中有些问题无法解决，需要组织一个委员会讨论这些问题。原来曾打算把语文和文字改革等方面也包括在这个机构里，为了单纯一些改成现在这样。今天这个会是要先研究一下这个委员会怎样工作。委员会是一个研究的组织，对问题提出意见，不是发号施令的机构。范文澜同志建议这个会上考虑拿他的《通史简编》第一册作为讨论的底稿。不宜把方式弄得很死板。当然讨论不会一时得出结论，苏联的经验就是如此。我们应该开展充分的批评和自我批评。有的放矢，批评与自我批评，这就是最基本的工作方法。为了做好这个工作，有几点是我们应注意的：

（一）对于马、恩、列、斯关于历史唯物论的基本著作，我们应再去仔细翻一翻，过去看了有的已经忘了。这里包括：《什么是“人民之友”》，这本书很重要，它的内容是与民粹派作斗争的，民粹派有个公式是三段论法，列宁反复地加以批评。恩格斯的《家庭私有制和国家的起源》等著作也是应该注意的。这是我们共同语言的基础。

（二）苏联三十年来关于历史科学的经验和一些重要的结论，对我们是需要的。熟悉那些经验，知道那些观点是正确的，那些是被批判的，可以使我们少走些弯路。特别是注意斯大林关于苏联历史中俄罗斯历史的意见和结论。苏联现在的一些历史著作和教科书也应该熟悉一下。

（三）对于二十几年来从郭老的《中国古代社会研究》发表以来中国史学界的一些作品，也要加以研究。这些著作有的是用马克思主义观点写的，有的是企图用马克思主义观点去写的。其中有很多是正确的意见，有些是不正确的，我们可以收集起来，吸取其好的成果，不能把我们现在的工作同过去的研究成果割裂开来。我们既然要有的放矢，展开批评自我批评，就必须做好这些方面的准备工作。

这个委员会的方针是用马克思主义研究中国历史。

务请准备意见，届时出席为荷。

敬礼！

陈伯达

1954年9月29日

58　郭沫若来函
（1954年11月2日）

刘大年同志：

这是三强同志执笔的[①]，我修改了一遍，请你们再斟酌。

郭沫若

十一月二日

59　钱三强来函
（1954年12月5日）

大年同志：

明日（六日）上午十时在计划局我们五人[②]讨论关于上次党组会指定的

---

① 指中国科学院筹备建立学部的报告。

② 指中国科学院学术秘书处秘书长钱三强、副秘书长武衡、学术秘书刘大年等五人。关于中国科学院学术秘书处，据1954年4月9日《人民日报》载："中国科学院根据国家过渡时期的总路线和苏联的先进经验，为加强对中国科学研究方面的领导，正式成立了科学院院本部的学术领导的工作机构——秘书处。秘书处是院长会议加强学术领导的有力助手。参加秘书处工作的有钱三强、贝时璋、叶渚沛、钱伟长、柳大纲、张文佑、刘大年、叶笃正等著名科学家。"

事[①]，希望你先准备意见，准时开会。

此致

敬礼

钱三强

十二月五日

60　华罗庚[②]来函

（1954年）

大年同志：

文章[③]写好了，但文章写得不好，有不妥处请您大手笔进行手术，弟无不同意。此致

敬礼。

弟　华罗庚

十八日

---

① 指与筹备学部有关诸事。关于科学院学术秘书处的工作，《张稼夫同志访谈录》中有如下叙述："1953年我参加科学院访苏代表团，主要任务是了解苏联党是如何领导科学的。首先我了解到苏联科学院的党支部不归科学院，而是归街道区委来领导的。我想，街道区委怎么能领导科学院呢？结果我发现有个重要的核心机构，就是学术秘书处，托布契也夫是秘书长，他是核心。学术秘书处的成员都是管理各个学科的。联共党领导科学院基本上是通过学术秘书处来实现的。学术秘书处可以向联共党呈送文件，是个权威机构。访苏代表团回国后向中央写了报告。报告是汪志华起草的。后来在文字上定稿时，刘大年也参加了，最后我看了一下。"（载中国科学院《院史资料与研究》1991年第6期）

② 华罗庚，时任中国科学院数学研究所所长。

③ 指1954年《科学通报》副主编刘大年向华罗庚所约之稿。

61　范文澜[①]来函

（1954年）

大年同志：

昨日彭明[②]同志来谈，说1918年正月，《民国日报》发表同情十月革命的社论，这是中国人对十月革命最早的表示，彭说可以补充我那篇稿子。其意可感。你是否可以看看那篇能用不能用。

文澜

62　侯外庐[③]来函

（1954年）

大年同志：

一、余元庵[④]校一章《蒙古史》译稿，因此工作非三所[⑤]组织，他让我们向范老和你备一下案。

二、关于"蒙古史研究室"，大约韩儒林[⑥]先生无大问题，惟翁独健[⑦]表示，请院部和彭真[⑧]同志商量，他本人很同意。

外庐

① 范文澜，时任中国科学院历史研究所第三所所长。

② 彭明，时在中国人民大学中共党史系任教。

③ 侯外庐，时任中国科学院历史研究所第二所副所长。

④ 余元庵，时任中国科学院历史研究所第三所研究人员。

⑤ 三所，指中国科学院历史研究所第三所。

⑥ 韩儒林，时任南京大学历史系主任。

⑦ 翁独健，时任北京市教育局局长。当时历史研究所第二所准备成立"蒙古史研究室"，韩儒林为元史专家，翁独健为蒙古史专家，故有商调翁独健、韩儒林一事。

⑧ 彭真，时任中共北京市委书记、北京市市长。

63 严中平[1]来函

（1954年）

大年同志：

关于整理翻译日本大使馆档案资料问题，我们这里同志很希望能和三所同志座谈座谈，确定工作范围、方法、重点等问题。这里的工作主要是由孙毓棠[2]同志负责的，但他大病初愈，对此还没有仔细想过，三所早有同志用过这些资料，对如何整理问题，想必有很宝贵意见。请你决定一个时间，我们就进城来请教（礼拜四下午无时间，其他都可）。专此即致

敬礼

严中平

廿六日

---

①严中平，时任中国科学院经济研究所副所长。

②孙毓棠，时任中国科学院经济研究所研究员。

一九五五年

64　陈翰笙[①]来函

（1955年3月15日）

大年同志：

今晨因参加“出席亚洲国家会议”代表团会议，不克同时参加科学院学部筹备委员会联席会议。请代请假为感。学部报告稿已细阅。觉得较初稿更为丰富而有全面性。

匆此手致

敬礼！

陈翰笙

3月15日

65　严中平来函

（1955年3月27日）

大年同志：

电话难打，也说不清楚，特写此信。

一、我们正在考虑编写近代经济史纲要的问题，这是一个必须集体进行的工作。这里的集体工作还有些思想问题和方法问题没有解决，因而计划就很难产。我们大家都希望知道你所是怎样集体合作的。好的坏的经验，对我们都会有很好的教育作用。因为是大家想知道，难以全体进城请教，能否请

---

① 陈翰笙，时在外交部任职。

你或桂五[①]同志出城来一趟，专门和我们谈一次？不拘形式，座谈。

二、我搞了一些鸦片战争的资料（英文的），已整理成中文的只是一个极小部分。由于我的资料是笔记和显微照相等相互关联的，而我的笔记，别人是很难认的。我估计以后五七年内是回不到这个问题上来的。这些资料怎样“交给人民”，应想一个办法。怎么办，请你考虑一下。我初步意见是，最好你们有人专门研究这个问题，来用我的资料，我随时帮些忙，把这些资料整理（包括翻译）出来。此致

敬礼

严中平

3.27

66 吕叔湘来函

（1955年3月28日）

大年同志：

送上发言稿[②]，请审阅。如有不妥处，即请修改。因昨日所中开会耽搁，否则今天上午即可送上。此致

敬礼！

吕叔湘

廿八日

第十页附粘一纸，如认为不要，请撕去。工作计划还是只能谈语言所，因为无学会，各方无联系。

---

① 桂五，即刘桂五，时任中国科学院历史研究所第三所学术秘书。

② 指中国科学院学部成立大会期间，各学部要分学科作报告，吕叔湘所指的发言稿，是准备在哲学社会科学学部会议上的发言稿。

67 范文澜来函

（1955 年 4 月 5 日）

大年同志：

我那篇稿子[①]在《集刊》[②]上发表，以便得到批评，以资修改。这是同意发表的原因。若作为论文，在学部成立会宣读，我不敢同意。此意屡向学部陈述，而来信[③]总说我同意了，实在有些不合拍。现在马列学院近代史教研室正予以讨论，将来可据此修改。原稿请代向胡绳、黎澍[④]两同志请教，请他们指出应如何改正。他们是否认为可作为在会上宣读的论文。我自己实在不敢去宣读。

文澜

四月五日

68 翦伯赞来函

（1955 年 5 月 18 日）

大年同志：

寄来世界史稿[⑤]，已遵嘱交北大世界史教研室看过，至于该稿全文，北

---

① 指范文澜著《中国近代史分期问题》一文。

②《集刊》，指中国科学院历史研究所第三所出版的学术刊物《中国科学院历史研究所第三所集刊》。

③ 指中国科学院 1955 年 4 月 5 日给范文澜的信，全文如下："前承您同意在学部成立大会上作关于《中国近代史分期问题》的学术报告。为使即将来访的苏联科学家代表团及参加学部成立大会的苏联专家能了解学术报告的内容起见，需要译成俄文。本院因翻译力量不足，特再烦请您（或你单位翻译同志协助）能抽暇将该论文全文或提纲译成俄文（如俄文有困难，译成德文法文或英文亦可）。务希于四月二十日前寄交本院为荷。"

④ 黎澍，时任中共中央宣传部出版处处长，中国科学院历史研究所第三所学术委员会委员。

⑤ 指苏联科学院历史研究所编写的《世界通史》，其中有关中国部分送中国科学院几个历史研究所提意见，也送给了北京大学历史系。

大世界史教研室的同志没有时间看。兹特将寄来稿件退还，敬希原谅为荷。
此致
敬礼

翦伯赞
五月十八日

69　巫宝三[1]来函

（1955年5月20日）

大年同志：

附稿是所编《近代中国经济思想与经济政策资料选辑1840—1864》中对于思想家部分所写的说明，请教正。此致
敬礼

巫宝三
五月二十日

70　郭沫若来函

（1955年5月23日）

大年同志：

报告稿[2]大约是集体创作，文词、气势不大一致。我只在文字上修改了一下，但整个地说，我对这稿子不大满意。

三项重点的提出是好的，但第一项的提法似乎应该从积极方面来说加强马克思列宁主义的学习，树立工人阶级的思想领导。反对唯心主义思想的斗争是一种学习方式，即所谓“不破不立”。此点请考虑一下。第三项对哲学以下各部门的分述，看不出重点，和所标示的提要不适应。请考虑一下，似

① 巫宝三，时任中国科学院经济研究所副所长。

② 指刘大年主持起草的郭沫若在中国科学院哲学社会科学学部成立大会上的报告稿。

可归为第四项现有社会科学各部门中所存在的问题，作为一个网篮包括进去，可能更有归宿一点。

是学部成立大会上的报告，关于学部的任务和作用似乎说得太少，不大集中。

我这些意见并不成熟，仅供参考。

敬礼！

郭沫若

五月廿三日

71 王芸生[①]来函

（1955年6月8日）

大年同志：

附呈小书一册，请您指正，为感。

敬礼！

王芸生

55年6月8日

72 狄超白[②]来函

（1955年8月18日）

大年同志：

兹接到日本国立大阪学艺大学一个学生给社会科学联合会[③]办事处一函。兹将原函及译文附上。社联已取消，我们不能再出面答复，如何处理请社会科学学部会同对外联络处考虑，必要时可问一下对外文化协会。此致

① 王芸生，曾任《大公报》总编辑。

② 狄超白，时任中国科学院经济研究所所长。

③ 社会科学联合会，是1949年全国政协会议召开前社会科学各界的联合会。

敬礼

弟　超白　启

八月十八日

73　范文澜来函

（1955 年 9 月）

大年同志：

准备行装甚忙，现已就绪否？贝喜发[①]同志昨日邮寄来两篇文章，你先看看，看后交还我，以便请人译知大意。我送他的书上，把他的名字写错了，应换一本，免得贝看了不愉快。

你何日成行[②]，行前我开一次党的小组会，有时间么？

晨好！

范文澜

74　王亚南[③]来函

（1955 年 10 月 22 日）

大年同志：

我在九月初寄学部第一封信，根据学部指示，提出我从一九五五年到一九五六年的初步研究计划，请学部给予指正审查。信发出一个半月，没有下文。同时，我在九月半寄《经济研究》刊超白[④]同志文稿一篇，委托我拟定的经济名著翻译计划书一纸及请求帮助我找一些有关人口材料的信，也同样没有消息。我猜想他是出席什么会去了。由国务院通过给予学部委员每月百元工作费，我想每个委员都是有莫大的思想负担的，也都是想做一些工作，

① 贝喜发，德意志民主共和国汉学家。

② 指刘大年同吕振羽、季羡林即将前往德意志民主共和国参加东方学会议一事。

③ 王亚南，时任厦门大学校长，中国科学院哲学社会科学学部委员。

④ 超白，即狄超白。

来减轻那个负担的。我认为学部应和委员们建立起经常的联系往来。否则学部委员很有可能变成以往的专门委员。我不知道这个看法对不对?
敬礼

王亚南

十月二十二日

75 金灿然[①]来函

(1955年11月5日)

范老并大年同志:

谢谢聘我作学术委员,我当努力在你们的领导下完成我分担的任务。我有两点希望:(一)能认真实行规程第二条所规定的项目,不要像上一届的专门委员会一样,只有个空名义;(二)大力组织所外研究者,这种力量还在成长,很值得发掘。
敬礼

金灿然

11月5日

76 张际春来函[②]

(1955年11月11日)

文澜、大年同志:

我的家乡有一个前清贡生(夏之时)的儿子夏俊程,存有他父亲的遗著,

---

① 金灿然,时为文化部出版事业管理局局长。延安时期曾参加范文澜主持的《中国通史简编》工作。这时被聘为中国科学院历史研究所第三所学术委员会委员。当时的学术委员会包括多位所外专家。1954年中国科学院成立了三个历史研究所,原近代史研究所改名为历史研究所第三所。1959年第一、二所合并为历史研究所,第三所仍称近代史研究所。

② 张际春,时任中共中央宣传部副部长。范文澜在信上批语:“请张遵骝同志看看提出意见。”张遵骝,时任中国科学院历史研究所第三所副研究员。

名叫《人极衍义》，是搞心性之说的（理学）。请你们看看是不是有点学术价值？是否可以出版？请您们表示一些意见，以便回复夏君。费你们的神了。此致

敬礼！

张际春

十一月十一日于中南海来福堂

审阅后请将原稿退还。

77　杜国庠[1]来函

（1955 年 12 月 20 日）

刘大年同志大鉴：

近来中国科学院哲学社会科学学部和出版机构寄给我的信件，有的寄“省委宣传部”，有的寄“广东人民委员会”，有的又寄“广东教育厅”，以致转折多日才能收到（财务处汇款也如此），希转饬各部分秘书方面：以后所有款项、文件直接寄至“广州市东山农林上路三横路十九号杜国庠收”为荷！

又科学院哲学社会科学学部所刊行的书籍如考古、考据、历史等都希寄我一份，以资参考。

附十一月份工作费收据一张，希即转中国科学院财务科收。

敬礼！

弟　杜国庠　拜上

12 月 20 日

---

① 杜国庠，时任广东省政协副主席。

78 范文澜来函

（1955年）

大年同志：

苏共中央社会科学院研究生革尔特诺娃作副博士论文，通过高级党校到上海收集中国1925—1927年的工人运动材料，她要求在上海工作完毕后，到南京史料整理处[①]看材料，昨晚献珍[②]同志告诉我，要我所帮助她，我同意了。请你告诉可风[③]同志（可风同志下乡了没有）或由所直接通知史料整理处，如革尔特诺娃去时，予以看工人运动材料的便利。时间可能在一月以后，现在还不能定准日子。我在这里除了参观工厂，没有别的事可做，听说很快可以回京。致

敬礼！

范文澜

一日

79 郭小川[④]来函

（1955年）

大年同志：

这个礼拜三继续开那个理论批评[⑤]工作者座谈会，讨论历史主义问题，我们热烈地希望你在会上作一发言。

---

①南京史料整理处，是1951年成立的归属于中国科学院近代史研究所的史料整理机构，其前身为1947年成立的隶属国民政府的国史馆，该馆保存有民国时期大量档案文献，为现中国第二历史档案馆的前身。

②献珍，即杨献珍，时任中共中央直属高级党校校长。

③可风，即王可风，时任中国科学院历史研究所第三所南京史料整理处主任。

④郭小川，诗人，时任中国作家协会书记处书记。

⑤指1955年理论界批判胡适、梁漱溟的运动。中国科学院有一个学习委员会，郭沫若是学习委员会主任，刘大年负责实际工作。

敬礼

郭小川

二十二日

80　范文澜来函

（1955 年）

大年同志：

这篇稿子[①]我想在《历史研究》上发表一下，因为（一）算是为《历史研究》写了稿，《集刊》出版后再写别的题目就费事了。（二）看到叶文[②]，我也要说些话。看《历史研究》登是否可以。如可以我要声明一下要“却酬”。如一定要“酬”，请将稿不登。此事不必对别人说，也不必对我说，你办了就可以。

敬礼！

文澜

81　范文澜来函

（1955 年）

大年同志：

刚才田家英[③]同志来电话，说他现将开始党史的编写工作。主席[④]指示，

① 指范文澜著《试论中国自秦汉时成为统一国家的原因》一文，载《历史研究》1955 年第 3 期。

② 叶文，不能确定是否叶玉华《战国社会封建化过程》一文，该文曾载《历史研究》1956 年第 1 期，也可能在发表以前，范看过原稿。

③ 田家英，时任毛泽东秘书。关于此信中所提之事，刘大年在他所写的《田家英与学术界》一文（载《毛泽东和他的秘书田家英》，中央文献出版社 1989 年版）中说：《中国史稿》“第五册从五四运动至中华人民共和国以前，即当时所说的现代史。家英负责第五册。他很快抓起来，一面着手编纂南京国民党留下的从北洋军阀到 1949 年以前的部分档案，一面开始组织写作班子。那时他住在中南海静谷。我和近代史所南京史料整理处负责人王可风在他的住处讨论整理档案的计划，组织了史料整理处一批人投入编纂工作”。

④ 主席，指毛泽东。

在党史外，还要编一本《资治通鉴》式的史料和公布我、友、敌三方面的文件资料。他要我们去两个人，参加整编档案工作。我想董、王二位都不合适，我答应去一位（王可风同志），他至少在敌的方面资料比较熟悉。参加这个工作是一个难得的学习机会，你意如何？是否由所写信去催王可风同志从速交代给唐彪[①]同志，早点来京。田说，下星期二他们就开会了，组织了各方面人力。我们参加是必要的，比不参加总是好些。你如同意，请你写信给可风同志。

敬礼！

范文澜

十七日

82　骆耕漠[②]来函

（1955年）

大年同志：

附稿两份（如要多几份，我处尚有数份），希望您和其他编辑同志审阅后指正。

我想得到同志们的一些指正后再加修改，然后想先在《历史研究》上作为初稿发表，以后再看反映和批评加以修改和补充。妥否，务希指教。因为文中对主席和中央文件有些阐述，同时又为中国革命的大问题，如能得到中宣部的主管同志审阅指正则更好。我有一份寄请伯达[③]同志指正，恐怕他很忙，不一定有时间看我这个稿子。祝

编安！

骆耕漠

① 唐彪，时任中国科学院历史研究所第三所南京史料整理处一个部的负责人。

② 骆耕漠，时任国家计划委员会副主任，中国科学院哲学社会科学学部委员。

③ 伯达，即陈伯达。

83　郭沫若来函

（1955 年）

昨天尤金[1]大使问我：中国有没有女院士？我们昨天没有女科学家参加，可能他有些诧异。是否考虑今后的座谈会也请一两女性参加？

① 尤金，时任苏联驻中国大使。

一九五六年

84　郭沫若来函

（1956 年 2 月 16 日）

刘大年同志：

“通史[①]意见”全部看了一遍，有一条似可删，有一条需改一字。秦汉以后的历史，我无深入研究，没有把握。第十二页背面谈甘蔗、棉花一条，说得很具体，不知确有根据否。据我研究《管子》的所见，书中已有可以定为“蔗饴”的证迹。甘蔗如果在三国时都只“生长在岭南”，那就相隔得太远了。提出那条意见的朋友，最好能够写得稍微详细一些。

郭沫若

二月十六日

85　唐兰来函[②]

（1956 年 2 月 29 日）

大年同志：

中国文字学是一个冷门，大家都已经注意到了，但如果只从别的科学的需要着想来提是不够的。

---

① 通史，指苏联科学院所编《世界通史》，其中关于中国部分的稿件，当时送请中国有关方面提意见。

② 唐兰，时任故宫博物院研究员、副院长。1956 年中国科学院开始制定“全国科学十二年远景规划”，向各方面征求意见。刘大年时任中国科学院哲学社会科学规划办公室主任，故有此信。

中国文字学是中国独有的一门科学，有两千多年历史，并且在过去得到大规模发展的一门科学。

解放以后，被某些人认为不需要而在大学中国语文系里被排斥了。在日本，这项学科还占重要地位。在东德还有很多汉学家研究，东方学院正在编中国古文字字典。但在中国的文字学家几乎全部都改行了。因此，这一门科学行将落后于世界的水平。

这一门科学的范围是很广泛的，如：文字学（一般性的）、古文字学、甲骨文研究、金文研究、战国文字研究、篆书研究、隶楷书研究、行草书研究、简体字研究、文字学史等，在专书方面，过去关于说文解字的著作，不下一两千种。郭忠恕的汗简也是需要研究的重要著作。

显然，这一门科学是不应该让它消灭的。如何规划，提供考虑。此致

敬礼

唐兰

二月二十九日

86 郭沫若来函

（1956年2月29日、3月7日、3月26日）

一

大年同志：

请你帮忙写一篇关于社会科学的研究计划的报告[①]为祷，详情由康白[②]同

① 指郭沫若应国务院外国专家工作局要求向苏联在华专家作关于“全国科学十二年远景规划”报告的稿子。国务院专家工作局来函全文如下：“郭沫若院长：国务院文教总顾问马里采夫同志于3月中旬召集各地高等院校讲授社会科学的苏联教师来京举行学术性会议，研究苏联教师们在讲授社会科学中如何联系中国实际的问题。马里采夫同志通过我局向国务院领导提出请有关的中国负责同志在会议上为苏联教师们作几个理论性的专题报告。此事经国务院陈毅副总理同意。现将拟请各报告人的报告题目送上，其中拟请您作的报告，希望能在三月五日前将书面报告稿交给我们，以便早日组织翻译。国务院专家工作局　1956年2月28日”

② 康白，即陈康白，时任中国科学院副秘书长。

志面达。这又是一项繁重任务，但如你不写，便没有人能写了。

郭沫若

二月廿九日

二

刘大年同志：

报告稿子读了，我觉得可以用。我只在字句上做了一些小的修改。请您再斟酌一下。五页七行“各少数民族基本上要编出民族”，大概掉了一个“史”字吧。

关于培养干部一节，似乎还可以加强一点。初步的预计数字似乎可以举出一些。因为这是关键性的问题，没有干部，任何完善的计划都是无法实现的。

你如斟酌停当了，就请重新打出，送苏联专家工作局，请他们翻译吧。日期已迫近了。

敬礼。

郭沫若

三月七日

三

刘大年同志：

报告仔细阅读了。关于培养新生力量的补充，觉得很好，很有必要。时间迫近了，请一面打出，一面与顾问事务处联系，说明稿子有些增补，他们的印刷可以缓一两天。

敬礼

郭沫若

三月二十六日

再一法，就是把改的原稿直接送去，要顾问事务处照印，照增改译文。

87　汪敬虞[①]来函

（1956 年 3 月 5 日）

大年所长：

上次从严所长[②]那里，知道您要我把《中国工业资产阶级的产生》一稿加以修改，以备《历史研究》采用。这篇稿子写得很乱。最近初步修改了一下，经组内同志们审阅后，认为存在很多问题，需要作比较彻底的修改，而我最近就要出差，来不及这样做。对于您交下的任务，没有能及时完成，内心非常不安，谨致歉意。并致

敬礼。

汪敬虞

三月五日

88　徐仑[③]来函

（1956 年 4 月 2 日）

刘大年同志：

上月到北京开会，因学部[④]催报筹建上海历史研究所的方案，匆忙赶回。阅报始知范文澜师在北大讲座上作报告，深以未能聆教为憾！如有讲稿，乞赐寄一份。

荣孟源[⑤]同志来函说，你们将送我处《近代史资料》全套，尚未收到，希望能寄与我处。

我回来后，正值华东师大举行学术讨论，历史系没有一篇近代史的论文。复旦大学历史系近代史教研组正在准备论文参加八月召开的近代史会议。我

① 汪敬虞，时任中国科学院经济研究所研究员、副所长。

② 严所长，指严中平。

③ 徐仑，时任华东师范大学教授。

④ 指中国科学院哲学社会科学学部。

⑤ 荣孟源，时任中国科学院近代史研究所研究员。

处与上海高等学校近代史工作联系尚好，工作亦互相配合。因是新成立的筹备处[①]，人手少，质量弱，只能逐步地充实力量和把工作计划的工作开展起来。

希望经常给予指示，至为感盼。此致

敬礼!

徐仑

四月二日

89 严中平来函

（1956年4月13日）

大年同志：

汪敬虞同志写了一篇文章，原是所编资料的序言，我打算独立发表，今特送请审查，请多提批评意见，希望在一周左右示知高见。特此。致

敬礼。

严中平

四月十三日

90 何干之[②]来函

（1956年5月10日）

大年同志：

叶菲莫夫的书，还没有找出来。送上革命史讲义一本，请查收。

何干之

一九五六年五月十日

① 指正在筹建的上海市历史研究所。

② 何干之，时任中国人民大学教授。

91　尚钺[1]来函

（1956年5月14日）

大年同志：

在这次人大的科学讨论大会中，组织上又叫我就中国资本主义萌芽问题写点文章，提供史学界讨论。因此，我考虑了近年来史学界对我关于这一问题的旧看法提的许多很宝贵的意见，及在史学界对明清之际中国市民运动研究的基础上，写了这篇《明清之际市民运动的特征及其发展》的前半篇（后半是由郑君昌淦写的）。由于自己的理论水平低，业务与见识不足，而且时间很仓促，从开始到完成约半月余，所以错误一定很多，说不定还有不少原则性的大毛病。

尤其是当初稿交出时，即整日忙着开会，没有时间自己校对和进一步修改，所以印出来的东西错误百出，勘误也不胜其烦。

因此希望各方面关于明清历史有兴趣的专家学者同志们大力帮助，等讨论会之后，再大加修改。所以，除了学校的请柬和送上的材料以外，务请到时您能出席指导。特此上函，并致

敬礼

尚钺

14/5

92　戴逸来函[2]

（1956年5月30日）

范老、刘大年同志：

六月四日（下星期一）下午两点到六点，我校科学讨论会上将讨论我所

---

① 尚钺，时任中国人民大学教授。

② 戴逸，时任中国人民大学副教授。范文澜在此信上的批语是："大年同志：你去不去，我因赶稿子（现还差三份约1万字），不准备去参加讨论，你如去，请替我表示歉意。"

写《中国近代史分期问题》[1]一文，我恳切地盼望您们莅临指导。

由于我知识的狭窄，这篇文章中的论点是不成熟的，特别是对同志们的批评，可能有许多错误和不恰当的地方。本着党在学术问题上开展自由讨论的方针，我直率地把一些初步的意见提出来，热切希望听到反批评。

也许您们对我的名字感到很生疏，但是您们的著作曾经强烈地影响过我，所以我不揣冒昧，以一个学生的身份向您们请求帮助，并向您们全所同志请求帮助。

由于我对史学界接触很少，不了解目前哪些同志正在从事近代史分期问题的研究，您所一定有同志对这个问题感到兴趣，请转达我对他们的友谊和敬意，希望他们来参加会议，共同讨论。

校部已给您所发去请柬，可能数量较少，假使有别的同志要参加讨论，希望您们打电话通知我，以便请求校部再发些入场券。

敬礼。向全所同志致候。

中国人民大学中国历史教研室　戴逸

五月三十日

93　王学文[2]来函
（1956年6月10日）

刘大年、尹达同志：

昨晚接到人大常委会通知，教今天搭晚车到南京去视察工作。当即询问大会组织组，该组未作肯定的答复，因为时间切迫，有些事必须准备，除向大会请假外，并向你们二位请假。此致

敬礼

王学文

六月十日

---

① 指戴逸写的《中国近代史分期问题》，后载《历史研究》1956年第6期。

② 王学文，时任中国科学院哲学社会科学学部委员。1956年召开中国科学院哲学社会科学学部大会，王学文为学部委员，应参加大会，故有请假一说。

94 胡华[①]来函

（1956 年 7 月 15 日）

大年同志：

最近身体好些吗？

奉上《六大以前》，用完后还望仍掷交我。

祝早复健康！

胡华 敬上

7 月 15 日

95 范文澜来函

（1956 年 7 月）

大年同志：

刚才吴晗[②]同志来谈，说最近见到主席，主席指示应标点前四史，每史附杨守敬[③]的地图，以一年为期，争取明年十一出版。初步商量：请姜君辰[④]同志、金灿然同志参加，绘杨图的在京同志，历史三个所[⑤]的负责同志（三个所分担四史），在本星期内开一个会（除星期二，吴晗同志都可以）。发请帖请你办理，召集开会用吴晗、范文澜名义。地点可在我所。

敬礼！

范文澜

星期一

---

① 胡华，时任中国人民大学教授。

② 吴晗，时任北京市副市长，中国科学院哲学社会科学学部委员。

③ 杨守敬，清末民国初历史地理学家，著有《历代舆地图》《水经注疏》等。

④ 姜君辰，时任中国科学院哲学社会科学学部副主任。

⑤ 指中国科学院历史研究所第一、二、三所。

96 于光远[①]来函

（1956年8月18日）

大年同志：

这笔稿费[②]你现已出具收据，就请你收下算了，不必再退来退去了。

于光远

八月十八日

97 黎澍来函

（1956年8月21日）

范老和大年同志：

收到拟研究生考试题目的通知及附件一份。但是我不了解目前高等学校情况，于试题深浅及质量均无把握，很希望能得到你们所拟的试题作榜样（保证保密），如果不能这样做，就请容许我用你们所拟的现成的题目。盼复。或来一电话。

敬礼

黎澍

一九五六年八月二十一日

98 陆志韦[③]来函

（1956年9月7日）

大年同志：

---

① 于光远，时为中共中央宣传部科学处处长。

② 指于、刘二人共同起草的1956年由中国科学院哲学社会科学学部副主任潘梓年在哲学社会科学学部大会所作的工作报告稿之稿酬。此稿发表于当年的《新建设》杂志。

③ 陆志韦，时任中国科学院语言研究所研究员、中国科学院哲学社会科学学部委员。

检废书，得许地山[①]的父亲的遗草一册。书中年谱或有用处，冒昧奉上。如无用即扔掉。

陆志韦

九月七日

99 陈元晖[②]来函

（1956 年 10 月 7 日）

大年同志：

你主编的《历史研究》，从创刊号到现在我均购存，独缺 1956 年第 6 期一册，到东西城各书店均无法购到，你是否可以替我设法弄到一册？

教育科学规划[③]已于昨天修改毕，白韬同志准备明天寄给你们。

教育科学研究所成立后，我想研究中国教育思想史，希望能常得到你的指教。

敬礼

陈元晖

十月七日

100 吕叔湘来函

（1956 年 10 月 10 日）

大年同志：

在上半年草拟规划[④]草案的时候，跟俄语和西语方面的人交谈，都认为外国语的科学研究要有一个领导机构。他们要求语言所担任，我告诉他们语言所在这方面毫无基础。如果要发展这一部分，就必须调人，而调人是无多

---

① 许地山，曾任燕京大学、北京大学、清华大学等校教授。抗日战争前后在香港任教。

② 陈元晖，时任中国科学院生物学地学学部委员、教育部教育研究机构负责人。

③ 指 1956 年开始制定的“全国科学十二年远景规划”中有关教育研究部分。

④ 指 1956 年开始制定的“全国科学十二年远景规划”。

大指望的，不如各有关学校联合筹备一个研究所，放在科学院系统或由高教部领导都无不可。结果是俄语和西语的草案部分都提出这件事，但都推在语言所身上（见蓝皮书32页末行和45页末行）。白皮书的“研究机构”方面又未将此事列入。将来怕要落空。是否在那里先伏一笔，哪怕第一个五年计划谈不到，第二个五年计划中可以想想办法。请考虑。

敬礼！

吕叔湘

1956年10月10日

101　范文澜来函

（1956年10月15日）

大年同志：

刻接通知[①]，叫我参加主席团，如不去，恐影响不好。明天学术会议请你主持，并请将为难情形告胡、黎、田[②]等同志，请原谅。出《集刊》问题也请提一提，以便将来出《集刊》有根据。

文澜

10月15日

田家英同志难得来，我却不在，更歉！

102　范文澜来函

（1956年10月17日）

大年同志：

---

① 指全国文联于1956年10月召开的鲁迅逝世20周年纪念大会的通知。通知说：“今年10月19日是鲁迅先生逝世二十周年纪念日，我们决定于当天下午二时在政协礼堂召开纪念大会。我们希望您能同意参加这次纪念大会的主席团。”

② 胡、黎、田，分别指胡绳、黎澍、田家英，均为中国科学院历史研究所第三所学术委员会委员。

座谈会[①]的题目当然是重要的，但是，更重要的是如何让科学工作者认真坐下来去做工作，光是谈，作用恐不很大，时间却又去了半天。如果要准备发言，费时更多。你意如何，我是否可以请假。请你斟酌告诉我。我怕是否会引起其他误会。所以请你帮助我斟酌。

文澜

103　吕叔湘来函

（1956年11月27日）

大年同志：

我参加政协视察组，上星期到了上海。今天由家里转来舍弟（吕浦[②]）的信，说是他的材料已由黑龙江招聘委员会寄到三所，他希望早点知道结果。请您决定后即通知他，或通知我亦可。我大概十二月十日离沪返京。

敬礼。

吕叔湘

1956年11月27日

104　范文澜来函

（1956年）

大年同志：

刚才碰到胡绳[③]同志，他说他们最近要赶编一本辛亥革命以后的大事表，要我们派二位熟悉史事的党员去帮助工作。他要你从电话中和他联系。

文澜

---

①指中国科学院哲学社会科学学部召开的根据中共八大精神展开科学研究工作的会议。范文澜的信写在会议通知上。通知说："兹定于本月十七日下午二时半在哲学所（西郊中关村）举行座谈会，内容是根据八大精神展开科学研究工作。请届时出席为荷。"

②吕浦，后来在中国科学院历史研究所第三所翻译室从事翻译工作。

③胡绳，时任中共中央政治研究室副主任。

105 范文澜来函

（1956年）

大年同志：

前天看到洛甫[①]同志。他说，外交部有两个研究机构，一个是东南亚诸国研究室（陈翰笙[②]先生负责，研究者有五六人），一个是世界经济研究室。现在因要精简，拟交科学院接管（洛甫同志说，已和郭老接洽过）。如科学院不能接管，只好精简掉。我请他勿精简掉，并说科学院因要成立亚洲史研究所，需要有一个底子，外交部的这一摊是可作底子的。科学院有经济研究所，吸收世界经济那一摊也是有用的。洛甫同志说，如科学院能接管，连人带马（指房屋和资料，不过要出些房租）都交给科学院。这件事请你向潘老[③]商量，尽可能接过来，免得精简掉，将来再找这些人感到困难。如科学院不能接收，我想和洛甫同志商量，让我们挑选几个人来补充第三所，这些人比新毕业的大学生有些可能要好些。此事也请潘老指示。

文澜

106 范文澜来函

（1956年）

大年同志：

有两处（有折的）可看看作启发。谈到权威时，请注意不使人误会为我对郭老有意见。“权威”把持刊物和培养干部，似可在“权威”名下一起说。切实钻研，须多发挥些。我对此事信心很不够，请你多费心了。

文澜

---

① 洛甫，即张闻天，时任外交部副部长。

② 陈翰笙，时任外交部东南亚诸国研究室负责人、中国科学院哲学社会科学学部委员。

③ 潘老，指潘梓年，时任中国科学院哲学社会科学学部副主任兼哲学研究所所长。

107　范文澜来函

（1956 年）

大年同志：

请你带便代表我参加例会[①]，你反正要参加，我却可以省些时间。一切决定，我一定遵行。会中决定，没有文字指示，你不必会后告诉我，可以省你的负担。

敬礼！

范文澜

二十七日

108　范文澜来函

（1956 年）

大年同志：

今天下午你去开会，如见到吴晗同志，请问问他我前几天给他一信，询问北京高中三年级下学期是否可以插班，请他告诉可或否。（湖南谭金保同志的长子谭元纲想来北京读书，以便明年考大学方便些。）如没有看到，我想拜托你替我打个电话问问吴晗同志这个问题。谭金保同志等我去电报。因为我（一）不知他的电话号码（二）我不会打电话。只好麻烦你一下。

文澜

27

① 指中国科学院哲学社会科学学部常委例会。范文澜为学部常委，刘大年为学部委员及中国科学院学术秘书处分工联系哲学社会科学学部的学术秘书，参加学部常委例会。

109　拉契涅夫斯基[①]来函

（1956年）

敬爱的刘教授：

感谢您的来信和对我们的支持。我们十分高兴可以收到中国学者为我们刊物所写的论文。这篇论文将刊登在第一期上。稿件最好能在一九五六年十二月一日前寄达。

我们出版的《历史丛刊》第一期将以“中国历史分期”为题，欢迎中国学者来稿。研究成果将收藏在洪堡大学东亚研究所。

日前收到中国寄来的书籍六箱，请向科学院代致谢意。这次馈赠将使我们的研究受益良多。

希望我们两所之间的合作不断发展，为巩固两国的友谊尽力。此致
崇高的敬礼

拉契涅夫斯基
寄自莱比锡

110　范文澜来函

（1956年）

大年同志：

我这篇草稿[②]，得同志们的指教，寄来好些书面意见。我请荣孟源[③]同志依据这些指教，大加删改，现已改完。我请你再花时间重新再删改一次，以便打印向外面再次请教。这篇草稿，我不再费时间了（我已花了两个多月，一个月看材料，一个多月写稿子，实在不能再付出时间，只好剥削你们的时间），完全拜托给你吧！

---

① 拉契涅夫斯基，德国洪堡大学东亚研究所教授。

② 指范文澜应苏联一理论刊物之邀所写有关中国历史方面的文章。

③ 荣孟源，时任中国科学院历史研究所第三所研究员。

敬礼!

文澜

二十六日

罗先生[①]来信附上，看样子必须从速准备住屋。

① 罗先生，指罗尔纲。罗于 1954 年初调中国科学院历史研究所第三所，任研究员，但一直住南京，这时即将迁至北京居住。

一九五七年

111　顾颉刚[①]来函

（1957年2月5日）

大年同志：

西安交通大学近代史教研室黄永年等三同志到京搜集资料，特为绍介，即望予以指导是荷。

敬礼。

顾颉刚

1957年2月5日

112　郭沫若来函

（1957年2月25日）

刘大年同志：

请你看看这封信[②]，是否可以征求一下范老的意见，同意他所写的报告，作为内部出版物以供参考。

郭沫若

二月二十五日

---

① 顾颉刚，时任中国科学院历史研究所第一所研究员。

② 见附信。因郭沫若与范文澜在奴隶制问题的看法上有分歧，而胡庆钧的观点与郭沫若的观点相近，故郭在信中要求“征求范老意见”。

附胡庆均来函

郭老：

好久便想写信向您报告一下关于研究和学习的情况，但是因为一时提不出具体的意见，所以延搁至今，乞谅！

关于彝族调查报告的内部出版问题，原是民委干部告诉我的办法，上次接您来示后，即曾积极争取。但因范老表示须通过民委，不愿直接推荐，而民委又不能代为推荐，故未能如愿，同时又考虑到您很忙，不愿为这件事太劳费您的精神，因此未即上复。现在的情况又和以前不同了，随着农业社会主义革命高潮的到来，要求各项工作迎头赶上，少数民族研究也不能例外。若干少数民族地区已进行社会改革，大凉山彝区社会改革也即将进行，理论研究已不能长久落后于实际发展的后面了。听说民委领导上已开始考虑少数民族的研究报告可以公开的问题，我也极愿争取这个报告的公开出版，以为解放后我国人文学研究的开展作一尝试，并争取各方面的指导。不知科学院能否争取把这个问题和民委明确一下，我想这是为了开展人文学研究所必要的。

我在人大的学习再有四个多月即可结束，我的毕业论文就预备以大凉山彝族社会为题，如果您的时间允许，我预备先将提纲寄给您审查，请您更多地给予一些指示。最近民族学院集刊已发表了《大凉山彝族社会概况》一稿（内部刊行），这个稿本是经过翦伯赞先生修订过的，已经是三年前的旧稿了。现在看起来，这个稿本的分析很不够甚至有不恰当的地方，但是它却包括了一些最基本的材料。我现在仍然觉得：这些材料的本身对于彝族社会性质是具有很大的说服力的，但是翦先生当时为了避免争论，不愿肯定彝族社会的性质，因此连“奴隶”的字眼都被删去。

科学院计划成立人文学研究所，我很愿意为这个所的成立和新中国人文学的开展贡献出自己的力量。这门学科在旧中国是一个“冷门”，搞的人不多，解放后新中国应该是急需开展这门研究，但是院系调整却对这件事作了不合理的安排，几个仅有的学校都宣布取消了这个系，因此不仅今天没有培养出任何一个新生力量，而且连原有的少数人都因缺乏支持与鼓励，有些人已经改了行。民族学院虽然集中了一些人，但是良莠并收，并且至今没有一个明确的指导研究的方针，成绩很少，意见很多。我自己在院系调整前后曾经对人文学研究的开展提出一系列的积极建议，并且坚持了必须在综合大学建立专业继续培养干部的建议，但是没有获得成功。现在虽然坚持下来，但也时常感到没有具体领导缺乏充分支持的痛苦。自己的工作与职务的安排也不很合理，特别是没有开展研究工作所必需的设备与条件，不能充分发挥自己的潜力，这些都是我即将回到科学院所面临的问题。当然，您所给我的一切关怀和指示，始终是鼓励我前进的动力。在祖国社会主义建设飞跃前进、党对知识分子的改造加强领导等等感人的号召下，我的思想也有显著的提高，我现在决心以全力投向这一工作，我是有勇气克服一切困难的。热望能够经常得到您的指导。谨致

敬礼！

胡庆均　敬上

二月十九日

113　陈叔通来函[①]

（1957年3月19日、5月14日、7月13日、7月15日）

一

大年先生：

前奉手示已转刘厚生先生，得复，极为感激，属为转致。

---

① 陈叔通，时任全国人大常委会副委员长、全国政协副主席、全国工商联主任委会。关于陈叔通的几封来函，据刘大年于1995年回忆：刘厚生是陈叔通的朋友，清末和民初时在上海活动频繁，熟悉清末北洋军阀的一些掌故。陈叔通这些信都是为刘厚生联系出版《张謇传记》一书之事。当时中国社会科学出版界所出书籍，大都为马列主义或名家著作，出版《张謇传记》这样的书就需要特别联系。刘大年那时兼任中国科学院出版委员会委员。后来刘厚生所著《张謇传记》由龙门联合书局出版社1958年4月出版。

日来政协晨夕开会，迟迟未达，至歉至歉！

陈叔通

3月19日

二

大年先生：

十二日来信均收悉。我昨日正接刘厚生先生来信，他因两地书信来往不便，已委托刘放园先生全权代表一切。另有委托书并致先生信。放园先生住内务部街九号边门后院（无电话），请径约放园先生何日何时至第三所面谈，不必再由我转。厚生先生来信附，阅后不必交还。此致

敬礼！

陈叔通

五月十四日

三

大年先生：

我正想向你道歉，同时又向你请求，刘厚生昨天来信，系致他的委托人刘放园的。他悔悟了，愿意接受一切，原因是为了他老妻生活只从一面想，我劝了他，他死后尚有两女可以付托，不可能在稿费上打主意。他有信给刘放园，说他一时精神不正常，我想还是将合同交由刘放园寄由本人签字，还是付印。此致

敬礼

陈叔通

一九五七年七月十三日

四

大年先生：

前日接到你的信，我当即答复，误送至东四头条胡同历史研究所第一所。虽亦收下，不知已转上否？刘厚生已有信来，已大悔悟，仍愿接受一切，其原因他为了老妻生活，我去信说不可能在售稿费上作打算。他有两女可以付托，他亦作此想。既是接受，他还承认近来精神时时不正常，我代为请求，还是付印。合同交他委托的刘放园转刘厚生本人签字。其余事件，仍由出版

社与刘放园接洽，较为便利。此致
敬礼

陈叔通
一九五七年七月十五日

114 罗尔纲[1]来函
（1957年4月2日）

范所长[2]、刘副所长[3]：

去年年子敏[4]把我写的《忠王李秀成自传原稿笺证》及有关文物的照片送请司法部法医研究所鉴定。鉴定结果，《自传原稿》与《忠王谕李昭寿书》字迹“应有差异”，“非同一人手笔所书写”。年子敏根据法医研究所这一个鉴定，提出否定《忠王自传原稿》真实性的论断，引起史学界的争论，至今争论还在展开。

我从去年十一月争论开始，就进行检查我的工作，并作进一步的研究，至今写成《忠王自传原稿考证》及《笔迹鉴定的有效性与限制性举例（忠王谕李昭寿书笔迹的鉴定）》两篇论文。其《笔迹鉴定的有效性与限制性举例》一文，考证《忠王谕李昭寿书》与《忠王自传原稿》是“有差异”的，而从书法八法分析以及若干相同的或偏旁的字分析，两者笔法完全相同。至其所以发生差异的原因是由于两种文件书写的种种条件完全不同的缘故。两者都是忠王亲笔所写 。再从内容方面去鉴定，其结果提出七条证据也证实了笔迹的鉴定。因此从这一篇考证提出了笔迹鉴定的有效性与限制性的鉴定原理。这一条鉴定原理，唐代书法大家孙过庭在《书谱》里已经指出：在“乖”（不好）“合”（好的）不同的条件下，同一人写的字会有“优劣互差”的情况。但今天做笔迹鉴定的专家都没有掌握到这一条原理，以致造成失出失入的鉴

① 罗尔纲，时任中国科学院历史研究所第三所研究员。

② 范所长，指范文澜。

③ 刘副所长，指刘大年，时任中国科学院历史研究所第三所副所长。

④ 年子敏，太平天国史研究者，曾在1956年《华东师范大学学报》上发表文章，否定《忠王自传原稿》的真实性。

定结果，如同《忠王谕李昭寿书》鉴定这样。我认为这不但与文献鉴定有关，也与司法审理案件有关，直接对我们社会主义的建设事业发生关系。因此我对这一个问题作了认真的深入的研讨。

司法部法医研究所是我们国家的法医研究机关，我对其鉴定结果不同意，为尊重国家研究机关起见，我论文在发表前应该送它审阅。而法医研究所之所以作出此错误结论，也由于年子敏送请鉴定时，没有把两种文件书写时全部不同的情况告知法医研究所，因此法医研究所就只能够根据照片作出结论。其错误应由年子敏负担，而在法医研究所为搞清问题起见，也应有重作鉴定的必要。

为此我特将我写的《笔迹鉴定的有效性与限制性举例（忠王谕李昭寿书笔迹鉴定）》一册，《忠王谕李昭寿书》照片，《忠王亲笔答辞》照片，《忠王自传原稿》照片合订一册，及我致司法部法医研究所函一封，敬请审阅。如有送请该所审阅的必要，请由本所加公函送往为幸。此致

敬礼

罗尔纲　上

一九五七年四月二日

115　罗尔纲来函

（1957年4月25日）

大年副所长：

听您说《历史研究》编辑部在本月底开会，为着得赶早审查，昨天把我写的《忠王李秀成自传原稿的真伪问题及史料问题》一文，送去《历史研究》编辑部去了。我希望能够在本月底编辑部开的会上一并审查。所以今天特地奉告，请提早审查，是所至幸。此致

敬礼。

罗尔纲　上

1957年4月25日

116　翦伯赞来函

（1957年6月29日）

大年同志：

此信[①]我答不出，请您指定一位了解此事的同志代复为感。

伯赞

六月廿九日

117　范文澜来函

（1957年6月）

大年同志：

我准备对全所同志们或仅召集一部分人，讲一次话，消除顾虑，鼓励斗志，以便发动反右派斗争。我想，用工会召集座谈会的形式比较好（不用所长资格而是工会一个会员的资格），请三人小组[②]斟酌，星期二我向人代会小组请上午半天假，用半天大概可以讲完。如时间来不及，不答复已提出的问题。我利用今天，草草写此稿，请三人小组多提意见。

文澜

① 指一读者询问史学界讨论有关太平天国革命性质及对曾国藩、李鸿章评价问题的来信。信中说："翦伯赞同志：向您请教一个问题。据报载今年八月史学界将讨论'太平天国革命性质''对曾国藩、李鸿章的评价'等问题，且有五十多篇有关论文。但我们这里根本看不到这些论文，所以有很多问题不清楚。特请您在百忙中谈谈史学界目前对上述问题争论的有哪些焦点，以便学习。向您敬礼！王朝桂　一九五七年六月十五日"

② 指中国科学院历史研究所第三所反右运动的三人领导小组。

118　杨人楩[1]来函

（1957 年 8 月 24 日）

大年同志：

一个多月前，您曾说要谈谈[2]，未见宠召，想以忙故。近来想到有些看法，想向您陈述，并候教。如荷指定时间和地点，即当走询。校中尚未开课，时间可不受限制。匆此并颂著安！

敬礼！

弟　杨人楩

八月二十四日

119　尹达来函

（1957 年 10 月 5 日）

大年同志：

发稿在即，望加油改他们那一篇；您的一篇望能早日发排，校中再改亦无不可。

"批尚"一文，拟在一、二所学术讨论会中讨论一番，望将稿交专人带来；您的意见望批上。

敬礼。

尹达

10 月 5 日

---

① 杨人楩，时任北京大学教授。

② 这里指商讨中国科学院拟成立世界史研究所之事。

120　范文澜来函

（1957年11月11日）

大年同志：

下星期科学院开大会，翦老[①]请你明天上午到他那里去，花一天功夫准备反关于历史方面右派的发言稿，请带关于荣[②]的一些材料去（我看，你那篇论文稿即可）。

文澜

十一日

121　杨人楩来函

（1957年11月29日）

大年同志：

昨日失迎为歉！

兄与尹达同志有命，自当追随，但恐对杂志无大帮助，对群众要求难满足，对世界史研究前途无补益也。并致

敬礼！

弟　杨人楩

11/29

122　陈翰笙来函

（1957年12月14日）

大年同志：

---

①翦老，指翦伯赞。

②荣，指荣孟源，中国科学院历史研究所第三所研究员，1957年被错划为右派。

《历史教学》月刊最近一期内发表了拙作一篇（页 14—19）。兹送上请指正。顺致敬礼！

陈翰笙　启

1957 年 12 月 14 日

123　范文澜来函

（1957 年）

大年同志：

刚才院部来电话，说劲夫、丽生[①]两同志意见，明年学术会议，最好不请或少请外宾，要我和潘老商量，向郭老作解释。你意如何？前天本所学术委员会上，中宣部同志问我的意见，我也说困难确实是存在的，希望中宣部批报告时注意一下。此事请你和学部谈一谈。

文澜

124　范文澜来函

（1957 年）

大年同志：

闻感冒已痊，能起床甚慰！本星期三下午二时到中宣部谈本所五年计划问题，届时请勿外出。我们一起去谈。

文澜

---

① 劲夫，即张劲夫，时任中国科学院党组书记、副院长。丽生，即裴丽生，时任中国科学院秘书长。

125　范文澜来函

（1957 年）

大年同志：

今天上午党组讨论发言稿，大家觉得我的发言稿不能表现代表哲学社会科学总的方面。他们主张讲“哲学社会科学的任务”，我完全同意党组的指示，决定改写，但限期紧迫（卅一日送院部），我又坐不下来（下午要出去，明天不知有何事，难说），特请你帮助我拟一稿（1500 字），明天中午前后交给我，我也再想想，共同拟出一个稿来，费神费神。

我粗粗想了下面几条，你写时千万不要为它所拘束。

1．社会科学是研究人类社会发展规律的科学，是研究阶级斗争的科学。

2．近百年来阶级斗争空前复杂尖锐，特别是新民主主义革命以来，反帝反封建，过渡时期各种改革改造，发展社会主义建设，少数民族，总的是党的领导——马列主义在中国生动的运动，需要社会科学工作者研究、阐发、叙述。中国历史（包括政治、经济、文化等等）也丰富，需要阐明。社会科学工作有无限广泛的前途。

3．要发展社会科学，必须贯彻百家争鸣的方针。

4．另方面要反对教条主义。

5．推广研究的范围，组织一切力量来做（在职干部）。

6．加强科学院“哲社学部”，调有斗争经验有研究能力的干部来参加各所，培养青年干部，扩大队伍。

附上报告一本，折处可作启发。

范文澜

126　范文澜来函

（1957 年）

大年同志：

我极愿参加这个讨论，请你问问本院党组，将来哲学社会科学部分党组是否讨论，如讨论，我想参加分党组讨论。如参加院党组，结合实际比较困难，因院的实际太广泛了。通知阅后退回。

文澜

127　孙冶方[1]来函

（1957年）

大年同志：

昨日范老和你谈的关于学术组织工作和学术研究工作的问题，你们的意见可否在会上说一说。我觉得在这方面似值得进一步明确一下。

冶方

128　尹达来函

（1957年）

大年同志：

我的身体一直不能复原，会议很难坚持，院部允许我易地休息，准备即到青岛去。

明知您忙，但又不得不走，编辑部的事[2]，还是请您多管管。在反右期间，这个刊物恐怕也只是维持下去啦。

大兴大革，目前也实在难说，您说是不是？

知道您这些时更忙些，所以不去看您了。明天下午就走，到后即给您来信。

祝您好！

尹达

九日

① 孙冶方，时任中国科学院经济研究所所长。

② 指《历史研究》编辑部之事。刘大年时任《历史研究》副主编。

129　范文澜来函

（1957年）

大年同志：

昨天休息时，康生[①]同志谈及雷海宗[②]在天津称病，两次不到斗争会，对向达[③]批判也差不多了，是否有再开大会的必要。周扬[④]同志也觉得雷不到会，向的骄气在此已大受挫，也就差不多了。向也可能不来，只剩一个荣[⑤]开会，显得不够有力。我也觉得在二人不到（向可能不到）的情况下开会，很不值得。同意康生同志的意见。康生同志说，还没有看哲学社会科学部的报告，可能不予批准。

文澜

---

① 康生，时任中共中央政治局候补委员兼文教小组副组长。

② 雷海宗，南开大学教授，1957年被错划为右派分子。

③ 向达，北京大学教授，1957年被错划为右派分子。

④ 周扬，时任中共中央宣传部副部长。

⑤ 荣，指荣孟源，1957年被错划为右派分子。

一九五八年

130　罗尔纲来函

（1958年1月25日）

大年副所长：

手书收到，敬悉。

您推荐我为苏联的《历史问题》杂志写一篇文章，至感光荣。我就照您的指示写一篇关于忠王自传原稿问题的文章。题目是《关于忠王自传原稿》，交稿时间是三月二十五日前。因为我现在申请入党，正在写自传。这篇文章，必须在写完自传之后。而这一篇文章有种种的写法，我想请求您答应我在初稿写成之后，给我提意见，我计划是这种写法不对，又另一种写法写。所以必须把时间放长一点，预定是三月二十五日前交稿。

范老来信，对您在1955年指示我写的现收在《太平天国史稿》的《序论》，十分鼓励，说："《太平天国史稿》用纪传体，有《序论》一篇，足以相辅而行，也就相得益彰，此书足以不朽矣，喜甚！"还有读者说，这是对旧史纪传体裁的创造性的修改。鄙见以为纪传体的缺点从刘知己、章学诚、梁启超等人以来都知其缺点，而无法补救其缺点。这是因为他们生在旧时代，没有得受马列主义的教育。没有受到马列主义的教育，就不会做总结，不会做总结就不可能在一个革命运动或一个朝代的历史上写出具有总结性的序论。这也就是您去年秋天在《人民日报》上发表那篇[①]论马列主义指导历史学的一个例证。我那篇《序论》的内容写得还幼稚，范老太过奖了。但却很显著地表现出是一个初步受了马列主义教育的人写的东西。我感谢党的教育，感

---

① 指刘大年1957年10月11日在《人民日报》发表的文章：《驳一个荒谬的"建议"——批判荣孟源反马克思主义的历史学观点》。

谢范老和您对我的教育。

苏联科学院别列留柏斯基同志发表了一篇介绍1955年出版的《忠王李秀成自传笺证》的文章，他寄到南京大学去，去年从南京转来，最近龙盛运[①]同志给我翻译了，评价过高，愧不敢当。三版著录还犯有错误，四版才改正，您指示我写这个题目很好，我可以把我这一个错误对苏联同志说明，使他们以后不再用三版以前那几部。古人说："学然后知不足"，我觉得在我应改为"学然后知不懂"，我不是"不足"的问题，而实实在在是"不懂"。巴甫洛夫教青年人要永远有勇气对自己说："我是个毫无所知的人"的名言，时时在教育着我，想您必有同感也。

我打算写完自传后去看您。闻您感冒，请多休息，休息比服药更好。中药有一种叫做"午时茶"（中药房有卖），初起时很有效，但药力颇大，应先请教中医师才服方好。专此奉复，此致

敬礼！

罗尔纲　上

一九五八年一月廿五日

四版《太平天国史稿》十多天前送上一册，想已收到，有闲时请阅看，指示，俾得五版重写改正为幸。

131　尚钺来函

（1958年4月22日）

大年同志：

来示敬悉。我写的那个"序言"[②]和那本书，本来毛病很多，您的批评还是好的，自己同志间批评，比起旁人批评就更好些。不过，有些问题，还值得商议一下，我因之写了一篇和您谈谈学术批评的文章[③]，说不上"反驳"。

① 龙盛运，时为中国科学院历史研究所第三所研究人员。

② 指尚钺为《明清社会经济形态的研究》一书所写的序言。

③ 指《与刘大年同志谈谈学术批评》一文，载内部读物《尚钺批判》。

写好后，适值桂五同志来，想请他看看，然后再转交您。不意有些同志知道我将文章送给您了，他们很关心，希望能在教研室先讨论一下。所以，我又要了回来。但恰遇“双反”紧张阶段，既未讨论又未修改，一搁就是半月，但为着打开学术自由讨论的风气，先从我们同志间开始是必要的。但为着作为学术界的风气倡导，首先必须从我这里把态度搞端正，就尤其必要。因此，既然您来催促，兹先送上请打印一下，分送有关各方面请提意见，并请说明我要求各方面审查时，不仅要注意我文章的内容，尤其要注意我的态度，至于发表的问题，我想等各方面意见来了再商量。因为我们这样的讨论，是否有助于展开学术自由讨论的风气，如无利如此，仅是我自己辩解一下，我想还是以不发表为好。因为我那本书和序言，写的实在不好，批评批评也是应该的。

“历史科学……为谁服务”一稿，有些字句不明确，请您和尹达同志直接修改一下。我一向不会写政治性很强的文章，咱们又是有组织的战斗，请您们正式挂起帅来。特别是两年的卧病，对于学术界的情形摸不清，这样的文章您俩更应该作主。至于春秋时比祖宗资格老等，是“让历史为现实服务”，是对的，我也承认这一点，但因它不是反映现实而是谈古，所以这个“厚今”与今天我们的“厚今”有所不同。或者我在校稿上再把这一点修改一下。因此，他们的这种“厚今”就有了另一面，即造成史学史上厚古薄今的传统，也即对现实服务的方法是“不谈今而谈古”，在客观上就有着诱导被剥削的人民大众脱离现实的倾向，不知您以为如何？把古史现代化的厚今，与我们马克思主义者研究古史，从古史研究出社会发展规律来，也有所不同。末尾两段是我看见伯达[①]同志丑化资产阶级史学家的学步，如不妥当，可以删去，等校稿来时再研究。总之，我的文章写得不成熟，还有什么意见，请即早提来。此致

敬礼！

尚钺

4月22日

打印本请给我20份，以便我室同志们传阅讨论。

---

① 伯达，即陈伯达，时任中共中央政治局候补委员兼中共中央宣传部副部长。

132　尚钺来函

（1958年6月25日）

大年同志：

《历史科学为谁服务》一稿，本来写得不好，修改也没有修改好。退回来是对的。关于厚今薄古问题，我还打算写一篇，不过是未来的事了。

看了三所的规划以后，我们很高兴，并决定以全副精力支持您们的雄伟规划。日前，本来打算由我直接给范老和您写信，后来戴逸同志去参加会议，当面谈了，这里不再多说了。因为您们规划的号召，我们已决定成立一个现代史组，现有四人，不久后可能有七人或八人。因此，我们近代史组和现代史组决定在范老和您的领导之下，展开未来的工作。也许在不久的将来，我们教研室会派戴逸和另外的同志去向您和三所现代史组同志们请教，并结合在一起工作。

其次，我们近代史组集体的和个人的规划，也打算置于三所的雄伟规划之内。只是我们的水平低，所能拿出来的东西，是非常粗糙的。恐怕不能与您们的精深、渊博的专著并列。当然，我们要努力向您们学习，并力争上游，尽可能地使我们的东西好一点。详细的情形，将来再细谈。

最后，我与您商讨学术批评的文章①，经过大家提了意见，我又作了一次大修改，再看看，还是粗糙得很，错误之处一定不少，所以请您审阅，如不能发表请即行退还。此致

敬礼！

尚钺

6月25日

---

① 指《与刘大年同志谈谈学术批评》一文，载内部读物《尚钺批判》。

133 黄炎培来函[①]

（1958 年 7 月）

我有事想早退。

我对范老、吴老给戊戌变法运动以公正的评价[②]，完全赞同。只想到相隔仅仅六十年，新中国已经从社会主义向着共产主义迈进，使一般人对这些公正评价，得到了事实的证明，大家容易了解，机会是很好的。

我想贡献一些对纪念方法的意见：

若干图书馆联合起来，更和历史研究所紧密联合起来，在适当地点设立各个时期的纪念室，戊戌是一期，以前例如太平天国，以后如辛亥、如五四等等，把各个时期的书籍、图画、物品等等，经常地陈列起来，家藏的商请捐献，如一时还不愿，作为寄存，随时可以收回。这样同一时间的，集中在同一空间，会大大有利于史学者的研究，和新闻家、写作家的收集参考。明年新中国十周年国庆，这一件事应该认为文化上学术上大事，可否由历史研究所领导发动，重点在这些近世史料，到今相距不太遥远，我所知道私家收藏还不少，把这件事作为十周年国庆的献礼，将此号召私家收藏品一齐贡献出来。

首先须觅适当的场地，相当的建筑，一切都有待于计划。建议请范老酌。

我早退了。请谅！

黄炎培

---

① 黄炎培，时任全国人大常委会副委员长、全国政协副主席、中国民主建国会主任委员。据刘大年 1995 年回忆，此信是黄炎培参加纪念戊戌变法 60 周年学术筹备会时，因事早退，交给会议主持人的一个便条。

② 指 1958 年 7 月纪念戊戌变法 60 周年学术筹备会上，范文澜、吴玉章的论文和发言。参加筹备会的，除学术界人士外，还有黄炎培、陈叔通、章士钊、康同璧、梁思成、梁令娴等。

134　戴逸来函

（1958 年 8 月 6 日）

大年同志：

戊戌变法 60 周年的纪念论文已写成，今寄奉，文章属稿甚匆促，请你看一下，其中有不妥之处，希望告知。以便进行修改。

我们教研室最近已搬到铁狮子胡同一号，新的通讯处是铁一号中国人民大学红二楼乙组三层。

敬礼。

戴逸

6 日

135　顾颉刚来函

（1958 年 8 月 10 日）

大年同志：

前月开戊戌变法六十年纪念筹备会，我当时答应作批评康有为《新学伪经考》《孔子改制考》两书，耿耿于心。现在离八月十五日交卷之期不远，我竟未动手，且最近三个月内亦不得动手，恐怕耽误了这个纪念，特行奉告。

本年二月起，各民主党派发动整风运动，我因是民主促进会的中央委员，编入中央小组，到今已七个月，尚未结束。本月初，统战部召开会议，宣布于本月结束。但民进因为做得太细，日前开整风委员会，决定于八月内结束梳辫子工作，九月十五日前结束改造规划工作，此后即为筹备三中全会，这会在十月举行。这一连串的事件弄得我不能定下心来搜集资料和撰写论文。如果随便涂抹凑数，也不是你们分配给我的意思。

我想，这篇论文挪到十一月里做，不知你们许可否？便中请赐一答复为荷！

专此，即致敬礼！

文澜同志前均此。

顾颉刚

1958年8月10日

136　范文澜来函

（1958年9月23日）

大年、维汉[①]同志：

请答复中国新闻社。[②]我自己实在不能写，时间又那么迫促，是否能找适当的一位同志写稿，为当前政治服务。

敬礼！

范文澜

九月二十三日

137　戴逸来函

（1958年10月）

范老、大年同志：

奉上拙作《中国近代史稿》第一卷，此书因水平所限，且脱稿匆匆，有许多错误和缺陷，盼得到您们指导及贵所同志们的批评。

敬礼

戴逸

58年10月

---

① 维汉，即张维汉，时任中国科学院历史研究所第三所副所长。

② 指中国新闻社向范文澜约写关于配合外交斗争的稿件。

138　金灿然来函

（1958年12月4日）

大年同志：

最近我们在制订一九五九年的选题计划和出书计划。在我们的计划中希望能够密切配合和帮助你们的工作。请见信将你们一九五九年的跃进规划寄给我们。候复

敬礼

金灿然

十二月四日

139　范文澜来函

（1958年12月）

大年同志：

刚才接中央联络部通知，要我明天上午九时去参加讨论毛选英译修改本，我不懂英文，但总得去。请你去吊罗先生[①]时，替我说一下。你去时如车有空，请告诉戴老[②]，她去，可见罗老太太，省得发生我对罗先生太失礼。

文澜

140　范文澜来函

（1958年）

大年同志：

刚才去看金老。他思想包袱很大，多疑增长了病情。金老失眠严重，记

---

① 罗先生，指罗常培，于1958年12月13日病逝。

② 戴老，指范文澜夫人戴冠芳。

起吴晗同志失眠是一位老医生治好的。请你打电话问问吴晗同志，请他介绍那位老医生，给金老治治看。

文澜

141　范文澜来函

（1958年）

大年同志：

（一）我们必须坚持业务整风两不误的原则。参加大辩论自是大好事，是否可分批轮流去参加（每人参加的次数，看业务上需要的缓急），或选与业务工作影响不大的同志若干人去参加，请同志们考虑。将来算业务成绩账，总得能交出一些来才好。

（二）一批人下放后，可有若干空屋，如实有独室工作的习惯，可酌量分配空屋。大屋内装小屋，恐影响全局，请考虑。

（三）资料室是否先解决潮湿问题。干部下放后的空屋，也可酌量使用。国家财政困难，我们有余款以缴还为宜。

以上个人不成熟的意见，供同志们参考。

范文澜

142　吴大琨[①]来函

（1958年）

大年同志：

好久不见了。

我来北京后还没有时间来看您。最近在报上看到有您在北京大学作报告

---

① 吴大琨，时任中国人民大学教授。

批评尚钺同志的文章[①]。我很想能看到您的讲稿。因最近校内何干之同志要我向他们系内的学生作一次报告，讨论这个问题。我想参考一下您的宝贵意见。

我的报告，如写成后，将来也可交您商发表。

祝好。

吴大琨　抄上

再：我前曾有一信给范老，没有得到他的回信，可否请您也代问一下。

143　范文澜来函

（1958 年）

大年同志：

我拟了一个发言稿，你有什么意见，请提出。纪念会是上级叫开的，发言稿应请上级审核，兹送上三份，请将一份送齐燕铭[②]同志，一份送潘老、导生[③]同志，另一份即留在筹备会。请他们提意见，以便修改定稿。

陈叔通寄来一信，送上。

敬礼！

范文澜

星期一

---

① 指刘大年的文章《关于尚钺同志为〈明清社会经济形态的研究〉一书所写的序言》，载《历史研究》1958 年第 1 期。当时翦伯赞在北京大学历史系创办了历史讲座，刘大年的文章是在讲座上的报告。

② 齐燕铭，时任国务院副秘书长。

③ 潘老，指潘梓年。导生，即刘导生，时任中国科学院哲学社会科学学部副主任。

一九五九年

144　李必新来函

（1959 年 1 月 14 日）

敬爱的刘大年教授同志：

我在《历史研究》1955 年第 5 期上读到了您的大著《从中国封建土地问题上看梁漱溟思想的反动本质》。您在这篇文章中较全面地引用了陶煦所著《租核》中的“重租论”。

陶煦很忠实而客观地描绘了一幅封建社会中地主残酷剥削佃农的图画，对于正在搜集“清初土地政策”这个问题的材料的我来说，这是极其珍贵的文献。因为我所接触到的资料关于这方面的叙述几乎缺如，即有也不过三言两语，而且常常不得不在字里行间去找寻。（若是您能再指示给我一些这种材料，那我是万分感激的！）

此外，张志公在《清代的佃农》（见北平《华北日报》史学周刊 46 期）一文中也曾节引了（虽然不如您引的完全）陶煦的这篇文献。

您和张志公都说陶煦是清人。但一查《中国人名大辞典》（商务印书馆出版），陶煦却是明弘治进士，这就是说，他生在距清初还有一百几十年之远的时期。当然，也很可能在清初还有一个陶煦，他们是同姓名不同时代的两个人。我这里既没有《租核》这部书，也没有其他任何可供参考的资料，所以才敢大胆写信给您，请给我一个回答，以便决定是否应用这个不可多得的文献。

我是莫斯科大学东方语言学院中国语文教研室的一个汉语教学工作者。您当然不认识我，给您添了许多麻烦，浪费了您宝贵的精力和时间，请原谅，并特先向您致以衷心的感谢！祝您健康！并致共产主义的敬礼!

李必新

1959年1月14日

145 黎澍[1]来函

（1959年5月26日）

大年同志：

我在本月廿日到达长沙，已经确定参加长沙县委工作。但是现在还没有把头接好，每天在招待所吃饭，吃过饭就读书。因为长沙大非昔比，至今没有碰到一个熟人，虽云故乡，亦如在异乡耳。历史所的同志尚未去找，拟在离开时再去拜访，以免在此间给他们多添麻烦。上星期汇报[2]情形如何，估计会涉及到我，希望此信到时即速复我一信。

敬礼

黎澍

1959年5月26日

146 罗尔纲来函

（1959年6月10日）

大年副所长：

我给太平天国纪念馆编的《太平天国文献第四集艺术》已付影印，这部书要一篇序文，我几个月前就建议纪念馆请一位艺术专家写。纪念馆已经约好国画专家陈之佛教授写了。后来陈之佛教授说写这篇序不懂天平天国史有困难，他没有写。周邨[3]局长指示江苏省人民出版社召集有关专家开座谈会，

① 黎澍，时任中共中央宣传部出版处处长，当时正在湖南做调查。

② 指中共中央宣传部召开的涉及学术界反右倾会议的汇报。

③ 周邨，时任江苏省文化局局长。

由出版社记录整理，作为序文。出版社编辑部认为这样做，他们作整理有困难。最后决定由我写一篇“讨论草稿”，油印寄请有关专家提书面意见，然后根据各方面意见写成定稿。现在我写成这篇“讨论草稿”，专函寄呈，请您千万拨冗提出宝贵的意见，俾得遵照重写为幸。您去年在我入党的支部会上给我提过的一条意见是不要生拉硬扯马列主义，而要有步骤地运用马列主义。我时时记着您的指示。这一篇草稿，在写作的时候，就特别注意这一点，但不知能避免这一个缺点否？敬请审阅。

我入党预备期于五月底满，我已写了申请转为正式党员书送呈组织。我首先是根据您去年给我三项指示加以检查，我认为都有了进步，有了改正。但也检查出另外的两个缺点。我万分企望党批准我作正式党员，我一定能够改正我的缺点，以符合于党对党员的要求。

这篇“讨论草稿”，请您把意见就写在上面，希望能在十天内寄回，因为出版社要翻译成几国的文字送莱比锡展览也。

专此奉陈，此致

敬礼

罗尔纲　上

一九五九年六月十日

这篇“讨论草稿”我也想请范老审阅，但他太忙，不知有时间否？请您看看，如有时间，请您提了意见之后，再送请范老提意见。

147　黄炎培来函

（1959年6月26日）

文澜、大年同志：

那天面奉起草中的《八十年来》初稿两部分，现第二部分——“第一时期”略有修改，把修改本（左边加〇圈的修改了）奉上，请将“第一时期”原本交来人带下。

你们工作太繁忙，不应多耗那么宝贵时间，想下星期二或三我前来当面领教，来之前先以电话通知。

手敬！

黄炎培

1959年6月26日晨

附《八十年来》“第一时期”修改本，领取“第一时期”原本。

一九五〇年代

148　田家英来函

（1950 年代）

大年同志：

此件请代转尹达同志，因为我不知道他住的地方。

田家英

149　易礼容来函

（1950 年代）

大年同志：

福建何公毅先生（现政协福建省委委员，民盟省委委员，现来京在作社会主义学习，右派，年近七旬），他拿着一本书（书名见附条）拟于明后天去中国书店出卖。据说这书是海内孤本，也许对于您所研究有参考价值，我斗胆请求您考虑：可否委托您所一位干部同志和书店联系一下，如果书有价值，候送到准予估价收买。何似生活困难，请恕我多事。此致
敬礼。

易礼容

8 月 6 日

150　骆耕漠来函

（1950 年代）

大年同志：

我缺少《历史研究》1955 年第 1 期和 1956 年第 12 期。现想合订，到书店又补不到，不知你处能设法找到旧的否？不论有否，均希复示，以便决定是否再向他处去找。此致

敬礼

骆耕漠

九月廿五日

151　钱三强来函

（1950 年代）

大年同志：

已与武衡[①]、李亚农二先生约好，今晚八时来东厂胡同二号[②]，请届时来谈。

敬礼。

三强

152　胡乔木来函

（1950 年代）

大年、丁瓒同志：

中央要了解高级干部学习的情况和问题，指定本部负责搜集各单位情况

---

① 武衡，时任中国科学院学术秘书处副秘书长。

② 东厂胡同二号，当时是中国科学院宿舍。

向中央报告，兹特介绍吕新初同志前来你处访问，务请亲自接谈。此致敬礼。

胡乔木

12月1日

153　金灿然来函[①]

（1950年代）

范老、大年同志：

王崇武同志在编辑《中国历史图说》中起了很大的作用，他在这个工作中很努力。本想能在他的支持下把这本书编成的，现在他既坚决放下这个工作，从事另外的研究工作，虽然在这本书的编辑上是一个很大的损失，我们也只好同意了。

在这个工作的进行中，我们不管在组织工作和人力抽调上，或在经常的帮助和行政工作上，都存在着许多缺点。崇武同志经常提出批评，而且在我最近和他的谈话中作了总的批评，这些批评对我们（特别是我）的工作上有很大的帮助。但是他的意见和批评的一部分，不定没有可以商量的。他在工作中表现了比较顽强的自恃，有时简直不考虑别人的意见，这在这本书的编辑上也带来很大的困难。不知他在三所有无这方面的表现，特提出供参考。大年同志如果需要知道编辑情况，哪天见面时我可以详细谈谈。

我最近和他的一次谈话中，曾提出希望他能把他亲自编辑的隋唐五代部分的尾巴编成，以免将来弄成狗尾续貂。他没有答应。大年同志是否可以帮我们说服一下？这一部分的资料他已收集好了，不用花太长的时间（如一周）就可以完成了。

谢谢你们对这本书编辑工作上的大力帮助和不断的关怀，这种帮助和关

---

① 范文澜在该信上批语刘大年："王崇武同志的想法是，如金灿然同志能提供完成工作的条件，他是可以去完工的。为顾大局和完成工作起见（王已做的部分），你是不是可以找金具体谈一谈，定出切实办法，再和王谈妥，你约金、王当面谈通，花一定的时间（即专家在中国的时间）把工作做成，你意如何？"

怀以后我想一定会有增无减的。
敬礼。

金灿然

4月7日

154　范文澜来函

（1950年代）

大年同志：

我想了一想，现在最重要的事情是打开局面，使大家对我的顾虑逐渐消除，还不忙于展开多方面的讨论（这应是第二个步骤）。因此，我意岑仲勉、南开两篇可整个集中力量对我批评，放宽尺度，造成“老虎尾巴”毫不可怕的气度。此意是否可与尹达同志商量，同意他的处理。中宣部方面是否可将暂不登两篇的意思先去说明，求得指示。如得同意，以后编辑时去取先后有些把握了。
敬礼

范文澜

155　范文澜来函

（1950年代）

大年同志：

《历史研究》编辑部的材料不知已送来否？如已送来，请和原信一并交给我，以便给林纳青同志写回信。

文澜

156 范文澜来函

（1950年代）

大年同志：

《学习报》已出来，我那篇稿子没有改，很糟糕，那稿确是有些地方很不好。修改稿我昨天送办公室，想已看到。是否即请你通知别的报不要转载，如要转载，请务用我的修改稿。下期《学习报》是否可以照修改稿更正一下。至要至要。因为给外面和上级机关看了不像话，我急得很，请你午睡起来后，务请赶紧替我想个办法。

至感至感。

敬礼

范文澜

157 范文澜来函

（1950年代）

大年同志：

我那篇稿子中有对着吴大琨文（《历史研究》的）和《教学与参考》里《尚著简介》的那些文章的批评。稿子打印前，请你仔细看一看，是否有引起其他误会之处。如结束语一段，“谁都知道生产力论是……可耻的骗术”等处，可多作删改，以免误会。

请通知学会来信直接寄给你，以免遗失。请代向学部请假一月，请代向本所支部请假一月。院部不知是否需要去请假，请你注意胃病。一月后见。

敬礼。

范文澜

17日晨

158　尹达来函

（1950 年代）

大年同志：

请您再看一遍，动手修改一番，以便打印。再征求某些同志的意见，然后决定是否发出。

敬礼。

尹达

7 月 9 日

159　尹达来函

（1950 年代）

大年同志：

云非同志拟了给《历史问题》的新年贺电，请您改改。我对这行实在不行。

敬礼。

尹达

25 日

160　尹达来函

（1950 年代）

大年同志：

您给尚钺同志的信已看过，兹退回，请查收。

这次无论如何，把事情做得恰当，以免在学术争论中产生不必要的副作用。您以为如何?
敬礼。

尹达
1 月 22 日

161　尹达来函

(1950 年代)

大年同志:

昌五所写文章，业已打印，兹发至您处十份，请分发您所同志认真提提意见，拟于礼拜三在一起讨论，您看如何?
敬礼。

尹达
8 月 7 日

162　杨向奎[①] 来函

(1950 年代)

大年同志:

昨天接到你的信，我们作了研究，经了解□□□同志古代史的基础方面也不大好，进行工作也有困难。但如你所认为他不宜于或不愿作近代史的研究，送到一所来工作，也可以。指导人员要花费些精力。请你决定，如果来，请写介绍信由张同志转来。此致
敬礼。

向奎
4 月 3 日

---

① 杨向奎，时任中国科学院历史研究所第一所研究员。

163 刘导生来函

（1950 年代）

尹达、大年同志：

你们起草的两个文件，最好争取明早送来。如两件同时送来不及，请先将批判的一件送来，明上午这里可空半天讨论，其他一件迟两天还来得及。希望大年同志今晚赶下工，带批评的一件大家研究一下。

刘导生

11 日下午

164 范文澜来函

（1950 年代）

大年同志：

今天下午郭、杨二公召集会议，我因咳嗽未愈，不能赴会，请你代向二公请假为盼。王崇武同志上午来谈昨天与金商议的情形。哪一天我们再商量一下，我们现在确在进退维谷的困境中了。

文澜

165 范文澜来函

（1950 年代）

大年同志：

我不去看《林则徐》[①]，请你替我对夏、阳[②]二同志切实道歉。因我好久不搞近代史，你去比我好，务请他们原谅。

文澜

---

① 指电影《林则徐》，1960 年公映。

② 夏，指夏衍，时任文化部副部长。阳，指阳翰笙，时任中国文学艺术界联合会党组书记。

166 钱崇澍来函

（1950年代）

刘大年同志：

近日本所常有会议，而吴徵镒副所长因准备访问苏联事务，不常至所。故我不能经常参加《斯大林经济问题》一文的学习，以后恐亦不能按期学习，时作时辍，有违学习纪律，祈准予请假为荷。此致

钱崇澍

十一月十二日

一九六〇年

167　齐燕铭来函

（1960 年 2 月 22 日）

大年同志：

于厂肆得《异辞录》两册，所记逸闻，足资掌故。著者系清川将刘秉璋之子，系属淮军，一些名字尚待查。原书送阅，阅后仍请还我。即致

敬礼！

齐燕铭

二月廿二日

168 王芸生来函

（1960年3月21日、4月12日、6月18日）

一

大年同志：

我已从河南参观回来，人大和政协预定本月底开全体会议。关于商谈修改《六十年来中国与日本》① 的问题，拟于大会开过之后再进行。

承您关切和协助，至感。此致

敬礼！

王芸生

一九六〇年三月廿一日

二

大年同志：

人大和政协的会议已经结束，关于修改《六十年来中国与日本》的工作可以着手进行了，请您定期约集有关同志一起谈谈这个问题。时间由您定。此事依靠大力支持，至深感谢。此致

敬礼！

王芸生

1960.4.12

---

①《六十年来中国与日本》，是王芸生于抗日战争前出版的一部关于中日关系史的著作。关于此书修改完成的情况，刘大年在《王芸生和他的〈六十年来中国与日本〉》一文中，有扼要评述："1957年春天，王芸老特地来近代史研究所找我，就修改《六十年来中国与日本》一书征求意见。怎样改法，他自己认为大改困难太多，小改意思不大，倾向于中改。所谓中改，其实也近乎重写。……七八月间，王芸老来寓所欣然相告：改书的工作有进展，一、二卷即将杀青。《修订导言》写出了初稿，打算听取意见后再作润色。我建议他压缩原定的'中改'计划，剩下各卷基本维持原状，只作最必要的改动，这样比较现实。他也同意。……此书从第一卷出书到现在，时间过去了近五十年，仍有修订再版的必要，说明它自身有足以传下去的生命力。"（载刘大年《赤门谈史录》，人民出版社1980年版）

三

大年同志：

日前畅谈，甚得启发。兹将提纲[①]拟就，务恳指正为盼！

此致

敬礼！

王芸生 上

6.18

169 范文澜来函

（1960年3月23日）

大年同志：

这些文件[②]听说在哲学社会科学部分党组传阅，请你费心派妥人去要回来，最好在学部点查清楚再拿回来。其中有好些重要史料，你可抽空重看一遍。致

敬礼！

范文澜

二十三日

170 罗尔纲来函

（1960年3月29日）

大年副所长：

① 指《六十年来中国与日本》一书的修改提纲。

② 指1959年8月在庐山召开的中共中央政治局扩大会议和八届八中全会所发的会议文件。

命贾熟村[1]同志回京给郭院长[2]收辑太平天国资料，明早即行。

我为本所资料室搜集太平天国资料，除一九五六年寄回一部分至资料室外，现将全部抄录资料装箱，其照片资料已装订成册或贴在册上者亦一并装箱，交贾熟村同志带回所，以供郭院长应用。此外，郭院长须用何种资料，请随时示知，当陆续抄录或摄照寄上。此间工作情况，请贾同志代面陈。

此致

敬礼

罗尔纲　上

一九六〇年三月廿九日

171　王芸生来函

（1960 年 7 月 3 日、26 日）

一

大年同志：

纪念日本投降文，写了初稿，请您看看，务请不客气给予指正，冀使此文少些错误，整得好一些，至所感盼。此致

敬礼！

王芸生　上

7.3

二

大年同志：

拙文经过修改，请再审阅，不吝指正，为感。此致

敬礼！

王芸生　上

七、廿六

---

① 贾熟村，罗尔纲之婿，时任中国科学院近代史研究所研究实习员。

② 郭院长，指郭沫若。

172 王世英[①]来函

（1960年10月7日）

大年同志：

山西写的《阎锡山统治山西罪恶史》初稿已印出，我感觉虽然搜集的材料不少，但段章太多，也有些零乱。重复的地方也不少，每段结尾一般化，分析论断能力很差。因时间及水平的限制，也只好如此了。等各方面提出补充修改意见之后，再组织专人重写。希望你们能大力支持，指定专人审阅，或抽出一两个人来，花一点时间专做此项工作，把材料搜集好后专门写它一次。全部写出，将来由谁署名？哪里出版？我觉得都没有多大关系。问题是如何把它写好。书名恐怕也要改变，这只是我个人的意见，尚未同山西的同志们商议。你那里需要多少本，请由姜克夫[②]同志处索取，请多帮助，并提出你修改的意见。专此，致以

布礼！

王世英

1960年10月7日

173 井上清[③]来函

（1960年10月17日、11月15日）

一

尊敬的刘大年先生及近代史研究所诸位先生：

今天早上（10月17日）就要离开中国了，在北京期间受到您们热情接待及同志般的交往，非常感谢！此外为我的行程给予十分周到的安排也衷心感谢！与刘先生一起在近代史研究所院内的合影也于昨天（16日）到当地时

① 王世英，时任中共山西省委书记兼山西省省长。

② 姜克夫，时任中国科学院近代史研究所近代史资料编辑组组长。

③ 井上清，时任日本京都大学教授。

就收到了。即将离开中国之际，我一件一件仔细回想着这三周间每天的事情，更加坚定了要积极参加对于日本反动势力和美帝国主义的国民斗争，为中日两国人民的友好及学术文化交流而尽微力的决心。回国以后再致谢忱，暂且利用在中国最后的瞬间奉告上述告别的话。

祝先生及研究所各位身体健康、工作成功!

井上清

1960年10月17日晨

二

尊敬的刘大年先生:

在贵国停留期间得到您情谊深厚的亲切接待，非常感谢！而比先生的接待更令人感念的是，看到了社会主义中国“大跃进”的实况，以及能有机会与先生等中国历史学界诸大家的几次会谈，这对我今后的人生会产生决定性的影响。对于马克思列宁主义不灭真理的确信，由于此次访问贵国而更强更深了。特别是先生等中国学者和知识分子为人民服务的学风，和坚定不移地坚持马克思列宁主义原则，并将这一原则创造性地运用于具体现实，与具体问题的实践相结合而发展理论的方法，虽然此前从毛主席的著作及其他贵国伟大指导者的著作和讲话中对此已经有一些粗略了解，而此次与诸位先生们实际见面及同志式的谈话中，得以有了更多的了解及学习。我们日本的思想界，如今深陷混迷之中，许多人从马克思主义阵营转到修正主义和观念论方面去了，或者脱离了民众，而自我满足于在知识分子内部进行旁观者式的批评，在这种恶劣风气风行之时，我在贵国获得了与这种反动和混乱动摇作战的武器，鼓舞了我的信念和勇气。对此，真不知如何感谢。

10月18日我顺利回国了，本应尽早把这些告诉您并感谢您的接待，但迟至今天才写此信，抱歉。回国后马上举办了出访报告会，并忙于处理出国期间积存下来的大量事务，至今尚未处理完毕。在北京新侨饭店所写的关于日本历史学者面临的任务的论文提纲，最近完成了细目，预定与其他几人的论文结集成书，名为《现代史的方法》。

日本的进步学者，据说对我关于贵国学界的谈论非常有兴趣，大家都很希望有机会访问贵国。

此信托日中友好协会访问贵国的日本科学者团中成员之一岛田虔次君，

带给科学院联络部的宋先生转交。岛田君是我所供职的京都大学人文科学研究所的副教授，是中国思想史特别是明末以后思想史的专家。他不是马克思主义者，而是观念论者，是不参加政治、社会活动的书斋型学者，但是一位诚实笃学之士，在京都大学人文科学研究所内，是一切都拥护我们的。他希望与中国各位先生作个别讨论及购买书籍文献，先生们如能完全据自己的判断给他以帮助，则为幸事。他不是反共派，也不是“两个中国派”。

在八达岭和十三陵拍的照片同封寄上，虽然拍得不太好，但作为纪念请收下为幸。另外，在上海和深圳与胡毅夫先生等拍的照片也同封寄上，麻烦您转交给胡先生，并请代为转达我的衷心感谢之意。

期待不久的将来在东京、京都或北京再有机会与先生见面，为此，也为了增进中国和日本的学术交流及两国人民的友好，要更加努力奋斗。

最后，祝先生健康，祝研究所工作成功！向研究所诸位及历史研究所诸位转达我的问候！

井上清

1960年11月15日

174　范文澜来函

（1960年）

大年同志：

黄任老[①]有一批史料，可能其中有些可用的东西，你有便时是否可去医院探望一下，表示我们的谢意。据医生说，任老患颇重的脑动脉硬化症，可能有突变的危险，医生没有告诉他知道，此次他出席大会，气色似乎不如前些时，也许知道了医生所说的话，不免思想上有压力。他是我五十年前的老师，你替我向他问安，我不写回信，想避免动起笔来，感情冲动，彼此都不好。此意亦请转达，希望任老享期颐之寿。

敬礼！

文澜

---

① 黄任老，指黄炎培。

一九六一年

175　范文澜来函

（1961 年 2 月 7 日）

大年同志：

尊稿[①]读过已多日，迟迟未答至歉！我对此稿提不出什么意见，因为您思考得已经很周到了。黎澍[②]同志想也看过，不知他有什么意见。您这次受到健康的警告，幸而只是警告，不曾出大问题，但必须重视这个警告。听说您要带很多书去桂林，带书去当然是必要的，但也要有个限度，不能在休养所里用功过分。桂林风景极好，似应多游览步行，天雨不出门，翻开书读读，作为副业，对恢复健康有更大的效果。我身体还好，前几天感冒咳嗽，身体还能抵得住，可能健康是在进步中，所中有黎澍同志主持，我很安心，您也可以安心，专为身体恢复健康而努力。

敬礼！

范文澜

二月七日

---

① 指刘大年著《论康熙》一文，载《历史研究》1961 年第 3 期。

② 黎澍，时任中国科学院近代史研究所副所长。

176　中央党校来函

（1961年6月6日、6月20日、6月23日、9月23日）

一

刘大年同志：

最近您的身体好些了吗？原想打听一下您的休养情况和地址。据说您已返京，我们想在最近去看您，具体时间可在电话上联系。

五九班的中国历史课已经开始，现将“一九五九年班中国历史教学计划”（草案）寄给您一份，请审改。

因近代史部分的计划没有来得及和您商量，故在计划中写了“暂定”二字，至于讲题、参考书和讨论次数以及各个时期的时间比例等问题，请您考虑一下，凑您的时间谈谈，然后对计划再进行修改。

附“五九班部分学员对学习中国历史的要求和意见”一份，供您参考。

致

敬礼。

中共中央高级党校历史教研室

1961年6月6日

二

刘大年同志：

前送去教学计划草案，谅已收到。今又送去中国历史选读书目草案一份，请审改。

中国古代史课已开始两周了，近代史课估计在今年九月中旬开始。至于一些具体问题待日后面谈。此致

敬礼。

中共中央高级党校历史教研室

61年6月20日

三

刘大年同志：

我校一九五九年班学员拟于九月中旬开始学习中国近代史课程，我们拟请你来校讲授。现派我校教务处副处长罗扬实同志、历史教研室讲师陈慧生同志前往商谈，并商洽具体的教学计划。请接谈。致以

敬礼。

中央高级党校党委会

1961 年 6 月 23 日

四

刘大年同志：

兹聘请你兼任我校中国历史教授。此致

敬礼。

中共中央高级党校党委会

1961 年 9 月 23 日

177　王芸生来函

（1961 年 9 月 13 日）

大年同志：

海拉尔相逢[①]，未克畅叙，谨奉上《吴胡张时期的旧大公报》未完稿三个分册，务恳赐览后多加指正，至所感盼！

王芸生　上

1961 年 9 月 13 日

---

①1961 年夏，刘大年参加了国家民委组织的历史学家访问团赴内蒙古参观考察，在途中遇到王芸生。

178　蔡尚思[1]来函

（1961 年 11 月 17 日）

大年同志：

我离京已半年多，不知您的健康有较大的好转否？甚以为念！暇希赐告。

关于章炳麟思想的阶级性，已成为中国思想史上看法最不一致的一个问题，我前天为上海史学会作了这个问题的报告（中国现代思想史专题报告之一），提出了自己的一些看法。因您最近发表的一篇大作[2]，也涉及这个问题，拜读之后，欣喜无似！现在寄上拙稿，先向您请教，稿中如有欠妥与错误之处，均请立即指出和代为修改，至感！至盼！

范、黎[3]诸同志如有暇晷，亦希代为请教一下！

最后，请您为学术前途而自珍卫！此致

敬礼！

蔡尚思

1961 年 11 月 17 日匆草

另寄《论章炳麟思想的阶级性》一文。

---

① 蔡尚思，时任复旦大学教授。

② 指刘大年《辛亥革命与反满问题》，载《历史研究》1961 年第 5 期。

③ 范，指范文澜。黎，指黎澍。

一九六二年

179　中央政治研究室来函

（1962年3月17日）

刘大年同志：

送上中国史稿第六册（社会主义社会）五份，请你审阅，提意见。致敬礼

中共中央政治研究室
一九六二年三月十七日

180　白寿彝[1]来函

（1962年10月18日）

大年同志：

信稿拟好，请修正，连同您写的，一并奉上。寄发时，恐怕要亲自署名好些。

巴方[2]赠书，其中很多是三份，不必要集中在科学院一处。您不是答应给我们一份吗？是送来呢或是去取？

巴史学会叫我写文章，当时曾一再地提。是否还是给他们写一点？不过

① 白寿彝，时任北京师范大学教授。

② 指巴基斯坦历史学会。1962年1月应巴基斯坦历史学会之邀，刘大年、白寿彝等同赴卡拉奇出席巴基斯坦历史学年会，并访问巴基斯坦。

现在抽不出时间来，明年或可。请斟酌。

寿彝

十月十八日

181 范文澜来函

（1962年11月29日）

大年同志：

莫名其妙，突然来了一封美国佬[①]的信（原信在丁名楠[②]同志处），昨托丁名楠同志译出，显然是想钻空子，钻进到中国来。兹将译件奉上，请转学部请示，是否置之不理或写回信拒绝，免得野心不死，再来啰嗦。

致

敬礼！

范文澜

29日

182 包尔汉[③]来函

（1962年12月29日，1963年2月18日）

一

刘大年同志：

您好。祝您新年快乐，身体健康。兹送来《论阿古柏政权》修改稿，供参考，并希指正。

敬礼！

包尔汉

1962年12月29日

---

① 指美国汉学家费维凯，写有《马克思主义外衣下的中国历史学》一书。

② 丁名楠，时任中国科学院近代史所副研究员。

③ 包尔汉，时任全国政协副主席。

二

刘大年同志：

您好。前送给您的拙著《论阿古柏政权》一文的修改稿，想已收到。去年新疆人民出版社和中华书局，曾先后函约拟将该稿收入《新疆近代史论文集》和《中国近代史论文选集》里去。现在他们都来信催要稿件，待为发排。您对他们收入这篇稿子有无什么意见，望能提出。此次我对该原稿作了比较大的补充和改动，极盼您能拨冗提出宝贵具体意见，以便定稿后再为函复他们。

您近来工作忙吧，祝您身体健康。我于上月廿日离京来南方，现住南宁。拟于三月中返京。即致

敬礼！

包尔汉

二月十八日

183　范文澜来函

（1962 年）

大年同志：

上星期六伯达同志来电话，要我到什么地方去讲《文心雕龙》和经学[①]。可能是高级党校，听不清楚。我电话听不清楚，请他派个人来当面讲清楚，他答应了。请你打个电话给伯达同志，能够早点派人来谈，因为我对这两个讲题弃置多年，要讲得准备一番。伯达同志的电话我不知道。

敬礼!

文澜

①1962 年范文澜曾在红旗杂志社讲经学史，其讲稿《经学讲演录》收入《范文澜历史论文选集》（中国社会科学出版社 1979 年版）。

184　范文澜来函

（1962年）

大年同志：

《矛盾论》我实在没有什么了解，最好免讲。等我再仔细学习一时。如同志们愿意费时间指正我的错误，帮助我提高，我当然很感谢，希望给我一些时间，写一简单提纲，三四个钟头可以讲完它。请您同意。（不要在本星期三、四。）

敬礼！

范文澜

廿七日

一九六三年

185 周一良[1]来函

（1963 年 4 月 30 日）

大年同志：

28 日从巴基斯坦返抵北京，朱参赞、周秘书等嘱代问候。在仰光遇吉大港中国银行袁子江同志，同机回昆明。他去年为你和寿彝同志等摄有照片两张，嘱为转上。祈察收！在巴开会情况容再面谈，即致

敬礼！

周一良

63.4.30

186 黄炎培来函

（1963 年 5 月 3 日）

文澜同学、大年同志：

几年前曾商将所有历史性藏书捐献你们图书馆。现书愈积愈多，有“充栋”之患，只有实行前议。请复示。希望同意后，待不久暑假，集子弟辈写正书目奉献。文澜弟近想恢复健康，甚以为念。手敬！候复！

黄炎培

1963 年 5 月 3 日

---

① 周一良，时任北京大学教授。

187　范文澜来函

（1963年5月7日）

大年同志：

黄炎培老先生对我所关怀，欲将藏书赠送我所，这是甚可欢迎的好意。上次他送我们辛亥以来报纸，本来说的是全部，实际得到的却只是其中的一部分，因为当时坐待送来，没有去当面接洽，事情起变化完全不知道（当然我没有去同别的机关争多论少的意思）。此次赠书我意去见见面，比写封回信似较好。你如有时间可抽，是否可去访问一趟（与张崇山[①]同志同去，以后事情可由张直接处理），当面谢过表示接收。问问有什么条件。我多少年前到他家里看客房书柜中多是线装书，恐别的机关以近代史所不急于要古书为借口，分去一部分。

听医生说，黄任老心脏病十分严重，随时可出毛病，劝他不要出门，医生往往从重的方面看，但八十五六岁的高龄，心脏病也确是可忧。他这次要赠书，可能自己感到身体欠好。见面时对他健康表示关切，亦敬老的一种表示。他是我唯一现尚存在的老师，但不是启发我向往革命的老师，写信时我不大愿意自称学生，直写姓名又恐伤他自视为老师视我为弟子的感情，你如去见他，当面替我说病未恢复，不多出门的意思，表达一下，可以免得写信。尊意如何，请酌定。致

敬礼！

范文澜

7日

188　范文澜来函

（1963年11月23日）

大年同志：

---

① 张崇山，时任中国科学院近代史研究所副所长。

听说你今天出发去日本[①]，我整天开会，不能去送你了，祝一路平安。到日本如遇到贝冢茂树[②]先生，请替我向他问好，并感谢他送我好些著作，我收到后没有写回信致谢，甚为歉仄。王其渠[③]同志学满文甚精进，他要买一本《满和辞典》，你如有可能，希望给他买一本回来。致

敬礼！

范文澜

二十三日

昨天碰到冯仲云[④]同志，他说张侠[⑤]可以调给我们，但须由所去一封信给水电部人事处接洽。

189 尹达[⑥]来函

（1963 年）

大年同志：

甘泉[⑦]等为潘老[⑧]准备的资料[⑨]，已搞出了草稿，学部催索甚急，今日下午就要送到，我昨夜收到，而中舒先生来，一直到十时多才走，没有时间看完。请您看看是否合用。我看，这只是参考性质，大体可用即可。

您看后，下午四时前送给甘泉，如何？

尹达

---

① 指刘大年参加 1963 年以张友渔为团长的中国学术代表团赴日访问，刘大年为代表团秘书长。

② 贝冢茂树，时任日本京都大学教授。

③ 王其渠，时任中国科学院近代史研究所副研究员。

④ 冯仲云，时任水利电力部副部长。

⑤ 张侠，后调中国科学院近代史研究所工作。

⑥ 尹达，时任中国科学院历史研究所副所长。

⑦ 甘泉，即林甘泉，时为中国科学院历史研究所学术秘书组成员。

⑧ 潘老，即潘梓年。

⑨ 指为潘梓年 1963 年在中国科学院哲学社会科学学部第四次扩大会议上所作工作报告准备的有关史学方面的资料。

一九六四年

190　格非来函

（1964年3月10日）

刘所长：

离开您快二个月了，时切想念。近来身体可好？希多珍卫。回校后忙于备课，又牵系务，心情较紧，久未问候为歉。

我校同志听说，您参加访日[①]，很想拜读您的学术讲演稿。我自己也想留存一份（您的某些一般性讲话，我有点记录，惟少正式学术讲稿）。望能寄我两份或一份。如您手边付阙，可否便询宋处长处，可能还有存稿。

您工作忙，不必查检事务，只将稿件交秘书同志付邮即可。如未见寄来，我就知道没有存稿，不必为此作复。

专致

敬礼。

格非　上

1964年3月10日

191　季羡林来函

（1964年3月12日）

大年同志：

---

① 指刘大年参加1963年以张友渔为团长的中国学术代表团赴日访问，刘大年为代表团秘书长。

接到刘桂五[①]同志的电话以后，我又同印地语教研室的同志们研究了一下，他们对那一本书的意见，另纸附上。他们认为，那一本书价值不大，全译毫无意义。即使节译，也找不出多少可以翻译的地方。请考虑赐复。

此致

敬礼。

季羡林

1964年3月12日

192 戴逸来函

（1964年4月7日）

大年同志：

关于编文集[②]的事，我和几位同志商量了一下，大家都很赞成做这个工作，这个工作对推动近代史研究很有作用。文学界几乎每年都要选优秀作品集，电影方面常搞评奖，十五年来近代史研究工作确实也可作一次全面的评价。编选出来的集子，应该反映解放以来的研究成果。选取最好的文章，在某种意义上寓有鼓励优秀作品的意义。因此，它的影响必然很大，需要慎重地把编选工作做好。我们想到如下一些问题要请你考虑决定：

第一，时间问题。现在离国庆不到六个月，根据以往经验，从编选到出版需要相当长的时间，其中最容易拖延的环节有三，一是广泛征求史学界意见；二是征求作者意见（有些作者拟修改旧作，时间拖的很长）；三是印刷。因此如果确定要编选的话，应立即动手，采取革命化的措施，才能赶上国庆时出版。

第二，篇幅问题。我们的想法最好在一百万字左右。太少了，不足以全面反映近代史的研究状况；太多了，不但印刷有问题，读者的购买力也有问题。

如果定为一百万字，就会产生另一个问题，即可能和我们上次给中华书

---

① 刘桂五，时任中国科学院近代史研究所学术秘书。

② 指编辑1964年由中华书局出版的《中国近代史论文选》一书之事。

局编选的集子有很多部分重复，中华的选本七十余万字，编选时除考虑教学需要外，也着重考虑了文章的学术价值，企图尽量把好文章收罗在内，如果两个选本篇幅相当，似难避免较多的重复。我们的意见是：中华选本可不出版，重新仔细、慎重地精选一次，以反映学术成果为主，这个新选本亦可供教学参考。好在中华选本虽已排清样，但尚未铸版开印，如果跟书局联系一下，问题当不大。

如果两个选本都出版的话，我们考虑新选本的篇幅应加大一些，加到150万字以上，这样就可收旧选本所未收的文章（最好的文章新旧选本都应该收）。但我们觉得前一方案较好，而且在旧选本的基础上，工作进度可以快一些（如征求作者意见，作者修改旧作都已做过）。

第三，组织问题。编选工作应广泛征求意见。我们建议成立一个编选委员会，领导这一工作，确定编选原则，出面联系史学家，并最后审定选文。这个委员会事实上只是开几次会，谈谈意见，以收集思广益之效。具体工作仍须专人来做，其方案有二：

第一方案，确定编选原则后，分段发交各单位包干（如由一个单位，从头到尾负责，恐人少文多，来不及看，时间拖的长，而且一个单位的人，对各段未必都专长，衡文难免偏颇）。

第二方案，每单位临时借调几人（有衡文能力的四五人，另有做具体编排、剪贴、校对、发信征求意见的一二人），工作两个月，这些人不必集中，只要有一个办公场所，每天上班，两个月后即可解散。

第一方案较简单，但体例与衡文标准可能有出入，将来定稿、写序文较麻烦；第二方案较复杂，但进度可快得多，体例标准较一致。

第四，选文标准。应该列出几条，以资遵循。但有些情况较难处理。如有的讨论很热闹，文章很多，但质量不高（如社会学讨论，辛亥革命时主要矛盾的讨论）；有些段落很重要，但文章不多，好文章更少（如第二次鸦片战争、中法战争、中日战争、北洋军阀）；有些讨论是学术讨论，但带有批判的性质，对立方面的意见是否都收入（如洋务运动讨论中姜铎的文章，太平天国讨论中郭毅生的文章）；有些文章太长（如罗尔纲同志的短文几无可收者，要收就要收七八万字的大文章），这些问题如何处理？

此外，如编辑体例，工作步骤，要不要附录等等。

以上这些是初步想到的问题，在制订方案以前应予确定，希望在您有空的时候面谈一次，听取您的指示。
敬礼

戴逸

四月七日

193　米暂沉[①]来函

（1964年5月25日）

大年同志：

友渔[②]先生说，你已由海外归来，暂不他去。

过去你虽说过写资本家千人传，我们认为目前正可以开展这一工作，但对于一个资本家都应当写一些什么内容，我们拟了一份撰写提纲，拟俟广泛征询意见后再加以修改，以便寄送各地政协普遍发动。兹将原稿送请审阅，务请提示意见寄还为荷。此致
敬礼

米暂沉

五月廿五日

194　北京科学讨论会筹委会来函

（1964年8月10日）

刘大年同志：

经中央批准你为出席1964年北京科学讨论会的中国代表团团员，定于八月十二日晚上七时半在友谊宾馆主楼舞厅召开第一次代表团会议。请届时

① 米暂沉，时任全国政协委员，曾任杨虎城将军秘书。

② 友渔，即张友渔，时任中国科学院哲学社会科学学部委员。

出席。并望于会前到科学会堂科学西楼二楼20号报到。

1964年北京科学讨论会筹委会

1964年8月10日

195 康德兴邦来函

（1964年9月5日）

呈刘先生：

吕梁抗敌酣，济都狱斗坚。

帝修党能阻，相会延河边。

康德兴邦

196 日本来函

（1964年）

刘大年同志：

您作为中国学术代表团访问日本时，特惠以枉驾到我们研究所来咄咄启蒙教导，实使我们感激不尽。在东京羽田机场分别以来已过半年，慕念与日愈炽，甚愿从早再有机会受雅教。现将您访问我研究所时所照的相片六张寄上，惠以作为纪念留存为盼，专此

顺请健康。

日本

一九六五年

197　吴晗来函

（1965年2月1日）

大年同志：

总理[①]最近指示，要把吐蕃、朵甘、乌斯藏、西藏几个名词的语源弄清楚。

请你协助，把你处可能找到的关于这几个名词的汉、藏及其他语文（附译文）的有关资料抄录一份给我。

总理要得很急，能在十日内给我否？谢谢！

范老病状如何，便中乞告。

敬礼

吴晗

二、一

198　阎宝航[②]来函

（1965年7月11日）

大年同志：

辽宁省政协派李伯平同志来京汇报工作，并转来工作总结与1965年组稿计划两个文件。现将工作总结一份送请审阅。

---

① 总理，指周恩来。

② 阎宝航，时任全国政协常委、文史资料委员会委员。

辽宁省这次派李伯平同志来京汇报工作提出的和总结工作所涉及的有关文史方针性问题，要求我们予以解决，或至少提出我们的意见，以供参考。李伯平于昨天早晨到京，午后即开始汇报，明天上午继续汇报，等他汇报完之后，把他所提出的有关方针性问题加以整理，并抄送给您。我已向友渔同志和申伯老[①]建议：为了更多考虑并慎重解答方针性问题，最好开一次座谈会，请友渔和您出席。时间可定于星期二或三上午，以你们的方便时间而定。

送上这个总结工作报告中二三两节涉及文史方针性问题，请您抽空看看，提法是否妥当？

专此特函，希不吝指导。

敬礼！

阎宝航

七月十一日

199　日本历史教育者协议会常任委员会来函

（1965年8月24日）

刘大年先生：

自7月31日开始的3日间，在青森市召开的历史教育者协议会第17次大会，收到了您们的贺电，对此我们衷心感谢！

我们此次大会的主题为“民族的课题与历史教育”，以日本民族的独立与国际主义为基础，探求历史教育如何培养民族意识的方法。先生等人民中国的历史学者和考古学者的贺电，给予约500名参会者，包括2名现在仍在美帝国主义直接统治下的冲绳县代表，都被深深感动，使我们更强烈地认识到肩负着日中两国人民国际联合纽带的责任。此外在这次大会上，还有在日朝鲜人的研究者和教育者参加，报告了他们的教育事业和研究成果，也给与会者很大的刺激。我们的大会受到来自中国和朝鲜两国人民的激励与协助，在讨论中，我们痛感要改进我们的历史研究和历史教育，要向中国和朝鲜的

① 申伯老，即申伯纯，时任全国政协副秘书长。

研究与实践多学习。所以，我们希望早一日恢复国家外交关系，使学术、教育的交流更加活跃，我们决心为此更加努力地推进。

敬祈先生健康！

历史教育者协议会常任委员会

1965年8月24日

一九六六年

200　历史研究编辑部来函

（1966年4月14日）

刘大年同志：

兹送上贫农杨德兴所写的《吴晗同志讲的是黄世仁的话》和北师院历史系二年级学生所写《揭露“论从史出”谬论的反动实质》两篇文章。请审阅。此二文准备第二期采用，烦速将审阅意见告诉我们。此致

敬礼。

历史研究编辑部

4月14日

201　范文澜来函

（1966年5月6日）

大年、黎澍同志：

“运动”[①]发展到惊人的程度，问题之广之深，简直不可想象。作文论调（对吴晗）要提得很高才对。我每天上下午都开会[②]，你们如要谈可晚上来。致

---

① 指1966年发生的以批判吴晗新编历史剧《海瑞罢官》为开端的“无产阶级文化大革命运动”。

② 范文澜时任第八届中共中央候补委员，其时每天都参加“文革”开始时的中央政治局扩大会议。

敬礼!

范文澜

六日

我的草稿[①]，匆匆写出来了，请你们提意见，加以删改。高的调门不必减低，说理不妥处可改。

202 范文澜来函

（1966年5月11日）

大年、黎澍同志：

有人从康老[②]那里听说，郭老发表了谈话，得到主动，范某也该主动有所表示才好。我那稿子，比起目前形势来，已经大大落后了。希望嘱打字员快打出来（李新[③]同志说，末后史笔一段删去了，我以为还是保留为好），快派专人送来，以便交康老请批示。我知道你们太忙，你们略看一看提出意见，我自己可酌量修改。事甚紧急，务请快打好寄来为要。致

敬礼!

范文澜

11日

203 范文澜来函

（1966年5月18日）

大年同志：

昨天我晤陈伯达[④]同志，他直言相告，大意说我倚老卖老，没有自我批

---

① 指范文澜在1966年5月写的自我批判文稿。

② 康老，指康生。

③ 李新，时任中国科学院近代史研究所研究员。

④ 陈伯达，时任中共中央政治局委员，“中央文化革命小组”组长。

评，郭老批评就主动了，保封建皇朝，不要以为有些知识就等于马列主义。更使我惊心的是说：“你年老了，不能要求你有多的马列主义。”似乎我要学也不成了。我看情况很不好，昨和黎澍同志谈，请他大大加增自我批评的文字，请他立在敌对方面大加抨击，否则将来自有人出来抨击，打倒老朽昏庸之辈。大势所趋，不可有姑息原谅之心。请你助黎澍同志加强批评。愈过头愈好，不过头，别人会来补的，那就麻烦了。以后所内和学部有学习会请通知我参加，置身事外，是大罪状之一，不可不防。“人应保晚节，但晚节也不容易保。”应爱护我为幸！致

敬礼！

范文澜

十八日

204　道二夫妇[①]来函

（1966年5月31日）

刘同志：

工作忙！

您离开这儿已快五个月了，我俩很想念您。想必近来一定一切很好，身体健康，全家安乐。

您虽已年过五十，但却不怕苦，和我们农民一样生活、劳动，处处为贫下中农着想，替贫下中农办事，一心为我们着想，这种精神，深深使我们感动！

道二在您的教导培养下，参加了党组织，当上了队长，这真是生平的一件大喜事，也是您的教育的结果。

在您的协助下，我们生产队的猪圈已搞好了，小张还拍了照片，房子很平常，却很雅观。

① 道二夫妇，江西省丰城县张巷公社农民。刘大年于1965年9月至1966年1月在该处参加“四清”运动。

您走后郭组长留在这里仍旧把工作进行得很顺利，使运动胜利地结束了。

我们没有什么能感谢您的，只有努力生产，听党和毛主席的话，努力建设祖国，把农业搞好。祝全家
安康。

道二夫妇
1966 年 5 月 31 日即就

205　茂太夫妇来函

（1966 年 5 月 31 日）

刘同志：

工作忙！您离开我们这儿已五个月了，五个月里我们天天想念您，特别是您在我们这里一心为贫下中农办事，为穷人着想，不辞艰苦的所作所为，使我们永难忘怀。

您离开这儿的那天，小张就送来了您送给我们的那双胶鞋，我们见了那双鞋就不免回忆起您的形象：那不是一双普通的鞋啊，那是咱贫下中农的心。

我们很感惭愧不能送您。今天郭组长他们又要走了，我们心里也很难过。但当听说是因为去反邓拓一类人的反党分子时，我们才抑制住了这种感情，因为这是去执行任务，保卫江山啊。革命事业，我们现在知道这是最重要的啊！

这以前的几天，小张到了我家，我们要他把借您的那一块钱带回给您，小张怎么也不肯接受，这怎么行啊？您们为的贫下中农，办的是贫下中农的事，我们怎忍心收您们的东西呢？再说您们在这里我们并没有很好地接待您们，而让您们吃了不少苦头，实在对不起。

据说送了东西就要作检讨，我们没什么相送，只有送这一颗心啊：好好听党的话，听毛主席的话，搞好生产，努力把我国建成社会主义、共产主义。

生根在家里劳动，他在您的帮助指教下，进步很快。他常对我们说：刘伯伯在他脑子里树立了一个知识分子的高大形象，成了他学习的活样板。我们不知道这是啥意思，但从他人看，是真的比过去更好了。前不久还往丰城开了文教先进代表会，在您指导下办起的俱乐部评上了县的先进呢！

不过他心里也有很多难处，没好意思跟您们说，那就是他在学校谈恋爱找的那个对象现在因看生根在家种田，心变了，闹得很厉害。生根人瘦了又不说什么，我们作父母的也感为难，不知如何是好。家里又困难，现在的农家小姑娘年轻轻的也难怪想不通啊。可生根呢？又是为家生活急，又是为自己的婚事急，一心又要白天为生产、晚上为俱乐部活动。群众见他也很着急，我们也希望他在能为党好好办事的前提下料理好个人的事；我们想您是否能帮点忙，让他参加社会工作，早点成人，更好地为革命出力。不能的话，这孩子人可不知消瘦到何地步呢？

别的不谈了，我们搞的一切都很好，猪圈也建成了。

祝身体健康。

茂太夫妇

66年5月31日敬启

206　范文澜来函

（1966年5月31日）

大年同志：

奉上印稿[①]一本，你看是否尚须修改。我想最好找个时间，约请黎、李、钱[②]等同志讨论一下，再加修改。请你告诉我如何办。

敬礼！

范文澜

31日

---

① 指1966年“文化大革命”前夕，范文澜所写的关于历史研究的自我批判。

② 黎、李、钱，分别指中国社会科学院近代史研究所副所长黎澍、研究员李新和副研究员钱宏。

207　范文澜来函

（1966 年 5 月）

大年同志：

草稿[1]略加改动，你以为可否？如以为可，请付打印，争取发表，以表愿接受改造的态度。稿子是否可付《新建设》，让他们向上级请审。别的地方发表也可以。总之要有审查的地方才好。过去太胆大了，随便说话，是个教训。致

敬礼！

范文澜

① 指范文澜在 1966 年 5 月写的自我批判文稿。

一九六〇年代

208　严中平来函

（1966年前）

大年同志：

上次近代现代学术讨论会要我写的东西，当时没有搞清要求，任务不明确。回所后曾召集经济史组同志讨论过，大家觉得资料技术上是有些问题，但我看各人所能提出来的资料还不出那篇工作总结的范围，这就没有必要了。我认为这样谈资料工作的小技术是很不妥当的。如果提高来谈，那就扯上思想方法和理论问题，我们对这些不懂，没有这样的水平来谈，而且也没有资料来谈（资料大部分送去排印了）。既然这个会至少企图对史学界起些作用，我们就更不能谈这样大问题了。这是我们的具体困难，任务很难完成。所以我请求把这个工作取消，或者是另外请一位写一篇也好。此致

敬礼。

严中平

四月六日

209　谢国桢[1]来函

（1966年前）

大年同志：

承询阅窦尔墩的记载，兹抄出《蜨阶外史》和《清稗类抄》中两条，附

① 谢国桢，时任中国科学院历史研究所研究员。

字，即希审阅。王某著《双佩斋集》，没有记载窦尔墩的事迹。王馀佑《五公山人集》和徐世昌辑《颜李师承记》可能记载其事，因手间无书，请向图书馆一检。容当面罄。此致

敬礼

谢国桢　上

六月廿二日

210　齐燕铭来函

（1960 年代）

大年同志：

函悉。范老病情转重，闻之不胜悬念。我现在正检查身体（并无症状，只是检查），两三日即可出去。关于医疗上有什么事需要我做的，请电话告我。我住在中苏友谊医院单人病房二楼五号。匆复即致

敬礼

齐燕铭

26/ 正

211　杨东莼来函

（1960 年代）

大年吾兄：

日前走访章行老[1]，特致尊意，老人甚为高兴，并有意约吾兄与黎澍兄面谈一二次，用心良善。昨日老人又来一书[2]，兹检奉，老人所提要求，烦斟酌之。

---

① 章行老，即章士钊。

② 指 11 月 17 日章士钊致杨东莼信。信中希望杨能转告刘大年，将蔡元培《释“仇满”》一文来历写一简略介绍告诉他。

敬礼。

弟　东莼

11 月 21 日

212　范文澜来函

（1960 年代）

大年同志：

我同意此稿的论点，有些带尖刻或讽刺的文句可删改，更显得心平气和些。

刚才高教部干部司周达夫司长来电话（周前在北方大学），说高教部同意李新同志来我所，但胡锡奎校长不肯放。胡这一关只好看中宣部是否能帮助我们的效果了。

文澜

一九七二年

213　周一良来函

（1972年9月22日）

大年同志：

您好！

我系58年中国近现代史研究生毕业的田珏同志，原在高教部教材办公室工作，现在凤阳教育部“五七干校”，最近将分配工作。这位同志政治业务各方面都不错（党员），且有行政工作能力，户口在北京。他爱人也是我系毕业生，在历史所工作。听说他们干校分配工作不大考虑专业对口，过去研究生经过八年培养，有一定训练，从长远考虑，我觉得尽量用人所长，还是符合党的利益的。不知你们所是否需要补充人员？特代打听。如教育部凤阳干校有困难，科教组胡沙同志可协助解决。即致

敬礼。

周一良

一九七二年九月二十二日

一九七四年

214　侯升来函[1]

（1974年8月10日）

大年、崇山[2]同志：

你们好！

拟借太平天国资料（二本）和讨论集（一本），限期一个月，请告主管图书资料的同志同意借给为盼！

致以

敬礼！

侯升

74.8.10

215　钱伟长来函

（1974年10月24日、25日）

一

大年同志：

所提的问题，好像都是有些哲学味道，对于像我这样一个哲学一窍不通的人来说，是很容易出错的。

---

① 刘大年在信上批语："八月十日侯升经手借出罗尔纲《资料》一、二两册和《史》一本。"

② 崇山，即张崇山，时任中国科学院近代史研究所副所长。

我退一步，只能尽可能按物理力学数学的范围来解释这些问题。不过，不一定解释得既准确又易懂。

总之，只能尽力而为之。不能如意的地方，请原谅。此致

敬礼

钱伟长

1974.10.24

附：

1. 有关普列汉诺夫的“能量”“动能”“位能”的意义。

在物理上，位能和动能都是物体机械运动中的能量形式。物体所居位置的高低不同，就有大小不同的位能，这种位能是以潜在的形式蕴藏在物体的内部的。对同一物体而言，位置越高，位能越大。对位置高低相同但重量不同的物体而言，物体越重，位能越大。以水为例，高处的水，位能高。水从高处向低处流的倾向，就是水蕴藏有位能的一种表现。水的位能有时用“落差”来表示。落差就是位置从高到低的距离，表示水的位能可能变化的最大数量。另一个表示水能蕴藏量的指标是水库的总容积，通称水库容量，这一指标代表水的总重量。所以水库的贮蓄的水位能的总量用水库容量乘落差所得乘积来表示。人们俗称水的位能为“水力”，所谓水力发电，就是让水从高处的水库中流向低处的过程中，释放出来的水的位能转化为电能的一个过程。人们有时称某一水库的水的总位能为水力蕴藏量。石头从高处向低处滚，就是高处的石头的位能比低处的石头位能高。当石头有机会把位能释放出来时，它就会走到位能较低的位置上去。所以，位能是物体由于它的位置高低所决定的潜藏的能量，这种位能的特点是，只要有机会，物体就会走向较低的位置，释放出能量，减少自己的位能。

动能是物体在运动中，以运动的形式表现着的能量。物体运动的速度越快，物体所有的动能就越大。停止不动，就没有动能。要使物体越动越快，物体的动能就应越动越大。因此人们就应该给物体添供能量。例如，汽车加速，就要耗费汽油，当汽油燃烧时，汽油释放出能量，供给汽车，使汽车的动能增加。

当物体下落时，越落越快，亦即位能在降低，动能在增加，也是说，释出位能（位置降低），获得动能（越落越快）。经长期观测，释出的位能等

于获得的动能，这就是说，物体向下落降中，物体的位能全部转化为物体的动能。水库的水向下流动时，也是这么一个过程，水的位置先转化为水的动能，运动中的水流打击水轮机，推动水轮机转动，这种水的动能传给了水轮机，变为水轮机的动能。水轮机带动发电机，使发电机又进一步转化为电能。

当物体上抛时，物体的运动速度越走越慢，也是说，物体的位能在增加，动能在减少，当达到最高点时，物体从向上抛变为向下落，其瞬时速度等于零。在这时，物体上抛开始时的全部动能转化为物体的位能。如果在这时，物体被人接住，则这个物体的位能就能保持下来。如果没有人接，这个物体就会自由下落，这时能量就以相反的进程转化，即逐步释出位能，转化为动能。物体越下落，运动越快，亦即位能越少，动能越多。

所以，运动中的物体，位能和动能是能够相互转化的。不仅位能会转化为动能，动能也能转化为位能。

钟摆就是动能位能互相反复转化的一个最常见的例子。摆垂通过中间最低点时，速度最大，所以这时的位能最小，动能最大。摆垂摆动到两侧的最高点时，瞬时的摆动速度为零，这时的动能最小（为零），位能最大。向上摆动时（或向左或向右），动能转化为位能，向下摆时，位能转化为动能。如果没有摩擦消耗，这种动能位能的往复转换可以不停地进行下去。一般情况下，摩擦消耗不可避免，摆动中使能量逐步消耗，钟摆振动的幅度越来越小，最后停在中点。在这时，摆垂就只有中点位置的位能了。

位能是蕴藏积蓄的物体内部的能量，如高地的水库就是积蓄水的位能的措施。物体的位能没有一定的条件不可能释放出来。水库不开放闸门，水的位能就放不出来。动能是物体运动时所表现出来的能量，物体在运动中的动能一般都能被人们所利用，所以物体的动能一般都看作是有用的东西。例如，水库开了闸门，水在流放的过程中就能发电，或是推动水轮机做“功”。

普列汉诺夫说的位能和动能，可能就是这种比喻。位能指蕴藏在人民群众中的能量，动能指释放出来作为行动中所使用的能量。

…………[1]

4. 关于运动和静止。

---

① 此处有缺页。

“运动应当从它的反面即从静止找到它的度量”这句话，如果从它的哲学意义上来理解，则实在弄不清楚。在哲学上运动是一种变化的意思，只能翻译成“事物的变化应当从它的反面即从不变化找到它的度量”，还是不明白。

在物理上，运动只指物体的机械运动，机械运动的所谓“度量”猜想好像应该是速度。于是这句话要不绕弯说，好像是“物体运动的速度应当用静止的观测者来测量”。如果是这样，则还有点意思。例如，一个人站在站台上看通过的火车。在一秒钟里通过了一节车，每节车长 50 尺，则这个火车的速度为每秒 50 尺。但是如果这个人站在和这一节车平行轨道上的火车里，如果这两列车都向同一方向开，都开得一样快，则这个人就觉得那辆车根本不动速度为零。所以，一个运动着的观测者是没有方法直接测定另一运动着的物体的速度的。如非这个人自己知道也在以某一已知的速度运动着。

5. 关于作用和反作用。

在力学上，作用和反作用是两个物体通过接触点相互作用的一对力，它们作用方向相反，大小相等。每一个力都表现着对方的那个反作用的。例如，你拉他，他也表现着拉你。你坐在凳子上，你的重量给凳子面一个压力，它的方向是向下的，大小等于你的重量，反过来，凳子面也表现着有个反作用力，它顶着你的身体，方向是向上的，大小和你的重量相抵。这就是作用和反作用。又例如两队人拔河，每队人所用的拉力都是相等的，他们的感觉也是相等，只有力的方向相反，一队人用力向西拉，对方只用力向东拉。他们的力是互为作用和反作用的一对力。在运动着的物体上也是这么两个力。一个力是使它的运动速度改变的，而另一个力是物体反应着不肯变更运动速度的惯性力。这两个力也是大小相等，方向相反的。

二

大年同志：

昨天寄出一封挂号信，今晨在《反杜林论》上看到了第四句话，从上下文理解了原意，特再把原意的理解写在下面，请予参考。

关于“运动应当从它的反面静止找到它的量度”，因为没有看上下文，不知道指的是什么，所以，按猜测进行了一些解释，是牛头不对马嘴的。今晨看《反杜林论》，在 59 页上找到了这句话，从上下文一看，就理解到这里的运动的“量度”指“动能”，静止的“量度”指“位能”。运动的“量度”可以从静止的“量度”中找到，就是说“动能”可以从“位能”中衡量出来，定量地说来，物体下落时，失掉多少位能，一定增加多少动能。所以表面上动能是量度运动的，实际上位能也同样反映着运动的可能性。所以说运动表现在静止中。例如水能或水力，从水库的落差和蓄水的多少（这里计算的是水的位能），就可以知道水流入发电机后能从水的运动中产生多少水能。所以在《反杜林论》同一页，有一句话：悬挂着的石头代表一个可以由石头的重量及其与地面的距离确切地计算出来的（指重量 × 落下距离 = 位能的释出），可以通过各种方法随便加以利用的机械运动的一定的量（即落下到地面上时，石头运动的动能）。所以也可以说“位能是可以加以利用的机械运动的动能的反映”。

钱伟长

1974.10.25

一九七五年

216　彭传彭来函

（1975 年 2 月 1 日）

大年同学兄：

我现在冒昧地写这封信给你，想你一定是感到很唐突的吧？我是原湖南国专[①]的同学，你可能还记忆到我的。

六一年的时候，我在浏阳县志编纂会，为了采访历史资料，到了长沙，谒见了王啸苏老师，他说学膺曾在北京见了你，你寄语向他致意，还关心地问了当年一些同学的动态。老师还记得你原来的名字，他提起问我你当年在国专的某些情况，要我写信给你为他致意。同时学膺兄也向我具述了同样的情节。

当时由于我一时的因循，也为着某些客观原因，欲有所等待，所以未能握笔。六三年我已转到由省文化局组织的研究浏阳古乐的一个机构，这年写完了一本古乐资料。机构结束，退职回家，参加农业生产。接着情况转变，遂与湘中诸师友失掉联系，而啸苏师也已经物故了。特别是不明了你的通讯地址，故而未由通问，这是很感到抱歉的。

最近看到中央四大[②]文件，荣列了你的大名，喜少年同学，北斗在望，而十载积愫，幸得倾吐的机会，用敢特地写信向你问好！并没有也不敢有任何私己的要求和愿望。如果你认为有必要回信的话，倘有见问，容当详说。

另附几年前俚句两首，聊以见一时情事，而今却已境异年迁，当然没有

① 指湖南国学专修学校。刘大年于 1936 年在此求学。

② 指即将召开的第四届全国人民代表大会，刘大年当选为这届全国人民代表大会代表、大会主席团成员。《人民日报》刊登了这届全国人民代表大会主席团及秘书长名单。

那样的心志了，这大概是“一生偃蹇老冯唐”吧！

云泥之隔，无任神驰！顺致

敬礼。

彭传彭　白

七五年二月一日

217　李何林[①]来函

（1975年7月27日）

大年同志：

我调鲁迅博物馆和鲁迅研究室工作已数月，因忙尚未去看您，请谅！

上海正在市委领导下拍摄《鲁迅生平》电影，急需三十年代初《文化评论》杂志一用，特介绍上海鲁迅纪念馆负责人姚庆雄同志和鲁迅室研究员陈鸣树同志等前来借阅拍摄，敬请您所图书资料同志惠予借阅，为感！

敬礼！

李何林

七月二十七日

218　关维新来函

（1975年11月15日）

大年同志：

前些天在报纸上忽然见到了你的名字[②]。今特去函相问，如能记得起我，可来一回音，否则作为罢论。

---

① 李何林，原在华北大学历史研究室工作，曾任南开大学中文系主任，后到鲁迅博物馆工作。

② 指1975年9月30日国务院举行国庆招待会，《人民日报》刊登了出席人员名单，刘大年名列其中。

记得1940年初我在曲周四区抗日区公所时，你曾带领行署工作队[①]在我区住了几天，转眼间已经35年了。

我现已退休，领导上每月照发退休金数十元，可以说是丰衣足食了。我虽年已七旬，耳不聋眼不花，身体仍较健壮。既能看书看报听广播，又常挑水种菜自食用。清晨田间地头走走，集会回来马路溜溜，夏秋农忙抽空参加义务劳动，书报空间挤时做些宣传工作。你们毕生精力为祖国建设添砖加瓦，俺也乐晚年看农村繁荣吹吹打打。书不宣意，革命敬礼！

关东华（现在用名关维新）

1975年11月15日

---

①1941年刘大年任晋冀鲁豫边区政府冀南行署宣传科长时，曾率行署工作队到河北省曲周县一带开展抗日宣传活动。

一九七六年

219　周谷城[1]来函

（1976年12月12日）

大年同志：

阔别多年，甚以为念。几天以前在报上看到您在人大会上发言，谓“四人帮”妄想以儒法斗争史代替阶级斗争史，无任敬佩。此一妄想，现已扩散矣。吾自批判文痞姚文元[2]反革命修正主义谬论（吾在一篇论文中提到时代精神时，曾谓社会为一复杂体，包括革命的、不革命的、假革命的，乃至反革命的。这与毛主席在教育革命座谈会上所谓社会、自然都是杂而不纯的，完全符合。只与“四人帮”反革命修正主义社会一色清谬论不符），遭到他们迫害，至今十年，亦云惨矣。毛主席在党的大会上问周谷城情况时，“四人帮”竟当面欺侮主席说，周还有问题！主席又谓周的《世界通史》尚未写完，书还是要让他写下去。“四人帮”却不许我写。中央两次明文提我为四届人大代表，“四人帮”竟两次勾销。我今虽然无恙，工作亦照常进行。不知者以为我真有罪，其实有罪者不是我，而是“四人帮”。您的发言虽甚短简，然义正词严，必广为流布。余不多渎，草此。谨致

敬礼。

周谷城　谨上

一九七六年十二月十二日

---

① 周谷城，时任复旦大学教授。

② 姚文元，“文化大革命”期间，任中共中央政治局委员、“中央文化革命小组”成员，与江青、张春桥、王洪文组成“四人帮”，是江青反革命集团核心成员。

一九七七年

220　周谷城来函

（1977年3月20日）

大年同志：

前次惠书，足证厚爱，无任铭感。拜读之余，不知您于写字亦有兴趣。吾书甚劣，近来居然有向我索行书条幅者，亦趣事也。因戏成《写字有感》七律一章。另纸录呈，冀博一笑。余不多渎，此致

敬礼

周谷城　谨上

1977年3月20日

写字有感

七律一章，呈大年同志一阅以凑趣

艺苑“行书”未列科，要看书者意如何。
银钩铁画终成法，竖直横平莫放过。
性格十分功力倍，友朋三五共摩挲。
精神领域原无限，写字传神便足多。

221 姜国仁①来函

（1977年6月20日）

大年同志：

久疏音问，近况如何？

接受朋友的意见，把过去的打油诗稿油印了，我最重视的是老区几个老同志的诗，其中有你的一首事先没有得你的同意，附印了。特将本子寄你。请你提出批评！

我拟下周去上海一游，特告。

敬祝

双安！

国仁　拜上

七七年六月廿日

222 姚雪垠、荒芜②来函

（1977年12月16日、17日、26日）

一

大年同志：

今托荒芜同志送上拙作《李自成》第一卷修订本《前言》一稿，请抽暇惠阅。其中谈了一些历史观点，以及当前的几个历史问题。如果谈得不误，会对“四人帮”多少起战斗作用，否则，影响不好。你在这方面是专家，请赐指正为感。此致

敬礼！

姚雪垠

十二月十六日

---

① 姜国仁，曾任华北大学历史教研室研究员。

② 姚雪垠，作家，其创作的长编历史小说《李自成》获第一届茅盾文学奖。荒芜，原名李乃仁，曾任中国社会科学院文学研究所副所长。

二

大年同志：

老友姚雪垠的长篇历史小说《李自成》第一卷（两册）修订本和第二卷（三册），即将由中国青年出版社出版。他想请你这位历史学家，就该书《前言》所涉及的几个历史问题和一些历史观点，提提意见。主席生前很重视和关怀这部小说。帮助作者改好此书亦有利于批判“四人帮”的谬论。我想你不会吝于赐教的。附上《前言》一份及作者信一纸，阅后请将你的意见连同《前言》一并寄我是荷。此致

敬礼。

荒芜

十二月十七日

三

黎澍同志：

姚雪垠同志的长篇历史小说《李自成》一、二卷即将出版。他写了一篇《前言》，其中涉及一些历史问题和看法，想请刘大年同志看看，并提提意见。嘱我代转，打字稿已于上周寄去，不知他是否收到。

刘大年同志在京吧？见面时代问一下，如何？费神。即颂

时绥。

荒芜

12月26日

一九七九年

223　朱轮来函[①]

（1979年8月31日）

大年同志：

你好！祝你一家人好！

真不巧，本月二十三日下午与你在郑州中州宾馆相见，只有半个小时就过去了。我那天因有急事去北京，既没有陪你参观，又没有请你来家中做客，请谅解。希望你再有机会来郑州时，补上一课，多停留一些日子，我们畅叙革命和家乡之情。

现在你回到北京没有？我本月二十八下午由北京起身回到了郑州。那天上午我打电话到你家中询问，你那天还没有回到北京。

在北京，我和我侄子朱允一、胡兆和侄媳们都见面了。我们谈到了你，如果你在家时，一定会看望你了。

你是历史学家，我有一件近代历史事实不清楚，请你能够告诉我。就是一九三一年左右，罗章龙反对王明成立了非常委员会，这个非常委员会是什么性质？参加这个非常委员会的有哪些人？今天应该如何看待这个非常委员会和参加过这个非常委员会的成员？

---

① 朱轮，时任中共河南省委组织部部长。朱轮为湖南省华容县人，其兄朱婴在上海办的一个刊物对刘大年走上革命道路产生过影响。据刘大年回忆：“1938年初，多年隐姓埋名在上海的朱婴同儿子、女儿回来了……朱在上海办一个名为《我们的学校》的小型刊物。他儿子叫朱允禧。因为程稚香的关系，我与朱允禧很快相识，看到了《我们的学校》。其中某期登有一则介绍延安抗日军政大学的消息，不过一二百字。我连续看了几遍，好像是一个人踯躅在暗洞中，忽然发现前面隐约有个亮点，有个出口。到延安去？这个念头在头脑里滋生膨胀起来。”（刘大年著《我亲历的抗日战争与研究》，中央文献出版社2000年版）

这次就写到这里。此致

敬礼！

朱轮

一九七九年八月三十一日于郑州

224　任继愈[①]来函

（1979年12月3日）

大年同志：

别后经月，遥祝康乐！

没有想到您走得这样快[②]，想托您买部书，不知东京容易买到否？

打算请你买一部梵汉字典，为查对佛教典籍之用。如可以买到，请寄北京大学南亚研究所任远收。买书费用不好寄，容以后另行补算。我也准备出去，行期尚未确定。此致

敬礼！

任继愈

一九七九年十二月三日

东大的山井涌、镰田茂雄、户川芳郎曾相识，谈学问都谈得来，看到他们顺便代为致候。又及。

225　小峰王亲[③]来函

（1979年12月20日）

刘大年先生：

---

① 任继愈，时任中国社会科学院世界宗教研究所所长。

② 指刘大年已于1979年10月赴日本东京大学讲学。

③ 小峰王亲，时任日本东京法政大学教授。1963年刘大年访问日本时，小峰王亲曾担任翻译。此函是刘大年在日本东京大学讲学期间，小峰王亲为联系到北京作研究面呈之函。

我们（夫妇二人）多年来情愿在北京从事如下各项研究工作：1. 汉语语法、词汇、拼音及简体字等问题；2. 各方言之比较；3. 编中文教材、字典以及参考书等问题。

自 1981 年 4 月至 1982 年 3 月，或自 1981 年 4 月至 1983 年 3 月之间，我可以请假专心从事研究了。

来回及于贵国内旅行时之旅费、宿舍费及生活费等所有一切费用是我们自己负担，自不待言。

恳请先生如能给我们安排适当的地方，以便我们研究，我们就感激不尽。谨候赐复。

祝健康。

小峰王亲

1979 年 12 月 20 日

一九八〇年

226　仁木富美子[①]来函

（1980 年 1 月 23 日）

刘大年先生：

您每天工作很忙吧，精神好吗？

去年十二月八日开的《宋庆龄选集》出版纪念会时，百忙之中，蒙您出席还给我们讲了很有意义的事迹，很感谢。当日的照片今天才出来，随信给您寄去，请收下。

您替我向您女孩儿[②]问好。有机会见面时请指教。祝您
工作顺利，身体健康。

仁木富美子

1980 年 1 月 23 日

227　何炳棣[③]来函

（1980 年 9 月 30 日）

大年先生史席：

九月间在津、京两度长谈，至快。

关于明年十月上旬美方近代中国史专家赴京，参与辛亥革命纪念国际讨

---

① 仁木富美子，《宋庆龄选集》日文版译者，曾任日本宋庆龄基金会副理事长。

② 您女孩儿，指刘大年的女儿刘潞。

③ 何炳棣，时任美国芝加哥大学教授。

论会事，承刘广京[①]及徐中约[②]两位慎重考虑，并承刘先生准特将名单寄来，极为可喜。兹将刘先生亲手所撰被提名人及其传略一并航邮寄呈，备考。

按韦慕廷已在哥大退休，其为人也君子，但与台湾近代史研究所及其已故所长郭廷以私交甚笃。广京提出此公，最为有见，似应特别优礼邀请也。

开课，事忙，此请

撰安

何炳棣　拜

一九八〇年九月卅日

① 刘广京，时任美国加州大学戴维斯分校教授。

② 徐中约，时任美国加州大学圣巴巴拉分校历史系教授。

一九八一年

228　赵令扬[1]来函

（1981年3月2日）

大年教授尊鉴：

敬复者。承蒙邀请出席“辛亥革命七十周年学术讨论会”，不胜厚幸，故用特专函奉达。晚自当依时赴会，而于讨论会提交之论文，亦当于一九八一年六月三十日前寄奉，敬希垂注。专此，敬候

道安

晚　赵令扬　谨上

三月二日

229　李锷[2]来函

（1981年3月2日）

大年教授尊鉴：

敬复者。蒙邀出席辛亥革命七十周年纪念讨论会，自当遵命。有关论文题目，晚将于六月三十日前寄奉。专此并祝

撰安

晚　李锷

一九八一年三月二日

---

① 赵令扬，时任香港大学中文系教授。

② 李锷，时任香港大学文学院讲师。

230 何炳棣来函

（1981年3月4日）

大年所长史席：

月前接奉航信，蒙邀参加今年十月在京举行的辛亥革命七十周年纪念国际学术讨论会，这实在出乎我的意料，因为我既不是近代史专家，对辛亥革命又毫无研究，而且去年八月间我根本不把自己列入可能被邀请专家之列。但这邀请完全由于您和贵所的诚意，使我极为心感。

我在开始探询申请旅费津贴的途径。旅费如可有着落，我很愿自己负担会后在京作数周研究、居住等费用。希望数周之内可以向您作一肯定的答复。

先此函谢，并致

敬礼

李新[①]先生，天况兄等乞代候

何炳棣　拜

一九八一年三月四日

231 傅因彻[②]来函

（1981年3月15日）

辛亥革命七十周年学术讨论会

组织委员会主任委员刘大年

刘教授：

谢谢您一月廿四日寄来的邀请信，能有机会参加这富有纪念性的学术讨论和各种活动，我感到非常荣幸。

我预备提出的论文是：《1910与1911年间国家预算与边防的辩论和资

---

① 李新，时任中国社会科学院近代史研究所副所长。

② 傅因彻，时任澳大利亚国立大学远东史系教授。

产阶级立宪派与民族民主革命的关系》。这论文当在六月底前寄十份到贵组织委员会秘书处。

我计划十月七日前抵北京（具体时间当另行奉告）。会议结束后并希望能到北京和南京阅览第一历史档案馆的有关资料，为期约六周。

专此作复并致

敬意

傅因彻

一九八一年三月十五日

232 柯文南[①]来函

（1981年3月18日）

刘大年先生：

我早收到你以组织委员会主任委员之名，邀请我参加辛亥革命七十周年学术讨论会。有这样的机会来参加纪念辛亥革命的会，而再次有机会和中国的史学家见面交换意见，使我很高兴。我现想表示，我愿意在今年十月份来中国参加会议，并致谢意。

此致

敬礼

柯文南

一九八一年三月十八日于南京

① 柯文南，时为英国伦敦大学非洲与东方学院博士。

233　石田米子来函

（1981年3月21日）

辛亥革命七十周年学术讨论会
组织委员会主任委员
刘大年先生：

今年十月在武汉举行的辛亥革命七十周年学术讨论会的邀请信和组织委员会的《说明事项》都收到了。您承认齐藤秋男理事长提出中国研究所拟派研究者出席这次讨论会的希望，我们感谢您的好意。通过中国研究所理事会和历史研究所商定，我代表中国研究所访问贵国出席讨论会。

专此奉复，顺致敬意。

（日本）中国研究所所员
冈山大学副教授
石田米子
一九八一年三月二十一日

234　徐中约来函

（1981年3月24日）

大年学长主任委员：

接元月廿四日信，邀请中约参加辛亥革命七十周年学术讨论大会，十分荣幸，迟至今始答，因等校方准中约在秋季开学时请假来华之故，请原宥。希此信在三月三十一日前到北京，使你不太担心。兹有数点简述如下：

（1）中约正式决定接受邀请参加此会，但不拟宣读论文，因目前正赶写其他书籍，在八月一日前须交稿，再者中约研究范畴，对十九世纪下半中外外交史为主，对辛亥革命前多深入之研究，但可对其他论文作学术评论，并对大会上学长与外国学者之间之来往，可以相助。中约参加此种国际大会次数甚多，如有可助之处，一定相助。

（2）内人杜乐思教授，与中央音乐学院赵沨院长及陈宗群教授有初步联络，可能被请至该校及上海音乐学院作学术演讲，时间大约在九月。我本人久有失眠之苦，上二年来华时，在首都医院及上海医院受针灸治疗六次，有初步效果，但因东西奔走，不能作正常治疗，故无大成。此次如能与夫人九月先来北京，受长久之针灸治疗（大约一月），可能对老病治好，一劳永逸。此事同祖[①]兄二十年前即知，所以我二人的意思是请你告有关机关通知旧金山领事馆给我们二人自九月一日至十月底之二个月签证。多些时间，但心理上可不太忙（在北京时间大约九月十日至十月十日，十月十二至十六在武汉，十七日至上海飞回美国教书）。请与赵沨院长及陈宗群教授联络（亦请通知吴文藻、谢冰心[②]及科学院华罗庚副院长）。

（3）中约在《剑桥中国史》十一月中（最近出版），有七十页清末外交史一文，除对重要问题讨论外，另有附文讨论外交史研究法之最近趋势。另信航空寄上教正，二周内可到。

（4）其他一切请来信，如需任何书、物，可在美带来，请勿客气，你我学界人物，先后同道，我以学弟之身份向你致敬，并请代候同祖、李新副所长、黎澍副所长，余绳武[③]学长，及丁名楠[④]先生诸老友。专此并祝

研祺

晚　徐中约　上

1981.3.24

235　柯文南来函

（1981年4月13日）

刘大年所长：

我上月受到广东、广西的邀请，参加他们举办的太平天国史学术讨论会，

---

① 同祖，即瞿同祖，时任中国社会科学院近代史研究所研究员。

② 吴文藻，时任中央民族学院教授。谢冰心，曾任中国民主促进会中央名誉主席、中国文联副主席、中国作家协会名誉主席、顾问等，吴文藻夫人。

③ 余绳武，时任中国社会科学院近代史研究所副所长。

④ 丁名楠，时任中国社会科学院近代史研究所研究员。

因为家里有事，会后就回国了，无法去北京拜访你们。

我近年几次到中国去，向中国同志们学到很多东西，对我有很大的启发。这几年来我当然与中国不少史学家谈论：今后太平天国的研究工作如何进一步深入，成绩已经很大，而最近中国的史学家很努力纠正一些过去的错误的观点，为发展太平天国史的研究工作准备了一个很好的基础。除了理论思想水平的提高以外，在我看来，有计划地搜集目前还在外国的关于太平天国的中文、外文史料，以扩大对太平天国历史的了解，也是很重要的问题。这样的中英史料在英国很丰富，其他国家的学者常来英国阅读、搜集、复制。中国是研究太平天国最发达最重视的国家，把这些材料中有用的东西挑选一下复制回去，我想是很有必要的。

我这次在广西参加讨论会期间，当地省的单位和同志要求我把第二次鸦片战争时英国人从广州拿走的两广总督衙门的大批档案，全部想法拍成胶卷。我当然可以努力去办这件事，但这批档案虽有很大的史料价值，可是一部分是奏稿，可能已在《清实录》发表，或在故宫档案中收藏，无选择地全部拍成胶卷，要多费不少钱。英国收藏的，还有其他中、英文史料，花不少钱把这一部分档案全部拍成胶卷，也不能根本解决问题。同时，一个省的单位既能把这批档案全部拍成胶卷，不见得能很快地把重要部分印刷发表，给全国史学界参考，这恐怕不是最合理的办法。因此我就想到，最好还是由中国社会科学院通盘解决问题，派专门研究太平天国的同志到英国来，把英国所有的中英文太平天国史料，包括广东省档案，都浏览一下，经过挑选，把有用和中国所没有的那些材料复制回去，这样既能解决问题，又不会浪费钱。

去年我在北京，记得曾向你们提过这件事。这次在两广参加讨论会，因为有同志要我想法把两广总督衙门档案全部拍成胶卷的事，使我想起这样的事还是由你们来有计划地解决为好，所以我写这封信，再向你们提此建议。我想为了节省外汇起见，由你们派人来有计划地搜集这些资料，是最合理的办法。

我作为中国人民的老朋友，当然愿意为中国同志服务。但我的能力和时间都有限，恐怕也不一定都能满足各地同志对我的要求。如果你们能派人来集中地收集，我可以更好地全力协助，这样的效果也会更大。

我的以上想法和建议，不知是否妥当，供你们研究参考。我希望能得到你们的复信，使我知道你们对以上建议的看法。此致

敬礼

柯文南

1981 年 4 月 13 日

236 徐宗熙来函

（1981 年 4 月 17 日）

刘大年同志：

人大代表团出访拉美四国的报告已搞好，现送去一份，请收阅。

另，驻哥伦比亚新华分社寄回一些照片，现将有您镜头的六张，连同出国时用剩的照片七张一并寄回，请查收。

人大常委会办公厅外事室　徐宗熙

1981 年 4 月 17 日

（又收到驻圭亚那使馆寄回的合影照片，随函送去一张。）

237 傅衣凌[1]来函

（1981 年 5 月 7 日）

大年同志：

在京时谈及纪念康熙收复台湾三百周年事，不知已否请示廖公[2]？此间在正、孔立[3]等同志正在筹备中，从未得确讯，无法作进一步之安排。如何之处，尚希来函示知，为盼。此请

著安。

傅衣凌

五月七日

① 傅衣凌，时任厦门大学教授、副校长。

② 廖公，指廖承志，时任国务院侨务办公室主任、全国侨联名誉主席。

③ 在正，即陈在正，时任厦门大学台湾研究所所长。孔立，即陈孔立，时任厦门大学台湾研究所副所长。

238　林启彦来函

（1981年8月28日）

刘代表：

我很高兴接到辛亥革命七十周年学术讨论会组织委员会于八月四日寄给我的邀请信。我非常乐意出席这个盛会。由于要等待校方批准假期，故延迟至今才能复信给您，请原谅。

我自本年九月一日起将转任香港浸会学院基础课程部（历史组）的副讲师。香港浸会学院是香港政府承认及资助的专上学院之一，也是香港大学、中文大学以下第三家有较高学术水平的高等学府。校方对我出席此次讨论会，表示支持和鼓励。因此，我很愿意为国内学界与浸会学院之间建立较密切的学术交流，贡献力量。

至于我的出发日期及航机班次，决定以后，将尽快报知。专此，奉复。

敬候

研安

晚　林启彦　敬上

一九八一年八月廿八日

九月一日以后我的办事处地址是：香港九龙窝打老道224号香港浸会学院基础课程部历史组。

239　张磊[①]来函

（1981年11月10日）

大年师长：

前段辛劳，不知您的身体如何？千祈保重，千祈保重。

---

① 张磊，时任广东省社会科学院历史研究所所长。

广东准备在83年举行有关康梁和维新运动的讨论会。有关情况，守和[1]同志当会向您汇报。当否？如何准备，甚盼得到您的指教。

奉上拙作一册，请教正。浅陋的东西，本不足呈教。好在您是我敬佩的师长，是我多年来学习的前辈。所以，才敢不揣谫陋地奉寄。盼您在百忙中翻翻，给予指正。

不写了。敬祝

健康

生 张磊

一九八一年十一月十日夜

240 何炳棣来函

（1981年11月16日）

中国社会科学院近代史研究所

大年所长史席：

客秋托刘广京教授代拟美国被邀请学人名单，当特棣坚持不得列名中国近代史专家之林。不期本年年初接获贵所正式邀请，盛情难却，三月间始决定参与武汉会议。

此番在大会堂讲话，唯一用意即在导促与会者及政府最高当局不可忽视纪念辛亥学术方面之意义及贡献，更不可不知贵所两年余筹备之苦心。果为所期，武汉会议学术成果累累，国际学人相处融融泄泄，真可谓非常成功。

谨此补谢补贺。敬请

著安

李新副所长，王光美[2]局长，瞿同祖教授等乞代致候

何炳棣 拜

一九八一年十一月十六日

① 守和，即丁守和，时任中国社会科学院近代史研究所研究员。

② 王光美，时任中国社会科学院外事局局长。

241　白寿彝[①]来函

（1981年12月3日）

大年同志：

寄上提案草稿一份，希望得到你的支持，同意在提案上署名。盼电话示知，草稿不合处，请惠示修改。

白寿彝　上

81年12月3日

242　郭炤烈[②]来函

（1981年12月30日）

刘大年老师：

这次因出席中华全国台湾同胞联谊会的成立大会而来京数日，由于会议紧张未能来拜访您。现在会议已胜利闭幕，即将返沪。好在今后理事会将每年开一次，因此下次机会再来拜访。

在东京受到您的照顾，十分感谢。我回国后，在沪见到东大右岛和雄夫人两次。

迎春之际，祝您全家新年快乐，身体健康。

郭炤烈

1981年12月30日

① 白寿彝，时任全国人大常委会委员，北京师范大学历史系教授。

② 郭炤烈，时任上海国际问题研究所研究员。

一九八二年

243　苏双碧[1]来函

（1982年5月14日）

大年同志：

您好！

尊作[2]今天见报，夜班拼版时，因版面挤，删去了几百个字，对文章没有太大影响。此事，急于见报事先未及和您商量，请谅。

文章刊出后，今天评报栏上认为，尊作是近来批判日本文部省篡改历史最深刻的一篇，反映还好。

何时迁居，搬新居地址请告我一声。谢谢您的支持。

致礼

苏双碧

五月十四日

244　张书生[3]来函

（1982年5月）

史坛百战出宗师，郭范而还仰大旗。

目注风云通变化，胸怀马列贵坚持。

---

① 苏双碧，时任《光明日报》记者、编辑。

② 指刘大年《历史是伟大的教师》一文，载《光明日报》1982年5月14日。

③ 张书生，时为中国社会科学院历史研究所翻译室工作人员。

登临每有高瓴意，吟啸犹哦国手医。

一羽云中飞浩浩，寻常罗网枉施为。

曾读大年同志赠张孝骞[①]大夫诗，引范仲淹有云：吾不为良相，必为良医。则朋友砥砺之言，亦必以天下国家为务矣。

又，此系五十年代历史研究编辑部之稿纸，使从前在大年同志手下工作之景况跃然纸上。

张书生　顿首

1982 年 5 月

我已搬家，现在住处通信极便。

245　佐伯有一[②]来函

（1982 年 6 月 13 日）

刘大年先生：

衷心祝贺《赤门谈史录》出版！其中我母亲的回忆被您全部采用，也从心里感到十分光荣！

关于这些回忆，久保田文次[③]的调查（其成果已经送给先生）从侧面提供了印证。

关于黄兴先生的故居，宋教仁日记中称为“林馆”，日本外务省档案史料也有同样的叫法。此后，我母亲的回忆中再三说到，门牌上写着平假名“はやしや”（译者注：はやし为汉字“林”的日文语音，や是汉字“馆”的读音）。因此，“林谷”的文字中，“谷”是不可能的，这是大略明了的。

另外，关于书中写的“东五轩町四十九号黄兴故居”（先生书中第 154 页）一处，我认为应当是“二十三号”。久保田先生大概已经告知先生了吧，

① 张孝骞，时任中国科学院院士，北京协和医学院教授。

② 佐伯有一，时任东京大学东洋文化研究所教授。

③ 久保田文次，时任日本女子大学教授。

在旧地图上，我母亲的家和黄兴故居同在23号。据母亲记忆，明治末期或大正初年改为现在的19号。

由此可知，不可能是“四十九号”这个牌号。

这些事本应在先生的书付印之前尽早报告，但由于我的怠惰而太迟了，给先生带来新的麻烦，对此我深感不安，也非常抱歉。

但这些是极为琐细之处，对于大作的内容并不是什么问题。

照片寄上也迟了，很抱歉。照片上的翻译大山沙里，与在北京大学历史系留学时认识的一个芬兰男友结婚了，后来在东京生下一子，去年已经移居芬兰了。

（照片上）与刘潞并立的前野小姐（当时东京大学文学部中国文学科教授前野直彬的女儿），最近也找到佳侣结婚了。

以上诸事，借此之机奉上尊闻。

1982年6月13日

又及：

寄送照片上所附的日期不要参考，由于我的照相技术不熟练，忘记调整拍照日期了。特告。

如前信所述，我将于明年3月从东京大学退休，所以在今年4月的会议上决定，我所有除研究和教学以外的大学方面的事务都解放了。这样，今后可以更经常地通信了。关于大作，今后也会有种种联络吧。

先生在日期间所刻的印鉴寄送上。

晚生：佐伯有一

246　钱俊瑞[①]等来函

（1982年7月4日）

大年、绳武同志，并请转告周天度[②]同志：

---

①钱俊瑞，时任中国社会科学院世界经济研究所所长。

②周天度，时任中国社会科学院近代史研究所副研究员。

送去吴大琨[1]同志信，请阅。我觉得《救国会》一书，基本上很好。有些重要事实，个别有疏漏（如刘少奇同志作为当时北方局书记，对救国会运动的重要领导作用不但在华北，在全国范围内，他以陶尚行名义公开发表文章指导这个运动。又如陕北中央派潘汉年、冯雪峰等来上海领导这个运动）。上海组织经破坏后留下来的党组织中央文委（当时周扬为书记，胡乔木、钱亦石、夏衍、钱俊瑞等为委员），通过"文总"（左翼文化总同盟，当时书记是胡乔木，邓洁——组织委员，钱俊瑞——宣传委员会）有组织地领导救国会工作，如上海文化界救国会成立，就设文救党团，钱俊瑞为书记，曹亮、王新元等为成员，妇联党团书记，为杜君慧，由我代表"文委"去联系。"全救"成立时，即有党团，由钱俊瑞、王炳南先后任书记，个别有错误（如全仲华当时不是党员）。

这些都供再版修改时参考。

敬礼

钱俊瑞

7.4

附信：

钱老：

由近代史研究所周天度同志编辑的《救国会》一书，最近已经由中国社会科学出版社出版，不知您有否看到？该书搜集有关"救国会"的原始资料很丰富，确是很有价值的一本史料书。遗憾的是，周天度同志在叙述《救国会史略》的时候，竟把上海地下党当时领导"救国会"并通过"救国会"领导救亡运动的许多重要情况都没有搞清楚。周在书中说："当时上海地下党的地下组织几乎遭到彻底破坏，许多共产党员如胡乔木、周扬等为了抗日救亡参加了各界救国会，成为其中的骨干……"仿佛当时上海的地下党组织已经不存在，参加"救国会"是共产党员的个人行动。事实哪里是这样呢？

---

① 吴大琨，时任中国人民大学教授。

拿您来说，您当时就是上海文化界救国会的党组书记。党是完全作为一个组织在领导着“救国会”的。

这本书中所说到的《救亡情报》的情况也并不完全符合事实。《救亡情报》最初创刊时是作为上海市各界救国联合会的机关刊创办的，是由您和钱亦石同志、胡愈之同志共同领导的，但实际上负责领导的仅您一人。最初做具体编辑工作的是刘群同志（原名朱宗彬），当时有正式的编辑委员会。全国各界救国联合会正式成立后，我以“全救”宣传部总干事的名义参加该编委会，直至“七君子”被捕的当晚，我们为了要马上出版《号外》，才将该报改为由我主编，并用宋庆龄同志的住址——上海莫里哀路20号，作为我们《救亡情报》的公开通讯地址。《救亡情报》从这一时期起，也就不再作为上海各界救国联合会的机关刊，而是作为全国各界救国联合会的机关刊了。

西安事变发生后，《救亡情报》出版《号外》，发表的《全救会为当前时局紧急宣言》，就是您老亲自执笔交我付印的文章。总之，《救亡情报》在“七君子”被捕后，出版工作一直没有停止过，并未“被迫停刊”。后来是因为各地读者来信反映，阅读《救亡情报》易为国民党特务所注意，我们始决定将《救亡情报》改为《国难新闻》，仍作为全国各界救国联合会的机关刊继续出版的。所以《国难新闻》也就是《救亡情报》的继续。《国难新闻》第一期上所刊载的《全救会为当前时局二次宣言》（1932年1月）也是您老的手笔。

当时从事《救亡情报》（包括后来的《国难新闻》）的具体工作的同志，一共只有三个人，除由我在您领导下从事编辑工作外，印刷所任校对工作的是一位名王劲秋的四川同志，另外还有一位姓李的工友负责将报从印刷所运出后分送各救国会团体。当时环境恶劣，生活艰苦，这两位同志都是忘命工作的。李同志身体不好，为送报常常累到吐血，但仍一直坚持工作直到抗战爆发，“七君子”出狱，我们才正式停刊。

以上情况，都是您老亲自领导下的工作情况，为了对历史的真实情况负责，对党领导的事业负责，是不是可以请您老将我这封信

转给近代史研究所的负责同志，请他们考虑更正呢？此致

革命敬礼

吴大琨

1982年7月3日

一九八三年

247　孙文淑[1]来函

（1983年12月17日）

大年同志：

现将秀峰同志一九三五年五月的讲稿[2]给您送上，请收。

请您看一看此件可否发表？（有的同志在搜集秀峰同志的遗稿，准备出一小册子。）

如您认为此件不必发表，这个稿子我就不给他们了。如您认为可以发表，就请您看看还有什么需要修改之处？您是专家，我尊重您的意见。又麻烦您了，至感！您任务繁重，请注意休息。请多珍重。

敬礼！问好您全家。

孙文淑

十二月十七日

---

① 孙文淑，杨秀峰夫人。杨秀峰，曾任全国政协副主席。1940年，杨任晋冀鲁豫边区政府冀南行署主任时，刘大年任行署宣传科科长。

② 指杨秀峰1935年5月在北平师范大学所作的《历史动力学之检讨》的学术报告。刘大年接孙文淑信后，曾撰写《杨秀峰〈历史动力学之检讨〉重印记》一文，载《近代史研究》1984年第3期。

一九八四年

248 野泽丰[1] 来函
（1984年1月25日）

刘大年先生：

东京下了很大的雪，天气很冷，北京的气候大概也很冷吧。

我从久保田文次先生那里得知夫人不幸逝世，我知道的晚了，很抱歉，并致悼念之意。

新年休假以后，我回到研究室，见到您委托中华书局寄来的《纪念辛亥革命七十周年学术讨论会论文集》全三卷。见到拙文也收在论文集里，我很不安，也很荣幸。实际上我的文章是不够格的。论文集里收了26篇外国学者的文章，这是一件值得重视的事。论文集有不少新的内容，装帧也很好。我还要特别感谢您对拙文的修改。我现在正在继续搜集资料，准备再写一些文章，希望能得到您的指教。请转达我对辛亥革命七十年讨论会组织者，论文的编辑、出版者的谢意。

祝您身体健康。

野泽丰

一九八四年一月二十五日

---

① 野泽丰，时任日本东京都立大学教授。

249　张友渔[1]等来函

（1984年4月14日、20日）

一

大年同志：

去年十二月，乔木同志曾指示北京市建立抗日战争纪念馆[2]，北京市政府指定文物局顾问陈鼎文同志同有关方面进行联系。因乔木同志谈话时，一再提到如何进行，可多请您指导，他迫切需要向您汇报情况，并有些问题须向您请教，请您帮助。现特函介绍，务希接谈，并大力支持！

此致

敬礼！

友渔

4.14

二

大年同志：

谨把议后修订的给胡乔木同志的报告抄送给您，请核阅，并盼答复我们，我们是很企望您给以大力支援，义举共襄。

敬礼

陈鼎文　上

四月二十日

---

① 张友渔，时任全国人大法律委员会副主任委员。

② 中共中央政治局委员胡乔木1983年12月在视察卢沟桥时，提议在宛平城建立“抗日战争纪念馆”。胡乔木在同陪同视察的北京市副市长白介夫谈到建馆方针、史料征集、展品陈列时说：“在这方面，你们可以向刘大年请教。”以后又提议成立“全国抗日战争史研究会”。中国人民抗日战争纪念馆于1987年落成，研究会于1991年成立，定名为“中国抗日战争史学会”。

250　吴全衡[①]来函

（1984年6月10日）

大年同志：

您好！我的孩子胡小笛刚从纽约回京，他是外交部派出去参加一个国际会议的。有人托他带回给您的信一封和照片一盒，现特送上，请收。此致

敬礼！

吴全衡

1984年6月10日

251　王庆成[②]来函

（1984年12月29日）

大年同志：

前几年有人写文章，根据张德坚《贼情汇纂》中的那些话，说《天朝田亩制度》根本没有印过。我写信给作者，告诉他这个说法站不住脚，因为外国人得到过这本书。但这篇文章后来还是发表了，只是根据我告诉他的这个情况稍稍作了修改。

《天朝田亩制度》在英国有修改重印本，其修改重印时间当在1860年冬，肖一山据以影印编入《太平天国丛书》第一集。其初刻本署"癸丑三年新刻"，程演生曾在巴黎东方语言学校获见，抄录排印入《太平天国史料》第一集。其初刻本实际出书时间至迟在甲寅四年春夏。1854年1月，访问天京的法国公使随行神父报道，"太平天国已印行约20种书，包括宗教、民政和军事制度等方面"，太平天国送给他们很多本，但这位神父举例的都是圣经的篇章。比较确定的是，1854年6月，英使包令派遣麦华佗（W.H.Medhurst）和鲍林（Lewin Bowsing）二人再访天京，他们此行所得到的书，除几种圣经

---

① 吴全衡，胡绳夫人。

② 王庆成，时任中国社会科学院近代史研究所研究员。

外，有:《天演要论》《贬妖穴为罪隶论》《天父下凡诏书》《诏书盖玺颁行论》《甲寅四年新历》和《天朝田亩制度》。他们此行的报告，译文是《太平天国史译丛》第一辑（中华书局 1981 年出版，曾送给您一册）。

《天朝田亩制度》国内未发现，这不足为怪，国内未发现的太平印书不止一种。至于张德坚提出“似未梓行”的疑问，因此书原本已在国外，故此问题也根本不能成立。需要稍费考证的是，张的疑问是他已见到了书目而未见此书而提出的，这需要考察“田亩制度”的书目始见于哪一种太平印书的书目，而这一种书出版时“田亩制度”尚未实际出书。张德坚《贼情汇纂》序虽写于咸丰五年七月，但各卷的编撰必非在同时完成，其卷九中的“伪书”一条，编成的时间，从其所见书的情况来看，应在四年春夏以前。

我这些年写的一些文章大多来不及请您先审阅指教。今附上《太平天国的历史和思想》的旧校样。有时间翻阅，请提意见，该书早已付型，您的意见只有待有机会再版时改正。

敬礼

王庆成

84.12.29

一九八五年

252　胡绳[1]来函

（1985年1月1日）

大年同志：

昨日（是去年了）偶读到《光明日报》编的《文摘报》第169期，其中摘有一篇关于孙中山之文。《前进》不知是什么刊物，竟有这样的文章，而《文摘报》竟认之为什么“新见解”！兹奉上请一阅。我认为，有必要对此文所发意见写一评论文章，当然不要只是简单地说它不对（更不要扣帽子），而要认真地讲一些马克思主义的基本道理（为什么对革命要作阶级分析，资产阶级领导的民主革命是不是只有资产阶级参加，为什么毛泽东说孙中山是伟大的革命先行者。当然要由中国的历史状况来说，也要说一点外国的例子）。发这种“新”见解其实有悖起码的马克思主义，也缺乏历史知识，所以要作比较详尽的解释。我想，近代史所当能找到一位同志写这样一篇文章。我希望你找一位同志写一下。

大作《论历史研究的对象》（摘要）已看过。不大看得清楚中心要点在哪里，针对性是什么。我想，作者是要有的放矢地说明什么问题，但似乎还没有想清楚，故而也就说不大清楚。文中又涉及抽象与具体的关系（所作的哲学解释似不够准确），但与文中所讨论的中心问题有何联系，也看不清楚。

建议你把文章再磨炼一下。

所说未必尽当，奉上供参考。新年早晨就为你写这一信。即此祝佳。

胡绳

一九八五年一月一日

---

① 胡绳，时任中国社会科学院院长、中国孙中山研究会会长。

大作似乎主要是在论阶级和阶级矛盾是阶级社会历史的“枢纽”。但，对此，文中似无确切的论证（而系从一般概念出发来论证）。例如说“思想关系的根源，仍然在于物质关系，这应当用不着论证”——但这正是需要论证的。目前史学界似乎颇有点（当然是少数人）不大承认阶级分析方法的倾向（上述论孙中山之文即为一例），如论述此问题，似应针对为什么会发生这种倾向的认识原因。

253　法依夫来函

（1985 年 8 月 23 日）

刘大年先生：

十分荣幸不久前随澳大利亚议会代表团访华时能有机会与您见面。

我夫人和我有幸参访了您的研究所，这激发了我们进一步了解中国的愿望。

感谢您拨冗与我们畅谈一晚。如您计划来访澳大利亚，务请告知。非常愿意再次与您会面。

顺致

祝福

澳大利亚参议会副议长　法依夫

一九八五年八月二十三日

254　井上清[1]来函

（1985 年 10 月 3 日）

亲爱的刘大年先生：

前几天您虽然生病住院，特地为了我又出院，并出席胡绳先生举行的宴

① 井上清，时任日本京都大学名誉教授。

会，还陪同我接受邓颖超政协主席的接见[1]，对此表示衷心的感谢！

您的身体怎样？祝您手术顺利成功，早日康复。

收到有先生署名的《第十六届国际历史科学大会中国学者论文集》，非常感谢。卷头刊登的先生的长篇论文[2]，我也拜读过了。我很赞同先生的观点，先生把马克思主义唯物史观作这样透彻的表述，确实是我近几年读过的文章中最杰出的一篇。这对我是很大的激励。最近在日本，过去曾自称为马克思主义的学者中也盛行着这样的谬论：研究阶级社会的历史应该把民族的特殊性放在第一位，而反对阶级分析，不要阶级观点。虽然行不通，但这样轻视阶级分析的观点很流行。先生的论文，对于我同这些谬论作斗争，犹如得到了百万援军。回国以后一定再次认真拜读、理解。

此次访问中国，社会科学院在安排上及生活上都非常周到，实在感谢。这是一次愉快的旅行，收获很多。对胡绳院长、刘大年先生及社会科学院的诸位先生，表示衷心的感谢。

最后，再次祝愿先生早日康复！

井上清

一九八五年十月三日 离京前夕

255 唐仁均来函

（1985年10月5日）

大年同志：

寄去一文，也许多少可供参考。

我叫唐仁均，四川人，1936年于成都参加民先，韩天石、江牧岳等是当时的队长。

我抗战后曾在冀南工作五年，与赵鼎新、朱丹、艾大炎等较熟。在冀南文总、日报社、平原文工团等工作。后转太行，解放后在山西从事文艺工作。

---

① 指1985年9月28日，全国政协主席邓颖超在中南海西花厅会见井上清及夫人，胡绳、刘大年陪同。

② 指刘大年《论历史研究的对象》一文。

现已离休，作愚者之虑。

“文革”期间曾编著《民国战争史话》约百万字，在军内及各省大学、党校均尚有好评。

现草此文寄去，我认为研究历史应着重得出其规律，个别史实的澄清自然重要，但若陷入细节考证而昧于大势，似非上策。

这写法有点系统论的影响，但尚粗浅，有暇希能指正。即问

安好

唐仁均

1985.10.5

256 季洪烈来函

（1985年11月27日）

刘老：

您好！我是华容东山人，与您幼年好友刘毓仁是故交。近日我与毓仁同志谈及您才华、行踪，真令人崇敬万分。

我有一个儿子在京人民大学读书，因年轻知寡，颇感孤寂无亲。今特不揣冒昧，先字相扰，希您念及乡土深情，于万忙之暇，督其勤学成材。费神之处，自当专程拜谢！

后附拙作，希予斧正：

刘汉传今世泽长，老新相继振纲常。
大洋浩瀚风帆远，年岁峥嵘姓宗香。
先足早登龙虎榜，生心欲许凤麟场。
留连非是利名醉，念惦党恩未可忘。

敬希回音。敬祝

身心康乐。

华容东山乡先江村　季洪烈　谨叩

85年11月27日

一九八六年

257　姜义华[①] 来函

（1986 年 1 月 16 日）

大年同志：

您好。前寄呈最近刚出版的《章太炎思想研究》一书，请您批评指正。顷接大椿[②] 同志信，转告了您的意见。您在百忙之中披阅此书，且多所奖掖，关怀后学之情，深为感动。本月前半个月，主要忙于首届国际中国文化学术讨论会举行一事，此会本请您来沪指导。十月底去京时，得悉您身体略有不适，需要静养，考虑到 1 月正是南京最冷的时节，与玉璞[③] 同志商量后，即未敢再来惊动。玉璞同志因太忙，亦未能南下。但会议开得还是很成功的，有四十多位同志在大、小会上作了论文报告，且逐个报告进行了质询、答辩与讨论。国内外学者都强烈要求举行第二届国际中国文化学术讨论会，届时请您一定出席。会议情况，遇到周谷老[④] 及李侃[⑤] 同志时，他们将会向您报告。

目前我除了担任教学、指导研究生及系行政工作外，在科研方面，主要继续从事中国近现代思想文化史及史学理论的研究，除参加《章太炎全集》《瞿秋白文集》等编辑工作外，还在编《康有为全集》，主持编译一套《当代外国史学理论丛书》。准备近几年内先将《中国现代思想史》《中国现代文化史》及《历史认识论——历史研究导论》等几部书写出来。此外，还有一

---

① 姜义华，时任复旦大学历史系教授。

② 大椿，即蒋大椿，时任中国社会科学院近代史研究所副研究员。

③ 玉璞，即王玉璞，时任中国社会科学院近代史研究所科研处处长。

④ 周谷老，即周谷城。

⑤ 李侃，时任中华书局总编辑。

些教材编写任务，希望以后继续得到您的关怀与指点。敬祈
康健愉快

姜义华
一九八六年一月十六日

258　杨向奎①来函
（1986年1月31日）

大年同志：

今送上拙著：

（1）《中国古代社会与古代思想研究》（上下册）。

（2）《绛史斋学术文集》（一册）。

请指正。

又：您提出有关太炎年谱中的问题，我回来翻阅了《太炎先生自定年谱》及《太炎自述学术次第》。我有《太炎文集》，但找不到，只能就此提出初步意见。

在《自定年谱》中，当他35岁时（1902年，光绪二十八年）有云："余始著《訄书》，意多不称。自日本归，里居多暇，复为删革传于世。初为文辞，刻意追蹑秦汉，然正得唐文意度。虽精治《通典》，以所录议礼之文为至，然未能学也。及是知东京文学不可薄，而崔寔、仲长统尤善，既复综核名理，乃悟三国两晋间文诚有秦汉所未逮者，于是文章渐变。"

时太炎参加革命工作不久，往来于东京上海间，在学问上也是初步从事著述，而自云得力"三通"（《通典》《通考》《通鉴》，非通称之三通），但其有关经学"刘子政左氏说"等实不成熟，《訄书》亦然，所以名《訄书》者，亦以当时形势所迫，未能从容论道，被迫而言。但"意多不称"，虽删革传世，于47岁时（1914年，民国三年）在绝食后移居钱粮胡同，又复增删。他叙述当时的情形道：

"得移东城钱粮胡同，政府月致银币五百圆，赁室治食，悉自立之。以

---

①杨向奎，时任中国社会科学院历史研究所研究员。

巡警充阍人，稽察出入。书札必付总厅检视，宾客必由总厅与证，而书贾与日本人出入不与焉。时弟子多为大学教员，数来讨论。余感事既多，复取《訄书》增删，更名《检论》。处困而亨，渐知《易》矣。”

我的意见：

（一）他本来对《訄书》不满，至是又复增删，当时处于“困”境，但处困而不亨，将盍困。《易·困》卦，卦辞是：“困，亨，贞大人吉，无咎。”“‘亨’为卦德，依‘父言’，亨者，嘉之会也。”高亨先生注“嘉之会”为“美之集合”。王弼注《易·困·亨》云：“困必通也，处穷而不能自通者，小人也。”高亨先生《周易大传今注》于此云：

“‘困’，卦名，窘也，穷也。‘亨’，美也。‘贞’，正也。‘大人’，才德高之人。……卦辞言：人处于困境而有美德，志行正，则大人吉而无咎。”

太炎通《易》，彼所谓“处困而亨，渐知《易》矣”。其意当与上述同，即处于困境，必善自处之，而表现出自己的美德，不为利诱，不为势迫。况有诸弟子数来问学，于此有感于几年之坎坷遭遇，遂致力于学术而增删《訄书》，亦处困而亨之道，即处困而不为困所拘束，自创新路。这才算知《易》，因为《易》之本意如此。是“处困而亨，渐知《易》矣”。乃总结此一段事实，与上文连在一起，无论就文章言，就内容言，都不能分割。

（二）《检论》之“检”不能依《释名》（汉刘熙作，我前说错了，20年不读此书，忘了）解作“禁”。《检论》似无深意，一如《訄书》。《说文》：“检，书署也。”段玉裁注：“如今言标签耳。”太炎自己对《訄书》不满，屡有增删，“检”或有“深自检省”意，绝无“禁”意，《释名》之说不能用于此。

总之，《訄书》是迫而成书，《检论》是再次加工，其内容，因为太炎学自《通典》《通考》，多法《制言》，近于法家，前十年遂大张旗鼓，标为法家言，复以《检论》为退后一步。我曾有两文论太炎经学、小学及哲学，无单行本，原刊找不到，已计划收入《翻经室学术文集》，但因瞎忙，已拖了几年未交稿。将来出书，呈政。

敬礼

杨向奎

1986年1月31日

259　胡华来函

（1986 年 3 月 4 日）

大年同志：

您好！今年四月中旬，是何干之同志诞生八十周年，人民大学拟组织一个“何干之同志学术纪念会”，想由人大、社科院近代史所、全国党史研究会三家联合召开。干之同志是近代史所老学术委员，且直接在所里工作过，想您一定很支持。望您同现任所领导余绳武诸同志打一个招呼，届时并望您出席讲话。会议计划用一天时间，地点在人大找个教室，您能来开幕式时讲话就很好了，不会占您很多时间。我近因要出差，特函专闻。专此

敬礼！

胡华

86 年 3 月 4 日

260　陈旭麓[①] 来函

（1986 年 4 月 17 日）

大年同志：

日前接到您签发函件，邀于八月间参加纪念孙中山论文评选，届时当遵命来京，藉聆教益。

博士生事，承您关注，十分铭感。我校已具专函送国务院学科评审委员会，政治方面，校党委也写了书面意见。在讨论时，如涉及“写作组”问题，务请以党委的意见为凭。因此事拖延已久，难免各种腾说，其中不无个人的感情因素。专此布臆，诸希洞鉴。敬颂

著祺

陈旭麓

四月十七日

① 陈旭麓，时任华东师范大学教授。

261 王庆成[①] 来函
（1986 年 4 月 21 日）

大年同志：

遵嘱写了几页素材性的材料，供参考利用。您的文章盼在五月初完成。我想你一旦动手，一定很快。

还需要找什么材料，请来电话。

胡绳同志复示，他赞成编庆祝专刊的办法，但他自己因事忙写不了。前一点使我高兴，后一点不免失望。

我还想再努力，争取他谈几点，然后也由我来写出素材性的材料，供他参考利用。我今天同时给他再写一封信，请您帮助说一说。

附上罗尔纲的著述目录一份。[②]

敬礼

王庆成

86 年 4 月 21 日

262 罗梅君[③] 来函
（1986 年 6 月 19 日）

尊敬的刘大年先生：

您寄来的《中国学者论文集》已收到了，谢谢您。这本书，特别是您写的文章，对现在中国马克思主义历史学是一个很好的介绍，对我了解今天的历史学状况很有帮助。我打算在此后写一篇关于中国历史学现状的文章。

---

① 王庆成，时任中国社会科学院近代史研究所副所长。

② 这是为纪念中国社会科学院近代史研究所研究员罗尔纲诞辰八十五周年兼从事学术工作六十周年编写的。这封来信就是为组织相关纪念文章而发出的。

③ 罗梅君，时任德国柏林自由大学东亚研究所教授。

很可惜，今年的大会[①]由于学院人事安排上有困难我不能参加。

随信寄上《翦伯赞和中国马克思主义历史科学的发展》的复印件一份和在德国季刊中关于去年大会发表的介绍，欢迎您批评指正。祝您们大会成功！此致。

罗梅君

西柏林　1986 年 6 月 19 日

263　陈旭麓来函

（1986 年 6 月 28 日）

大年同志：

您好！

本月间接到戴逸[②]同志的信，并在杭州章太炎学术讨论会上碰到章开沅[③]同志，得悉国务院学位委员会历史学评审组这次对博士生点审议的情况，我的申请虽因遭到异议而被否决，但您的秉公执言，已深深拜领。

惟对这次评审仍有不能已于言者，上海史学界申请博士生点的人不少，胜任者尚有人在，结果只有一花独放，也并非花中之魁。他人且不说，复旦大学的姜义华同志，在中年一辈中学问上的造诣算得上一个，他的《章太炎思想研究》比近年出版的其他近代人物论著，不仅难度大，也要高出一筹。他的博士生点在国家教委会评审组中通过了，在国务院学科评审组中却又被否定了。衡量标准，不免令人困惑。谨此布臆，敬希垂察。致

敬礼

陈旭麓　拜

六月廿八日

---

① 指 1986 年 11 月在广东省中山市翠亨村举行的纪念孙中山诞辰 120 周年国际学术讨论会。

② 戴逸，时任中国人民大学教授，国务院学位委员会第二届学科评议组成员。

③ 章开沅，时任华中师范大学教授、校长，国务院学位委员会第二届学科评议组成员。

264　待场裕子来函

（1986年6月）

刘大年先生：

您好！

这次我乘神户天津友好之船，访问了贵地，设想同来的陈德仁[①]先生今天要和您见面。虽然很遗憾我不能与您直接见面，但请陈先生代我向您问候了！谨祝您万事如意，身体健康！

待场裕子

1986年6月

265　井上清[②]来函

（1986年10月9日）

刘大年先生：

时值清秋，谨祝贵体安康。

衷心感谢您六月初鄙长子去世而发来唁电。本应早些时候回复，拖至今日，祈望海涵。

有关明年举办"'七七'事变五十周年史学讨论会"的筹备工作进展情况，想必让您担心了。关于此事，由于负责解决关键的财政问题的卫藤沈吉[③]先生生病，而无法进行活动，受到了一定的挫折，且在日中人文社会科学交流协会的实权人物中间，有人担心此会遭到"右翼"势力的反对，也有的人怕提到"中日关系史是世界史的一部分"，从而使得那些人把日本对中国的侵略诡辩为世界历史发展之必然结果。实质上这都是些毫无意义的夸大之词。尽管如此，但我们京都日中学术交流恳谈会多数人仍坚信自己有能力解决在低限度范围内邀请若干名中国学者来日并举办学术讨论会的财政方面

① 陈德仁，日籍华人，时任日本神户华侨历史博物馆馆长。

② 井上清，时任日本京都大学名誉教授，京都日中学术交流恳谈会代表。

③ 卫藤沈吉，时任日本东京大学教授，东京日中人文学术交流协会负责人。

的问题，并且还要日本国内研究近代日中关系史的学者参加。财政上不允许广泛地请亚洲各国、欧美各国的学者前来参加，因为预算开支庞大。如上所述，无论如何亦要举行中日两国学者间的讨论会。深望中国的诸位先生能鼎力相助。

祝先生身体健康，工作更上一层楼。

井上清

1986年10月9日

266　赵复三[①]来函

（1986年10月17日）

大年同志：

读了您准备在苏联科学院孙中山讨论会上发言，很得启迪，照顾周到，分寸也好。应该向您学习。

早晨和椿年[②]同志商量，星期六早晨碰一下头，主要是介绍一下我们院近年与苏联科学院的交道，以便在与苏方谈到时的应对。我想，星期日您两位就要启行，星期六您不免要作准备，行前不要使您太累，您就不必劳动了。我与椿年同志谈后，他向您汇报，这样您可以有一点时间精力。有须带药品，望作准备，祝您

健康顺利。

复三

10月17日

---

① 赵复三，时任中国社会科学院副院长。

② 椿年，即张椿年，时任中国社会科学院世界历史研究所研究员、所长。随刘大年参加苏联科学院在莫斯科举办的纪念孙中山诞辰120周年学术讨论会。

267 阿维勒[1]来函
（1986年10月31日）

刘大年、周谷城[2]先生：

鉴于你们的声誉和你们优异的工作质量，CISH[3]执行局成员将在1990年马德里举行的第17届CISH会议上推荐你们与SHARMA先生（印度）合作担任亚洲封建主义编年部门（中世纪）的负责人。

人选的最后决定权掌握在1987年召开的CISH大会手中。但我们希望你们现在就确认同意承担此任务，并着手寻找研究此问题的优秀专家（可以提出独创见解的报告人、合作报告人和联系人）。

最迟请于1987年2月以前给我们答复。如果你们认为无法承担此任务，请告诉我们可以替换你们的人选的名字。

阿维勒

1986年10月31日

NB：如果同意，你们除了担任组织者外，还可以担任报告人或会议主席。有关会议的组织情况的材料会及时寄给你们。

268 周遂宁[4]来函
（1986年12月11日）

大年、绳武、振鹍、王仲[5]：

---

①阿维勒，即埃莱娜·阿维勒，时任国际历史科学委员会秘书长。

②周谷城，时任中国史学会主席团成员，复旦大学教授。

③CISH，是国际历史科学大会执行委员会的英文缩写。国际历史科学大会，每五年举行一次。1985年，中国史学会第一次作为国际历史科学委员会的国家会员，出席了在德国斯图加特举行的第十六届国际历史科学大会。

④周遂宁，女，原在中国科学院近代史研究所工作，1960年去美，在加州大学工作。

⑤绳武，即余绳武，时任中国社会科学院近代史研究所所长。振鹍，即张振鹍，时任中国社会科学院近代史研究所研究员。王仲，时任中国社会科学院近代史研究所副研究员。

昨日与一美国女友，游此北加州太平洋海滨，回顾往昔。年暮体衰，对世界事物多悲观，思此水彼岸——我的祖国——那里曾留有我青壮年时的生活与美梦。去年冬，胡金[①]有来信，促我回国看望他们夫妇，希明年能有机会返国，会见你们。祝新年快乐。

周遂宁　贺

1986 年 12 月 11 日

常吟辛稼轩词，酷爱其：

身世酒杯中，万事皆空。古来三五个英雄，雨打风吹何处是，汉殿秦宫。　梦入少年丛，歌舞匆匆。老僧夜半误鸣钟，惊起西窗眠不得，卷地西风。

269　朱轮[②]来函

（1986 年 12 月 26 日）

大年同志：

一九八七年的元旦和春节，都要很快到来了，特向您致以节日的祝贺，祝贺您健康长寿，祝贺您全家幸福。

张友坤[③]同志来，接读手示和带来《中国学者论文集》，有机会再读您的大作，深多感谢。以后您有机会再来郑州，欢迎您来家里做客。我有机会到京时，一定会到府上看您。

张友坤同志转业到地方工作的问题，我已与有关负责同志谈过了，定好了安排，请在明年部队干部转业时一同办理。张友坤同志回河南愿到什么单位、地点，担任什么工作，请他能够告知，以便早作安排。他来信写给我或他的同学郝兆堂同志都可以。郝兆堂同志现任河南省委组织部干部审查处处

---

① 胡金，曾任中国科学院近代史研究所办公室主任。

② 朱轮，曾任中共河南省委组织部部长，刘大年的同乡。

③ 张友坤，时为吕正操同志的秘书。

长。

我的身体还好，请放心。此致

敬礼！

朱轮

1986年12月26日

一九八七年

270　李侃、金冲及[1]来函

（1987年1月22日、2月18日）

一

大年同志：

知您一定很忙，最近身体如何？至希保重。

最近《大百科全书》要求清、近代部分在八月底定稿。原来请您撰写“辛亥革命”条目，听说您已委托杨天石[2]同志写个初稿，不知进展怎样。编委们仍然希望您能写这个条目，如您同意，请再抓紧一下，请在七月以前把稿子写出来才好，因为现在编委已向大百科签订了协议书，届时非交卷不可。

如您实在太忙，不能撰写。我想请金冲及同志写这个条目（他也是副主编）。

希望得到您的回音。春节将临，在此先为拜年。

敬礼

李侃

1987年1月22日

---

① 李侃，时任中华书局总编辑，《大百科全书·清史（下）》副主编。金冲及，时任中共中央文献研究室副主任，《大百科全书·清史（下）》副主编。

② 杨天石，时任中国社会科学院近代史研究所副研究员。

二

大年同志：

天石同志起的稿，粗粗地读了一遍，有几点感想，供您参考：

一、大百科条目的要求，是向读者提供这个条目有关的基本的可靠的知识。从这个要求来看，我觉得天石同志的稿子可以作为基础，架子（分成三部分）也是可以的。

二、大百科条目当然不同于论文，不能大段地发议论，但这样的长条中有时需要有一些提纲挈领的比较精练而醒目的概括。杨的稿子这方面似乎弱一些，因而显得有点平和散。

三、大百科条目中除“辛亥革命”这个长条外，还有许多专条，如兴中会、同盟会、孙中山等。两者之间需要适当有点分工。完全避免重复是不可能的，但不必要的重复还是力求避免。我想，这个长条似宜更多从整体上来把握，把它作为一个运动发展的全过程来考察，使读者能了解一个比较清晰的轮廓和脉络，并知道各专条所说的在整体中所占的地位。还有一些综合性的知识（如各省独立的简要情况等）在专条中可能难以说明，也可在长条中加以交代。

四、李侃（他是《大百科·清史（下）》的主编）说：最近大百科的条目和字数作了调整，这一长条的字数定为一万字。现在的稿子已超过两万字，还要作较大的压缩。但我想这也有好处，可以芟除枝蔓，使主干更突出。有些内容有专条的也不一定写得那么细，如请愿国会运动等作为背景需要概括地说到，但经过就不必写得那么细；甚至如同盟会的组织情况等似也可留给专条写。[①]

这些想法不一定妥当，大多您也一定早已想到，只是作为一个读者的反应供您参考。

敬礼

金冲及

2月18日

---

①《大百科全书·辛亥革命》条，后由中国社会科学院近代史研究所副研究员张海鹏完成。该条的最后署名为：刘大年、杨天石、张海鹏。

271　刘起釪[①]来函

（1987年2月27日）

大年同志：

您好！现在我过意不去地想请您赐助，乞就近代转一封信给同楼居住的胡绳同志，还想请您尽量帮我说几句。

目前要办退休，但我的《尚书》工作主要部分还只完成2/3，正在忙，实在不应退休。我去找了周谷城[②]商谈过（因他支持顾先生[③]《尚书》工作），他建议我直接找胡绳同志以工作未完成请求缓退。他说，退休也看情况，如工作确需要，可以照顾的，何况《尚书》工作重要。因此我就写了报告，可能在院长办公室就处理了。我现在再度给他此函，想到只有请您代转才妥。您过去是我的领导，我从南京调来即经由您手，我想仰仗您对旧日同志的关怀，和您对《尚书》工作的重视（包括您对顾先生工作的关怀），恳请您也代为说说当日把我调来助理顾先生整理《尚书》之不易。而"文化大革命"后期1975年他短期领导学部时期，批准调我归历史所恢复《尚书》工作，已给了极大支持。现在《尚书》整理未完成（按宋蔡沈撰《书集传》十二年，元赵子昂撰《书今古文集注》四十年，清王鸣盛撰《尚书后案》三十五年，孙星衍撰《尚书今古文注疏》廿二年，是原需要很长时间的）。顾先生一生未竟之业，现在不应再度使之"未竟"，仍应继续支持完成，请他批准我缓办退休，则《尚书》工作拜赐矣。

现在对研究人员退休的几条规定，我总觉不完全妥当，怎么主要只顾政治需要，不顾学术需要呢。我认为照顾工作需要应是主要的一条，但偏偏忽视这点。因此我想恳请您在这方面多多赐助，成全继续支持我《尚书》工作，则铭感不已。

专此奉恳，伫盼赐助，谨颂近安。

刘起釪　敬上

87年2月27日

---

① 刘起釪，时任中国社会科学院历史研究所副研究员。

② 周谷城，时任全国人大常委会副委员长，复旦大学教授。

③ 顾先生，指顾颉刚。

致胡绳同志函是否有不妥处，请审正。贱况述在函中，盼您阅知。

272　阿维勒来函

（1987年3月9日）

刘大年、李侃[①]先生：

至今未收到我们1986年10月31日信的回音（影印件附后），我们担心你们是否参加1990年召开的CISH下一届会议[②]的组织工作。为准备1987年9月24日至25日在雅典召开的CISH全体大会，我们请你们尽快给予答复。顺致

敬意。

阿维勒

一九八七年三月九日

273　徐宗勉[③]来函

（1987年4月17日）

大年同志：

大稿《说合力》已收到。我认为，此稿很有意义，决定在本刊这一期（第四期）发表，务望俯允。这期轮到田居俭同志主持发稿，稿子7月中旬送工厂。您如要改动，可通知田。

我深感史学界对马克思主义历史理论的学习与研究很不够，很想做些推动工作，正苦于稿源缺乏，您的赐稿是对本刊的支持，谨致谢意。望您今后

---

① 李侃，时任中华书局总编辑，中国史学会第三届理事会秘书长。

② 指第十七届国际历史科学大会。

③ 徐宗勉，时任《历史研究》主编。

多赐稿，帮助我们办好《历史研究》。顺致
敬礼

徐宗勉
1987 年 4 月 17 日

274　臼井佐知子[1]来函

（1987 年 5 月 10 日）

刘大年先生：

三月中到贵地逗留时，蒙盛情接待并收到了很漂亮的陶俑，实感谢之至。离开北京以后，我经过西安、洛阳和上海回国。托您的福，此行一切顺利，圆满完成了任务。但回国以后我就感冒了。感冒好了以后，因为药的副作用，我身体不好，所以未能及时给您写信，请您原谅。

此次到贵国旅行，已是第四次。我看到日新月异的发展，真使人感叹不已。

回国以后，我知道了今年夏天您再来日本。我热情地期待您的到来。

去年大学的工作很多，所以研究的时间很少，但今年工作比较少。以后请您多指教。谨此致颂
安康，并向崔丹丹[2]小姐问好。

臼井佐知子
一九八七年五月十日

275　卞直甫来函

（1987 年 5 月 12 日）

刘大年先生：

---

① 臼井佐知子，时在日本东京外国语大学任教。

② 崔丹丹，刘大年外孙女。

您好！

最近看到您与《瞭望》周刊记者的谈话——《全盘西化的来由和在中国行不通》一文，有理有据，很有说服力。我刊准备发一批在史学方向批评资产阶级自由化或“全盘西化”的文章，很希望先生能为我刊撰文，深知先生工作很忙，不胜冒昧，请多谅解。顺颂

撰祺。

卞直甫　谨启

一九八七年五月十二日

276　严奉转来函

（1987年5月16日）

大年同志：

你好！工作忙！

84年与你华容话别，不知不觉已将近三年了，我本打算下半年到北京来看望你的，不想只过了两个月的时间我不幸中风半身不遂，现在仅能够下地慢慢行走活动，可能暂时也不得怎样，请你放心！

这次我的亲侄女婿和侄女（黄源龙、严妙君）来北京出差（由于我书写不便，请人代字问候），要他们代我看望你及全家人，了我多年心愿。你若有机会来家乡请来我处做客！专此敬请撰安。少叙。

祝你愉快！

弟　严奉转

1987年5月16日

277　成晓军来函

（1987 年 5 月 20 日）

尊敬的刘老大年先生鉴：

今接《近代史研究》编辑部宋士堂先生来示，嘱我压缩修改由您去年推荐至该刊的《马克思主义阶级分析方法》一文，并询及去秋已给我一信，指示修改意见，为何不见回音。遗憾得很，我去年 7 月已从湖南师大林增平师处返回湘大，宋先生之信可能寄在湖南师大被丢失了。借此机会，我再次感谢您的关怀提携之恩，有信心修改该作，力争在《近代史研究》发一发。

还有一事打扰先生，首先请您恕我这无礼之辈提出这样的请求，即湖南人民出版社在约定我撰写一本《曾国藩与中国近代思想文化》书稿时，提出可否组织一些志同道合者编一本《中国近代文化史辞典》，但须有名家当主编才行。我想此事可试试，很有意义，具体撰写条目内容我们可组织人员来搞，但主编的事非得确定不可。我们想请先生您来当这个主编，考虑到您公务、学问事都特别忙，您只从条目选定、条目内容定稿方面把关，占去您一些宝贵时间，而编写者一定认真从事，决不能出问题，影响先生的名声。敬乞先生速赐回示。

我爱人为湘大哲学系沧南先生之硕士研究生，明年毕业，还拟撰写毛泽东早期哲学思想方面的毕业论文，我也想出外查买资料，故暑假将赴北京一转，顺便去她老家河北定兴县看看。冒昧想到先生处看望，不知可否一行呢？请先生明示。

我们两人都是中山大学毕业（爱人是哲学系毕业，我则是历史系毕业），现已晋升讲师，有一男孩七岁，已读一年级。

不多打扰您了。您是湖南人，又是大名家，湖南人者为之自豪、骄傲。我为湘乡人，故就不拘礼节，多次打扰先生，不对之处，请先生谅解并请批评。此致

敬礼。

湘大历史系 成晓军

87 年 5 月 20 日

278 唐德刚[①]来函

（1987年5月25日）

大年先生：

去岁广州之会，拜识荆州，荣宠何如。前年承赐“谈史”巨著，捧读尤为景仰。每恨云天遥隔，承教不易，憾何如之。先生何日有美洲之行，至盼事先惠知，当扫径以迎。月前胡院长[②]过纽，弟竟失之交臂，内子与弟均盼能为胡公洗尘，竟未能如愿，至感歉疚也。公如枉驾纽约，务祈示之也。

今年年初，忆曾接先生公子辱书，自叙为公之哲嗣，惟斯时弟刚有会约于东南亚，接信竟是登机前夕，忙乱不堪，未能即时修复，因其曾有事相嘱，非立刻可作书奉复也。迨重洋之行归来，正待复书，然案头积牍百余封，秘书不谙华语，而弟又非有条理之人。令郎大名亦未记住，原函苦索不得，至感心疚，不得已只好修书左右陈情，如为时不太晚，尚恳转告公子，盼再告我，当不辞犬马也。匆上并郑重道歉尚恳恕之。专此

道礼

唐德刚　拜上

一九八七年五月二十五日　美洲

279 仁木富美子[③]来函

（1987年7月14日）

刘大年先生：

您好！

来日后会议不断，您辛苦了。

前二天能在东京见到您，我感到非常高兴，这次会议[④]，对我们日本方

---

① 唐德刚，时任美国纽约市立大学教授。

② 胡院长，指胡绳。

③ 仁木富美子，时任日本宋庆龄基金会副理事长。

④ 指先后在日本京都、东京举行的“七七”事变五十周年中日学术讨论会。

面来讲，将是非常有益的。

前天我给您的东西中，有一盒是幻灯片，名为《探访日本军国主义侵华遗址》，“七七”纪念大会上，我们上映了，其他地方也都放了。现在一共有三十部同样的复制片，在全国各地巡回放映。

我想将此作为我们日本教职员工会妇女部，借“七七”学术讨论会之机，赠送给中国近代史研究所的礼物，请收下。另外一个漆器盘子，是日本最北端青森县津轻地方的特产，赠送给您，请在府上使用。

最后，天气炎暑，请多加保重！

仁木富美子

一九八七年七月十四日

280　郑惠[1]来函

（1987年7月17日）

随中国史学会代表团访日登富士山

秀出东瀛第一山，无边翠绿拥车环。
玉湖掩映峰峦抱，小瀑迷蒙雾雨寒。
会友论文情谊切，睦邻谈史古今探。
多姿疑似娇羞女，飘忽云纱隐约秀。

录呈

大年同志指正

郑惠

1987年7月17日

---

① 郑惠，时任中共中央党史研究室副主任。

281　季羡林[1]来函

（1987年7月18日、10月29日，1988年1月16日）

一

大年同志：

久未晤，甚念。今年人大常委会还没有安排暑期休养办法。去年庐山之游仍在记忆中。

经国家教委批准，中山大学准备为陈寅恪先生举行纪念活动（国际学术讨论会），在安排执行主席团名单时，我推荐了你，想你不会拒绝。[2]

在中国史学界陈先生有特殊建树，在《历史研究》初创刊时，他也发表过文章。你是中国史学会执行主席，又是《历史研究》老主编，没有你的名字，这个执行主席团不能算是理想的。我还想到，能否通过中国史学会向社会科学院或其他有关机构申请一点经济资助？因为开一个国际会议，太寒酸了不好。请你考虑一下。

希望今年能去某个休养的地方见到你。即请

暑安

季羡林

1987.7.18

二

大年同志：

久未晤面，渴念殊深。

陈寅恪先生纪念学术讨论会定明年五月举行，通知想已收到。

你同社会科学院谈的结果如何？最好能以中国史学会的名义加以资助。现年终将届，社科院能不能在今年年内拨一点钱出来？

十三大闭幕后，人大常委估计会开会的。即祝

---

① 季羡林，时任全国人大常委会委员，北京大学教授。

② 刘大年参加了1988年纪念陈寅恪教授国际学术讨论会，并在开幕式上作《一个历史学家的地位》的发言，载《光明日报》1988年6月29日。

近安

季羡林

一九八七年十月二十九日

三

大年同志：

我因为眼睛闹病，这一次常委会我请假了。

陈寅恪先生纪念大会今年五月召开。中国史学会准备资助的钱，社科院去年已经答应，现在已经是1988年的第一季度，时间不多了。请你同社科院领导同志，包括胡绳同志在内，联系一下，尽快拨付中山大学校长办公室胡守为副校长。我们现在办事情非常困难。

你的身体怎样？希望善自珍摄。敬祝

近安

季羡林

一九八八年一月十六日

282　小峰弓子来函

（1987年8月）

一

刘大年先生及各位：

谨启

此前夫君小峰王亲永眠之际，承蒙郑重赐送吊辞并致送灵前供物，谨表诚挚谢忱！

六月九日由近亲举行了私密葬礼，后于六月十七日在东京信浓町千日谷会堂，由法政大学第一教养部、日本中国友好协会中国语普及委员会·收听北京广播会共同举办了告别仪式。

对于在此期间生前故友及给予厚谊的各位参加上述活动，惠赐追悼，谨表衷心感谢！

各位供奉灵前的香典一部，为了对故人生前最为致力的中国语普及发挥作用，特致送日本中国友好协会全国本部、东京都日中友好协会中国语普及委员会·收听北京广播会。

本应亲往拜谒致谢，为简略礼仪而仅以此信申致谢忱。

敬具

小峰弓子

昭和62年（1987）8月

二

刘大年先生等各位：

好久没问候了。

值此残暑尚浓之际，敬祈各位一切平安！

我至今仍然不能相信与夫君已永别，天天过着思念等待着不归人的日子。

现在每一想到与小峰一起访问北京，见到先生们的情景，就为这样的日子再也不会有了而感到遗憾。记得去年7月，我们住在燕京饭店时，先生亲自来到饭店，对正生病的小峰给以真诚的关心，先生们的好意至今仍留在我的心中。

对于迄今先生们给予小峰的深情厚谊，再一次深深地感谢。

我决心继承小峰的遗志，继续为日中友好的发展而更加努力。希望先生们给予指导与鞭策。

最后，祝愿先生们身体健康、事业发展！

再见

小峰弓子

1987年8月31日

283　卫藤沈吉等来函

（1987年10月16日）

刘大年先生：

此次我们访问北京期间，得到您的欢迎与接待，非常感谢！见到先生健康欢谈，非常高兴，度过愉快的一晚，谨申谢忱！

您的关怀对于我们与章伯锋先生的共同研究是十分有益的，为了更好地推进这一研究，希望先生能在合适之时再来东京，我们以明年作为努力的目标吧。

我们在北京的生活结束了，已于9月16日顺利回国，又要开始忙碌的日子了。

以上匆致谢忱！

卫藤沈吉

山田辰雄[①]

昭和62年（1987）10月16日

284 林甘泉[②]来函

（1987年10月16日）

大年同志：

《侯外庐与马克思主义历史学》拜读，写得很好，有两点意见供参考：

一、外庐同志对生产方式的理解，不同意斯大林所说的生产力和生产关系的统一之说，主张用马克思《资本论》中的一段话来表述。这段话的内容可表述为："特殊的（历史上一定的）生产资料和特殊的（历史上一定的）劳动者（力）二者的特殊结合方式。"大作引用侯说时，说他不同意生产力和生产关系的统一那个提法，认为必须加上"这种结合的特殊方式和方法"才算准确。此处引用侯说不甚准确。外老讲的是生产资料和劳动者（力）的结合的特殊方式和方法，而不是生产关系和生产力的结合的特殊方式和方法。

二、在谈到外老学派的形成时，列举了他们相近或相同的观点，归纳有六点。虽然外老在回忆录中说："以上几点，是我们经过几十年长期研究得到的。"云云，但据我了解，与外老合作的同志，关于亚细亚生产方式和封建土地国有制（这是两个最重要的论点）的见解，有的与外老并不一致。正

① 山田辰雄，时任日本庆应大学教授。

② 林甘泉，时任中国社会科学院历史研究所所长。

如您文章中说的，一个学派之中，意见有同有异，这是很自然的。外庐治史领域很广，在思想史研究基本一致的，在社会史未必一致。如果不列举学派人物的名字，倒也无妨，但您文章中开列了一串名字，这就让人以为他们在一些基本问题的观点都相同或相近，个别列举的人未必同意如此说法。再者，“诸青”是参加《中国思想通史》第四卷撰写的几位青年同志的化名，但就外老近一二十年的工作来看，协助他工作最多的，不一定是您文章中列举的几位同志。在谈到他的学派的成员时，对中年同志只举了五位同志，不及其他，也容易引起有些同志的误解。我的意见，可以笼统一些，不必一一列名，既可避免把外庐同志的观点强加他们头上，也免得挂一漏万。

意见不一定正确，仅供参考。顺颂

撰祺

林甘泉

一九八七年十月十六日

285　伯纳德来函

（1987年11月17日）

尊敬的大年博士：

我们以美国历史学会和美国政治科学协会成员的身份向您致信。希望您帮助我们从贵国推荐一位合作人。

暗杀档案和研究中心是一个高度专业化的研究中心，位于华盛顿，专门从事政治暗杀现象的研究。附件是描述我们工作情况简介。由于暗杀在历史上和当今时代一直是权力更迭的重要手段，我们也许是唯一一家专门从事暗杀研究的学术中心。当今，暗杀为世界各国带来灾难，但还没有谁去认真研究过他们。

我们希望扩展我们的研究活动，从每个国家吸纳一位历史或政治学者作为合作人并聘为中心研究人员，我们将在近年出版一种研究政治暗杀的国际期刊。我们希望合作人定期为期刊提供本地关于暗杀问题的材料和文章。作为回报，他们将被列在期刊的重要位置，并收到赠送的刊物。

我们希望您能推荐一位或几位贵国有潜力的合作者或研究人员。也许政治或历史学者对政治暗杀协会这个狭窄的领域不会感兴趣，但在目前的国际环境下，可能有不少涉及“恐怖主义”研究领域的专家。由于是一份英文期刊，合作者必备的条件是懂英语。

我们十分感谢您能对此项工作提出建议、推荐贵国（或其他国家）的一位或几位专家，他们的联系方式以及一两行个人情况介绍。

期待您的回复。

您热忱的

伯纳德·芬斯特沃尔德，Jr.

主席

1987年11月17日

286　山田辰雄来函

（1987年12月11日）

刘大年先生：

今天请允许我用日语写此信。10月访问北京之时，得到很多关照，对此非常感谢。

当时先生推荐的任新生君留学之事，回复迟了，失礼了。一个理由是，回国后我太忙了；另一个理由是，由于是先生特别提出推荐，我要设法安排任君的生活，寻找能够提供资助的适当的人。我找了几位当国会议员和公司社长（即经理）的友人商量，终于找到了可以信赖的托付人。在此报告以下几点，我想在此基础上为今后任君留学再作进一步的努力，您看如何?

1. 在经济方面，朝阳贸易公司的华井满社长，已经同意提供二年的资助。我想大概可以在他的公司一边打工一边学习日语。

2. 华井社长是我的老朋友，朝阳贸易公司是很早就专门开展日中贸易的友好商社。华井社长在第二次世界大战时参加过八路军，是对中国深为了解并对日中交流抱有很大热情的可以依赖之人。

3. 因此，任君留学之事，能够得到华井社长的资助，我可以作为保证人。

4．华井社长和我都希望任君在留学结束后，能够参加中国的建设。拜托先生向任君转达我们的这一想法。

5．对于以上条件不知先生及任君有什么意见？等到先生回复后，我即可寻找日语学校。

北京天气也渐渐变冷了，祝先生健康地迎接新年！等待着先生的回复。

山田辰雄

1987年12月11日

287　巴克尔教授来涵[①]

（1987年12月16日）

尊敬的主席：

关于将于1990年在马德里召开的国际历史科学大会公众宣传事宜

在雅典召开的国际历史科学大会执行局会议上，大家一致认为我们应该借1990年国际历史科学大会之机，宣传历史学的重要性及其对理解当代世界的作用。当今，人们可以理解像经济学、社会学、计算机科学和各种自然科学与当今世界的关系，但往往不再认为了解历史对今天的重要价值。1990年的大会为我们提供了通过报纸、广播、电视广泛宣传我们的学科的机会。我曾承诺为下次执行局会议写一篇相关文章。这封信就是想求得您的帮助。

在雅典大会上很多人指出，各国都有一些史学家已经通过报纸、广播和电视在做这项工作。他们可能已经做好准备，利用1990年大会的机会，通过他们与媒体的联系，吸引大家关注各国史学家们在会上所讨论的问题，借此宣传历史学的价值。比如，媒体可以报道、采访本国参会或向大会提交论文的史学家。如果提前筹划好的话，也可以请其他国家提交大会论文的史学家们写文章、提前录制采访，在大会期间通过贵国的媒体在国内发表。媒体

① 刘大年在该信上批语："国际历史学会副主席巴克尔来信，内容很有意思。应该答复。"

可能还会对会后报告产生兴趣。另外一种可能是，大会的主要发言人可以在会前到各国提前录制广播、电视采访，当地电台、电视台承担相关费用。

我们十分希望您提供对上述问题的看法。我会将您的观点和想法纳入我为下次执行局会议写的文章。尽管此次会议将于5月召开，我还是准备在2月份起草这篇文章。因此，希望能在1月底前收到您的回复。如您能推荐与媒体有良好关系的中国史学家，对我会有更大的帮助；如您能告知他们我们的想法，那就更好了。同时请告知，我们应直接跟他们联系还是通过您联系。

请原谅我在一年中最繁忙的时候占用了您的时间。您提供的帮助对我至关重要。

您诚挚的
T.C.巴克尔教授
国际历史学会副主席
1987年12月16日

288　今井清一[①]来函

（1987年12月25日）

刘大年先生：

在“七七”50周年中日学术讨论会上，承蒙您多予关照！我得以全程参加讨论会，收获颇丰。在《神奈川新闻》报上也拜读了先生关于讨论会的文章。承蒙您夸奖，我感到很光荣，但我在学术讨论方面还在学习，还要更进一步努力。

讨论会结束后，我家住宅做部分改建时，从壁橱里发现了二十来张旧唱片，是我妻子的父亲尾崎秀实于1937、1938年间从上海购买带回来的。其中有一张是名为《卢沟桥》的歌曲，好像是为了纪念50周年似的，真是巧合。这些唱片如果是在学术讨论会时被发现，我就能在会上向诸位先生作解说和回忆了，想来有些遗憾。同封寄上唱片夹中带的歌谱的复印件。

---

① 今井清一，时任日本横滨市立大学教授。

祝您健康！能见到您非常高兴。

请代向张振鹍先生和李薇问好。

今井清一

一九八七年十二月二十五日

289　李长莉[1]来函

（1987年12月26日）

刘先生：

您好！

为免打扰，谨以信函向您恭贺新年，祝您节日快乐！

论文大纲已据您的意见作了修改，现已开始写作初稿，详情容后面陈。

另，学校关于85级博、硕士生毕业分配工作已经开始，一个月前，学校召集我们开了毕业分配会议，说各所均已作了计划，近代史所明年毕业研究生共9名，所里计划只留3名，并说如确定不留所的，即开始自谋职业，于88年3月份前应基本确定分配单位。

我曾打电话问孙思源老师，她说此事属所里人事处管，她不清楚。政治史室老师们也未找我谈过，估计室里没计划留我。前一段见到文化史室的刘志琴老师，她说愿意让我到文化史室来，因我研究的课题也属文化史范围，加之文化史室近两年因调、退等，只剩6人，很需人手。她已找所里人事处的小齐同志谈过，人事处没什么意见，但此事尚需问问您的意见才能决定。

就我个人来说，从志趣和以后的研究方向看，到文化史室去较适合，文化史可说是一“新兴学科”（据说此室还是您提议建的），研究前景较为广阔，我也有志于此，希望以后能在这一新学科里有所建树。

当然，若所里和您另有安排，我以服从组织为上。大概近期所里要就此事向您征求意见，希望能尽快作出安排，因为现在各校毕业生已纷纷到各处联系工作了，若拖得太晚，恐怕您的学生就无处“推销”了（据说博士生很难分配）。此事唯听您裁夺。

---

① 李长莉，时为中国社会科学院研究生院近代史系博士生，师从刘大年。

后面附上我的简况介绍，仅供参考。恭祝

大安。

学生　李长莉

87年12月26日

一九八八年

290　张晓布来函

（1988年1月6日）

大年同志：

您寄来的照片收到，亦已遵嘱分送诸位，谢谢。

熊复老[①]冲洗出的照片亦嘱转交。请查收。近颂

金安。

晓布

1月6日

291　项观奇[②]来函

（1988年2月4日、4月3日）

一

尊敬的刘大年同志：

你好！

本来叫研究生张淑学到府上看望你，并送上《参考资料》，听听你的批评意见，但因他在京时间太紧，未能见到你。不知你收到书没有，下册尚未印好，快了，印好后寄上。

你近年的文章，我很爱读，而且很钦佩，因为在我看来你在坚持着一种

---

① 熊复老，即熊复，曾任红旗杂志社总编辑。

② 项观奇，时任山东大学教授。

倾向，是一个有力的代表。这是很不容易的，但也是很光荣的。常识告诉我们目前的意识形态战线是不可能没有斗争的，在理论上划清界限总是必要的，尤其在一股风吹来的时候。

很高兴得知你有空时来山大讲学，我们一定尽力使你在这儿生活方便，一边治学，一边讲学。殷殷此意，想你会理解。祝

春节好！

项观奇

二月四日

二

刘大年同志：

你好！

《比较法》总算印出来了，这与你的支持分不开，今寄上，请指教。早些时候寄上的《参考资料》（上下）想早已收到了吧。这些工作都属史学理论研究的一砖一石，不成气候，但教学和研究需要，应有人做，所以只好埋头于此。

《比较法》后尚已编好《计量法》《系统法》，可惜印刷周期太长。这部资料已列入大学教材。

记得上封信中表达过我对你的大作的倾向的支持和佩服，最近的曲折亦更加明白。但在思想界恐怕是喜欢“自由化”的人多。例如史学界提出的一些问题即是这样。看来这是个相当复杂的难题，不易解决。不改革不好，自由化也不好，把稳者少。所以更望看到你的大作。不多写。祝

健康

项观奇

四月三日

292　李长莉来函
（1988 年 3 月 9 日）

刘先生：

您好！

现有两个问题向您谈一下我的想法。

一个问题是昨天会面时您谈到的希望我或姜涛[①]以后能辅助您继完《史稿》一事。我本人很愿意承担这项工作，倒不是自认足堪此任，主要是觉得，能在您的直接指导下做研究工作，是一个极为难得的好机会，在您手把手的指导下，一定会学到许多珍贵的东西。我作为一个尚未出茅庐的后学，对史学的研究尚处摸索学步的阶段，我深知要使自己的治史水平不断提高，最主要的一点就是把前辈学者大家的治学方法学习继承下来，因而我对一些名家谈治学方法各方面的文字一直很感兴趣，读他们的著作时，也主要是体会和学习他们的方法。记得读顾颉刚先生《古史辨》前的长篇自序，他详述自己的治学道路和治史方法，使我感动不已，反复回味，受益颇深。不只限于史学家，我在读其他学科如哲学、社会学等中外著作时，也是把兴趣的焦点集中在方法的研求上。可惜这些大家很少有专门深谈治学方法的文字，想来一是因为他们忙得无暇顾及；二是大约怕蒙上“自我吹嘘”的孬名。这样，我们这些后学就只有在他们浩瀚的著作中去艰难地体味和感受了。以前我在读您的论著中，对您的治史方法和思维方式有些了解，但毕竟很肤浅，后来在几次亲聆您的谈话中，我觉得受益颇深，也许是语言表达思想更直接、更接近的缘故吧。在听您随意谈论和分析一些问题的时候，所表现出的宏观把握力和一针见血，迅速抓住问题本质的洞察力，我深感敬佩，我觉得这也可能是一个您不同于其他史家的突出特点吧，大概这要归于您几十年来深厚的理论素养了。正因如此，我很珍视每次与您的面谈，因为每次都能从中学到些东西。但是很可惜，因为您的工作太忙，给予我们的这种时间太少了，因而，如能让您牵着手学一段步，这对于我来说，确实是个极好的学习机会。当然，这只是我个人的想法和愿望，具体到您考虑由谁承担这个工作，当然是要从

---

① 姜涛，时为中国社会科学院研究生院近代史系博士生，师从刘大年。

工作的角度来考虑，我想您自会适当安排，我一切服从安排。

第二个问题是粗读了吴廷嘉①老师的文章，又再读了您的《说“合力”》一文，略谈点感想。

我对“合力”问题没有下过您那么大的功夫去研究过，上次学习恩格斯的论述，并写出读书报告，也只是谈了些领会性的理解和感想，没有把这个问题与“动力”问题的讨论联系起来。您在文中把“合力”问题予以系统的科学性分析和评价，论证了把“合力”作为历史动力的学术观点是站不住脚的，我觉得是很有说服力的，我很同意您的观点。

对吴老师的文章，从观点到文章风格都有一点看法。首先，作为坚持“合力”说的一方，对这一观点并没有从学术上予以深入、系统的阐释，论证过程给人以十分牵强的感觉，如对“合力”的概念能否直接搬到史学中来，“合力”如何作为唯物史观的基本“理论依据”和“基本史学研究方法”等，都没有一个能以理服人的分析，显得概念和逻辑比较混乱，使这种观点难以立足。另外，从文章风格上来看，显得有些轻率和“强制性”的味道，缺少学术性讨论的气氛，对于不同的学术观点以贴标签式的方法轻率地贬斥，动辄加上“缺少辩证法”的标签。我认为，我们坚持辩证法，是指以辩证法作为理论指导和认识方法贯彻在研究问题的过程之中，至于研究得出的结论和观点本身，是没有“缺少”还是“富有”辩证法可言的。这种思维方式和轻率态度本身，倒真是“缺少一点辩证法”。

以上只是我的一点粗浅看法，不知是否有点道理。

写得太多了，耽误您很多时间，敬希见谅。顺颂

大安。

学生　李长莉　上

一九八八年三月九日

① 吴廷嘉，时任中国社会科学院近代史研究所副研究员。

293 路遥[1]来函

（1988年3月10日）

大年同志：

您好！

去年9月，敝会等二十三个团体联合在安徽绩溪召开“十九世纪中国教案——义和团”学术讨论会。名楠[2]同志曾约请你莅会指导，适你忙于公务，未能莅会，使与会代表失去一次受教益的机会。安徽会议论文将收辑在《义和团研究学刊》第二集内。第一集已出，现寄送一本，请指正！今后各辑，将按期寄送。

去年11月我应日本学者邀请赴日访问，曾在东京辛亥革命研究会和京都会馆等几所大学作了报告，同日本史学研究者有较多的接触。你在日本史学界中享有很高声誉。你在东京讲学以及几次大会演讲，都深受日本学者欢迎。不少日本学者，要我回国后代为问好。

我在日本作几次报告，讲的都是“义和团运动的研究与调查”这一课题。我是从社会史角度来讲述，颇引起日本学者共鸣！数年前你曾撰文号召大力开展中国近代经济史研究，认为这是使中国近代史研究有所突破的关键。你的这一号召，至今仍不失为极有益的启示。但通过近几年我同美、日学者的接触，发现他们特别是日本的中国史研究者对中国近代社会史极感兴趣。为此开展中国近代社会史研究，似乎亦可作为第二个突破点。

我自日本回国后，《上海社会科学报》派记者来访，将我的谈话刊在第92期上。义和团研究至今仍是中国近代史研究的最薄弱一环，多年来未能引起广泛史学工作者的兴趣。若从社会史角度加以开拓，似可加深对义和团运动的认识。我的这一看法是否得当，现寄送一份谈话内容给你，请批评指正。我主编的《淄博煤矿史》已于去年出版，一并寄上。我访日时，将此书赠送给日本东京亚洲经济研究所。该所为我的访问，召开一次座谈会，会后有部分研究者同我共进午餐。我参观了该所书库，那里藏书很多，我觉得研究中

---

① 路遥，时任山东大学教授、中国义和团研究会副理事长。

② 名楠，即丁名楠，时任中国社会科学院近代史研究所研究员、中国义和团研究会理事长。

国近代经济史不可不利用它的藏书和藏档。

今年7月28日至8月1日，敝会将在黑河市（瑷珲）召开学术讨论会，主要是讨论如何筹备1990年义和团九十周年国际学术讨论会事，深望你能莅会指导，以便有所遵循。此会我委托东北师范大学历史系王魁喜教授具体筹划。你若能出席，则请来示，以便我转告魁喜同志发邀请函。

余容后叙，顺颂

近祺

路遥

三月十日

294　任新民[①]来函

（1988年4月4日）

大年同志：

安徽团收到北京童增同志提出“要求日本受害赔偿”的建议，我们小组（安徽团第一组）认为有些道理，准备向大会“建议”。

你是近代史专家，希望得到你的指导和支持，特送上，请指教。此致

敬礼

任新民

四月四日

295　步近智[②]来函

（1988年4月13日）

大年先生大览：

① 任新民，中国科学院院士，两弹一星功勋奖章获得者。与刘大年同为第五届至第七届全国人大常委会委员。

② 步近智，时任中国社会科学院历史研究所研究员。

呈上《宋明理学史》下卷一本，请予教正。近智在书中撰写了陈建、顾宪成、高攀龙、刘宗周、黄道周诸章，深企先生给以批评指正。

先师侯外庐先生在世时，与先生莫逆之交，学生辈亦常得先生之指教，幸甚。今年九月纪念会时，当再求面教。

《侯外庐史学论文选集》上、下二卷，已由人民出版社出版（内子张安奇担任责任编辑）。先师在世时已嘱令由稿费中购书500部，分赠学者、友人。想来先生亦已收到。

余容再禀。敬颂

大安。

步近智　上

一九八八年四月十三日

内子安奇附笔问安

296　库克来函

（1988年4月20日）

亲爱的刘大年：

我们代表最近访问了中华人民共和国的澳中友好小组，向您和中华人民共和国全国人民代表大会表示感谢，感谢你们的热情欢迎和为我们安排的有趣和富有成效的参观访问。

代表团成员一致认为，他们对贵国的访问是极为成功的。访问期间，我们之间的意见交换和会谈增进了全国人民代表大会和澳大利亚议会之间的了解，加强了我们两国之间的友好关系。

借此机会，我们请您向所有那些曾给予代表团盛情款待和为我们的访问进行精心安排的人员，转达我们的谢意。

澳中友好小组主席：P.F.S.克（参议员）

秘书：科林·霍利斯（众议员）

1988年4月20日

297　赵复三来函

（1988 年 5 月 5 日）

大年同志：

五一节前出差回来，才读到您的手书，迟复为歉。

谢谢您的鼓励。有些问题，几年来常在脑海萦绕，只是没有机会写下来。年初病了一周，只好偷闲写下，还是十分粗疏，未及仔细打磨，心里很不安，只有留待日后补充了。盼望能够多得到您的指点，您的文章是我很爱读的，只是近年来您似惜墨如金，为后学说是件憾事。此请

近安

复三

五月五日

298　林甘泉来函

（1988 年 6 月 14 日）

大年同志：

惠赠尊著自选集[1]收到，谢谢。书中许多篇章，我认为对于今天史学界的思想状况和理论状况来说，很有针对性，也可以说有指导意义。中国马克思主义史学在前进道路上诚然有许多曲折和失误，但马克思主义使历史研究真正成为科学，这是真理。如今在有些人眼里，马克思主义不但不应说是指导思想，甚至连与西方各色各样历史理论平起平坐的资格都够不上。但我相信，未来还是属于马克思主义，历史学也是如此。尊著出版，就坚持马克思主义理论指导这一点来说，就足以使许多同志得到鼓舞。当然，我想不以为然者也肯定是大有人在的。即颂

---

① 指《刘大年史学论文选集》，人民出版社 1987 年版。

著祺!

林甘泉

一九八八年六月十四日

我多年来为行政工作所苦，多次向院部提出辞职。此次换届，已获同意不再担任行政职务。今后可以多读点书，做点研究工作。顺告。

299　池田温[①]来函

（1988年6月20日）

刘大年先生大鉴：

上月月底于广州中山大学开陈寅恪教授纪念国际讨论会时，敝生幸而得机与会，获接来会诸先生高见，亦参观陈教授纪念室，会面遗族诸位，印象殊深。其间特承先生关照不少，衷心感谢，当日照片一二同封奉送，请笑纳。

近来中国开放风气日增，于学界自由讨论活泼，同庆之至，尚祈学术诸般继续发展，以贡献人类文化。气候闷热，敬祈

文安。

池田温　拜草

六月二十日

300　胡思庸[②]来函

（1988年6月29日）

尊敬的大年同志：

---

① 池田温，时任日本创价大学文学部教授。

② 胡思庸，时任河南省社会科学院院长。

您所惠赐的大著[①]，已于今日上午敬谨收到。这是两个月前我在京登门拜访时，曾冒昧向您求赠的，今蒙慨然寄来，何胜感激！

您的这本《选集》，约有一半多一点是我过去读过的，但也有不少篇什，可能由于我的疏略或闭塞，竟未曾寓目。今日一册在手，可以从容研习，何快如之！回到家后，伏案一气读了两篇（《历史研究的指导思想问题》《历史前进的动力问题》），不觉已是夜阑人静，喧嚣嘈杂的叫卖声顿时沉寂下去，孤灯对卷，如闻空谷足音，精神为之一振。您曾论及杨秀峰的史论文章，有云"就作品观作者，读其文，可以想见其为人"，我读您的文章，也有同感。匆此函谢，尚祈不断赐教为幸。即候

道安。

晚　胡思庸　谨上

六月二十九日灯下

301　姜义华来函

（1988 年 7 月 23 日）

大年同志：

您好。惠赠大著[②]，已经拜领。这部 45 万字的大著，凝聚了您多年来的心血。许多论文过去读过，今天重读，又有新的体会。前辈筚路蓝缕之功，对于后学永远是个鞭策。敬祈

文祺

姜义华

一九八八年七月二十三日

---

① 指《刘大年史学论文选集》。

② 同上。

302　张岂之[1]来函

（1988年8月2日）

大年同志：

这次在京参加史学会见到您，并承您赠送大作[2]，十分感谢。大作我当利用暑假仔细阅读、学习。

外老[3]的《宋明理学史》下卷已出版，我已请历史所同志派人将此书送给您。书中如有不当，请大年同志不客气地指出，以便修订。外老虽已弃世而去，但我作为他的学生和助手，有责任和义务使外老的《宋明理学史》修订得更好一些。敬祝

健康！

张岂之

一九八八年八月二日于西安

303　蔡尚思[4]来函

（1988年8月24日）

大年同志：

承惠赠大著《史学论文选集》，甚感！您自认“不求鸣高，不问时尚，不作违心之论，枉己殉人”，我觉得这是最为可贵可喜之处。关于章太炎、梁漱溟等人的评论，都很正确。同时也已满足了读者和刊物编者关于您“个人经历，治学意见”等的要求。佩服！佩服！

拙著《中国思想研究法》一书现改为横排新版，特寄赠一册，请勿吝指

① 张岂之，时任西北大学教授、校长。

② 指《刘大年史学论文选集》。

③ 外老，指侯外庐。

④ 蔡尚思，时任复旦大学教授。

教，谢谢！祝您健康！

蔡尚思

一九八八年八月二十四日

304　王枫[①]来函

（1988年9月2日）

刘老：

听您说即将为茂荪写纪念文[②]，我十分感谢！特剪下八月六日《团结报》刊载平杰三统战部原领导写的《深切怀念吴茂荪同志》一文供您参考。此致

革命敬礼！

王枫

一九八八年九月二日

305　田汝康[③]来函

（1988年9月4日）

大年同志：

拜读过大作《论历史研究的对象》一文，精湛深入，获益不浅。今年我将去西欧访问，西德海德尔堡国际文化研究所要我谈谈我们对西方史学者的看法。我准备将大作重点介绍一下。不知这篇文章是否有外文译稿，若有当乞赐寄一份。以免领会不深，结果使介绍走样，这样很不好。谨此函恳。并致

敬礼！

田汝康

九月四日

---

① 王枫，吴茂荪夫人，时任中国国民党革命委员会中央常委。

② 茂荪，即吴茂荪，曾任中国国民党革命委员会中央副主席，中国孙中山研究会理事。刘大年《吴茂荪与孙中山研究会》一文，载《近代史研究》1989年第1期。

③ 田汝康，时任复旦大学教授。

306 汝信[1]来函

（1988年9月9日）

大年同志：

重庆出版社为支持学术著作出版，成立了一个基金会，请一些自然科学和社会科学界的著名学者担任评议员，他们想请您参加，特介绍赵文林同志前来拜访，请予接待。谢谢。

礼！

汝信

九月九日

307 坂井时忠来函

（1988年9月9日）

刘大年先生：

关于规程文件及役员名簿等

拜启

祝时下益益清祥！

此次承蒙您接受孙中山纪念会名誉会员，非常感谢！在此奉上财团法人孙中山纪念会的规程文件及役员名簿等，敬赐查收，实感幸甚！

今后尚祈多予指导与支持。我们也会如大家所期待的那样，为纪念会发展而努力。

在百忙之中给您增添麻烦，望以后多多关照！

敬具

财团法人　孙中山纪念会

理事长　坂井时忠

昭和六十三年（1988）9月9日

---

① 汝信，时任中国社会科学院副院长。

308　张书生来函

（1988年9月21日）

大年同志：

师勤同志已带到大著[①]，拜谢之余，正在抽空拜读。1980年在北戴河休假时曾读到您对范老著作的介绍，当时觉得很快意，此前两年拙诗中“史坛百战仗宗师，郭范而还仰大旗”之所本也。后来，在报纸上读过您写吕振羽同志之文[②]，其中谈到顾颉刚[③]先生对马列主义有“交臂失之”之憾，我认为谈到了点子上，的确是科学地论证了当代一位学者。现在结合着看您论述王国维[④]与郭沫若之异同，论述华罗庚、夏鼐、荣孟源[⑤]等同志之作，都像毛主席所说的那样，“无哗众取宠之心，有实事求是之意”。从前在毛主席时代，宣传马列主义，有些人很容易未经深刻研究而说了过头话。现在，没有了这把“无专”保护伞，马列主义只能在斗争中求发展，这也是新历史时期的新历史任务，不能做温室里的花朵了。

从前只听说过《论康熙》[⑥]，今天刚看了前面几页，有两点感想，一是康熙坚持了反对早期殖民主义者的侵略，在今天以诬蔑的“闭关”政策漫天飞的时候，重新发表，是要有独立的科学勇气的。听说，也有人把郑和下西洋赞之为“开放得好”，是驴头不对马嘴之论了。毛主席说，形而上学最省气力，信然。二是我们译的《剑桥中国晚清史》的社会效益，在于它没有为洋务派唱赞歌，否则，黑笔杆子们会引为典据，说“外宾”都在为洋务赞礼，我们不是太土了吗？当然，它的缺点不可以一言尽之，例如您说它谈“经学”没谈通，这恐怕是不能求之于今天的“外宾”的。

---

① 师勤，刘大年夫人师力坤的堂妹，时为中国社会科学院历史研究所工作人员。大著，指《刘大年史学论文选集》。

② 指刘大年《吕振羽与中国古代史研究》一文，载《光明日报》1986年11月5日。

③ 顾颉刚，曾任中国科学院历史研究所研究员。

④ 王国维，清末秀才，曾任清华大学研究院教授。

⑤ 夏鼐，曾任中国社会科学院考古研究所所长、中国社会科学院副院长。荣孟源，曾任中国社会科学院近代史研究所研究员。

⑥ 指刘大年《论康熙》一文，载《历史研究》1961年第3期。

敬礼！

张书生

一九八八年九月二十一日

309 井上清来函

（1988年9月23日）

敬爱的刘大年先生：

久未见面，谨祝先生身体健康、工作愉快。

此次，在庆祝敝学术交流恳谈会十周年之际，承蒙中国社会科学院特派丁伟志副院长专程前来庆贺，深感荣幸之至。

同时，收到先生托张国维先生赠送的新著——《刘大年史学论文选集》，一并感谢。对贵著作中的前六篇文章——“有关历史理论的诸论文”等，本人深表同感。近年来，日本在坚持马克思主义的历史唯物论，并将其具体应用于史学研究方面已不太被重视。值此之际，先生的理论集册成书，能够得以拜读，对我真是莫大的鼓励。

曾得到胡绳先生邀请，于明年专程访华。高兴地期待着能在明年庆祝建国四十周年的国庆节之际，与先生在北京再见。恭祝

日益健康。

井上清

一九八八年九月二十三日

310 张书生来函

（1988年10月3日）

□□□□[①]枉兴资，老死天涯却怨谁？

民不从心呼负负，人之迁善悔迟迟。

① 原稿从这里开始，前面内容缺失。

五洋母舰终焉托，诸夏男儿未可欺。
莫遣西风先我着，认巢归燕羽差池。

刘起釪说，他很反感“兴资”二字，太现代化了。我请他改易，他又说改不来。可见有时不能用《尚书》的古典来写今事的。其师对马列主义曾交臂失之，其弟是否又有交臂失之之憾呢？金无足赤，人无完人。可惜鄙人无起釪兄那个好肚子，亦徒唤奈何而已。

尊集[①]最后有几篇文章，知人论世，读来有“新”国朝先正事略味道。它们有马列分析，故能使人受益。另外，重刊了关于梁漱溟的文章，也有反潮流精神。这两年梁在报刊上很走红，我只能引《毛选》第五卷以祛费边教授朋友们之疑，深入一步，则正有待于大著做六经之鼓吹也。

以您之先达，况敢赠书而不读，读而不汇报者乎？琐琐渎陈，盖此之由也。

敬礼！

张书生

88年10月3日

311　张书生来函

（1988年10月23日）

大年同志：

在重读关于范老的尊著时，记起了刘起釪兄前几年曾说过：他很奇怪，范老的经学有些耳食之言，而大年同志的经学却有相当根底。这两年他又提过一次。我不知他何所据而云然，但在专业知识方面，他一说我就相信的。

拙什这两首古体习作当然是使尽了吃奶气力的。首先，我很注意形式上像不像。其次，内容上经不经得推敲。其第一首还明显有近体痕迹，第二首经起釪兄反复把玩，似有所首肯。写所见世，我的本事只能用所闻世之典，对于所传闻世（先秦两汉），我一来不熟，勉强凑出，恍兮忽兮，只以其昏

---

① 指《刘大年史学论文选集》。

昏更使人昏昏而已。以我之陋见，古人写这种七古者少。杜甫的《北征》是五古，毛主席也很看重的，但近代史上的故实究竟用得对不对，有高明可以一言而定之矣。

“马列主义使人聪明！”解放初期在人民大学学俄文时，系干部每星期都要做个形势报告，是那样入情入理。54年听您在中科院做过关于解放台湾的报告，直至干校时还常听宣传队传达周总理的讲话，例如《人民日报》评尼克松坐防弹玻璃车就职总统时，说他“内外交困，走投无路”。周总理说：哪里会走投无路？总会有路走嘛。后来胡耀邦同志讲“出口转内销”，引起全场轰笑。现在连这种笑声也听不见了。政策一竿子到底，当然比出口转内销的好。“从群众中来”才能“到群众中去”也。

某老同学听我说，我也婉谢与舒芜等人出同人诗集，因为我不愿与他们沆瀣一气。这同学说，“那你不是在知识分子中越少朋友了吗？”殊知这两年在物价的高压下，知识分子朋友们越来越表白了“承受不了”的忧虑，越来越在思考问题。这位费边社教授朋友前不久也向另一老同学透风：“某某公司是某某公子开的”云云，以表示他开始了独立思考。“大动荡、大分化、大改组”，这是一个历史过程，它以赫夫始，其归于某夫终乎？

黄季刚的注《文心雕龙》，走的是讲学家路子，但他的诗却息息与国家民族相关，无仙气，无腐气，更无投降气。使此公活到解放以后，或能大开眼界而有助于其学问之境也。算命，不是学术语言，但可用为文学语言。

敬礼

（老年性腰腿疼痛，刚见好，能起床了，故能握管。）

张书生

88年10月23日

312　李明三[1]来函

（1988年11月10日）

大年同志：

---

①李明三，时任《红旗》杂志编辑。

您好!

看到您在人大常委会四次会议上关于精神、金钱与社会发展的发言的报道，觉得很好，切中时弊。确实，现在不重视精神文明，不正确对待历史，缺乏精神支柱的现象太严重了。所以，想请您在身体允许的情况下能把发言整理出来，给我们发表[①]，以引起人们的重视。不知您意下如何？当然，您能给我们拿别的稿子也可。总之，诚恳希望得到您的支持。

祝好

李明三

一九八八年十一月十日

313　林增平[②]来函

（1988年11月27日）

大年同志：

十月下旬奉上一函，曾将鄙处应巴蜀书社之约，着手编辑中国史专题讨论丛书《辛亥革命》一书，拟将尊撰《反满与清末革命运动》载入该书一事奉告。惟限于篇幅，故希将该文删至8000字以内，请于11月15日以前付邮寄下。现已届月稍，尊稿尚未奉到，想系公务、业务繁忙，无暇及此。兹特再次函陈，敬希将尊稿删节赐下，如蒙应允可由鄙处删节，则可不必复示。

违教又一年，想近履绥和，贵体安康。如有他事嘱办，敬请指教，专此顺颂大安

晚　林增平　敬上

十一月二十七日

---

① 刘大年《马克思主义与中国传统文化》，载《求是》1989年第7期。

② 林增平，时任湖南师范大学教授。

314　赵复三来函

（1988 年 12 月 12 日）

大年同志：

谢谢您惠赠论文选集。把书捧到手中，首先读的是《历史研究的对象问题》，这是一篇在国际历史科学大会上能真正代表中国的声音的“宏文”。有时常感到，近年来关于史学理论的深入讨论似较少（也许只是自己读的太少），您的选集中有 1/3 篇幅专谈史学理论，使我感到像是空谷中一枚重磅炮弹带来的震撼，十分高兴。您在《郭沫若与哲学》一文中说，郭老在学术上远超前人和同时代一些最有才能的学者，首先是他在哲学思想上远远超越他们。我深深服膺此意，也常对年轻一点的同志说，一个人毕生从事学术工作，最后能有多少成就，首先取决于在哲学上理论上达到什么高度。

您的选集真是沉甸甸的，分量很重；惠赠的心意，我体会比此更重。衷心谢谢您。祝您健康，盼您继续写作。

赵复三

一九八八年十二月十二日

315　卢钟锋[①]来函

（1988 年 12 月 15 日）

刘大年同志：

您在纪念侯外庐同志学术讨论会上的讲话，与会者反映极佳。我们拟将您已发表的大作和此讲话一并收入《纪念侯外庐文集》一书。当天会后，我曾向您索取此讲话稿，您表示整理后再给我。如能于本月底将此讲话稿整理好寄给我，则将不胜感谢！如邮寄不便，是否可告诉我们您的地址，我们前

① 卢钟锋，时任中国社会科学院历史研究所副研究员。

去取回。如何办，盼切函告。即颂
冬安。

中国思想史室　卢钟锋　上

1988年12月15日

一九八九年

316　陶钝来函

（1989 年 2 月 21 日）

刘大年先生赐鉴：

拥护您以如椽之笔，悬河之口，痛斥日本帝国主义余孽掩饰侵华罪行之谬论。

我们还有亿万抗日军民和死难烈士的家属作您发言[①]的证人。

一九八九年二月二十一日

八十八岁　陶钝

317　吴大羽来函

（1989 年 2 月 22 日）

大年同志：

好久不见了。从广播中得知，你对日本当局开脱裕仁战争罪责和为日本帝国主义发动的侵略战争辩解，在七届人大常委会第六次会议上的发言[②]中，作出了严厉的驳斥。我听到后非常高兴，我愿举起双手拥护你的发言！我相信全国人民，特别遭受过日本帝国主义铁蹄蹂躏、一度变成为敌占区的人民，也会和我一样，也许比我会更进一步地拥护你的发言。从日本的情况看，军

---

① 指刘大年 1989 年 2 月 20 日在七届全国人大常委会第六次会议上作《日本当局为什么在侵华战争性质问题上倒退》的发言。

② 同上。

国主义的残余分子和军国主义思想，仍有一定的基础。为防止将来再萌发战争，我想到，也希望，你能发起、号召、组织一些历史学界，编写一部完整的《日本帝国主义侵略中国战争及其罪行史》和《日本帝国主义对中国的侵略史》；并进一步发起、联络、呼吁、组织国际上的一些历史学家，编写一部完整的《第二次世界战争及德意日法西斯罪行史》，以便以血的历史教育中国人民、日本人民和世界各国人民。我的这个设想和希望，我看以你日前的发言的影响和在学术界的地位来说，是可能做到的。以我们亲身经历的历史教训，来教育下一代，教育后世子孙来说，是义不容辞的。如果以上各书编成了，人们从中吸取了教训，防止了战争，缩小了战争，避免了战争，虽然只凭她还起不了决定作用，但有一定影响是肯定的，那对世界人民、对后世子孙，都会功德无量！年老了，精力不如以前了，这是不利因素，但经验更多了，号召力更强了，再加争取常委会的支持，组织起一个班子，出些主意，加强领导，我看是可以办得到的。也许这只是献曝之言，不足与取。好在多年老友，想到说出，无所顾忌罢了。祝你

身体健康，工作胜利！

我老伴张钧华（她是讲授革命史的副教授）看后，对你的发言和我的建议都十分拥护。

吴大羽

一九八九年二月廿二日

318 戚汉英来函

（1989 年 2 月 23 日）

常务委员刘先生阁下：

您好！

从 2 月 21 日《工人日报》第一版上看到您就日本当局竭力为日本侵华战争诡辩一事所作的批判性发言，我与我的同事们都感到莫大的振奋！并且我们相信有血性的中国公民都会由您的发言而引起由衷的共鸣！

日本侵华虽已过去四十多年，但它的受害者并没有全部归天。我的同事中，就有许多人的父母曾受害于日本军队，我的父母亦不例外。我老家在河

南汲县紧靠赵紫阳先生的老家滑县，当年我母亲全家就是在日本人的“三光”政策中被搞得家破人亡。日本人烧、杀、劫、掠的兽行是他们自己用刺刀建立起来的，而决不是任何人所能够虚描、空想出来的。我作为一名团干部曾经自习过几句日语。为了弄清日本侵华战争的史实，还曾专门借阅了当年日本人（包括日本士兵）所写的有关史书。即使是日本人，只要稍微有点正直感，也都承认日军侵华的事实，更不要说后来的东京审判以及无以数计的历史记载资料了。

然而，令人愤慨的是，历届日本政府均在这个问题上跟中国人打马虎眼，拒不确认。即使是72年恢复邦交以后，亦是如此，更谈不上忏悔负罪之意了。我个人看法，这与允许日本保留天皇制度有关。据我个人的了解，天皇是日本人的精神及日本民族的象征，尽管战后天皇不具备国家行政权力，但凡是经过天皇批准的东西，便都是至高无上的。因此，由于侵华战争是在天皇御前会议上决定的，而战后天皇仍然安然无恙，没有受到制裁。所以，在日本人的心中必然是这样认为的：虽然发动了侵华战争，但天皇并没有负任何责任，他还是日本民族的象征，所以战争的性质是很难断定。这样，日本政府在战争性质上的口是心非的态度便不难理解了。而且，我也确实在一些日文资料中发现，不少日本人（包括一些知识名流、文人、历史学家）对当年日本侵华战争的性质认识不清，甚至颠倒黑白，歪曲事实。因此，我个人认为要解决这个许多年来时起时落、解而不决的问题，关键是我国政府在此中的态度及对策：一是反应要快，要及时；二是措词得当，不能给日方以可乘之机或缓加脱身的漏洞。必须认识到，对日关系中的问题，尤其是对侵华战争性质的判断问题，如解决不好，定将影响民心所向。政府必须立场坚定，针锋相对。窃以为，南朝鲜方面倒是旗帜鲜明得多。

千里之行，始于足下。对于此次日本天皇葬礼，如进行一次民意测验，我想，大多数中国人是不会同意派什么高级代表去参加的！政府应该对此事再做斟酌。这里我们想了解一下，人大代表是否能就此事向有关部门做一次质询？派出人员情况最好能事先公布，看看各方面的反应。对一个负有战争责任、对中国人民犯下了滔天大罪、不可饶恕的战犯的死表示哀悼，就是对千万死难者灵魂的亵渎。

历史是由大多数人写的，这大多数人必然是后人。但是如果历史让罪犯去写，这历史也就变成了犯罪史。对于日本当局一而再、再而三的严重倒退

（说穿了是日本当局假经济优势对中国进行政治敲诈和挑衅），中国公民再也忍不住了，中国政府必须切实负起责任来！切不可视民意为儿戏！

（最后说一句题外话，假如当年中国国内一致对外，如同苏联占领德国那样，将日本一分为二，恐怕就不会有今天的麻烦了。而且无论从哪方面说都是有理由的。真的那样，中国的现状恐不会如此。这是后话，见笑！）

再次对委员阁下的发言表示支持和钦佩！对日关系风风雨雨，归根到底，从政治上讲是中国方面硬不起来，倒是日本方面强硬得很，其关键词语“国际上认为是侵略，因而日本政府应予确认”等等，实际上是在说，因为国际上是这么看的，所以日本国被迫也这么看，而决不提日本政府及首脑本人是持如何态度，这等于说日本当局自己原来、现在和将来都没有而且不主动认为是侵略。真是狡猾之至，顽固透顶！对于这一点，必须特别注意，必须说透，否则类似事情今后仍然难免。本来国家之间的事，政府官员自会料理，对等外交嘛！可是惟独在对待日方首脑有关言论方面，我们做不到对等，也许是我们政府官员乃金手玉身、金口难开，一旦开口便要地动山摇，能吗？且看中曾根、竹下[①]大发谬论之时，我方却每每由外交部做出反应，不见主要首脑出面。这实际上是降低了我方反应的严厉程度和规格，姑息日本当局的蛮横。我们不指望政府首脑像某些外国总统那样经常就国内国际问题发表电视讲话，但在出现了涉及重大原则问题的情况下，为什么不能露个面呢？完全能够一锤定音嘛！一国形象，系于一国之首。我们非常希望在电视屏幕上能出现一个及时发表政府对各种重大问题的看法和见解的，及时向公民宣传政府对内对外政策的国家形象。那时，就无须平民百姓为这等事情操心了。当然，我不怀疑，可能有人认为现在就是多操心。不过，心地坦荡不为私，义无反顾。总算心静了一些，气顺了许多。相信今后，政府工作将会更加开放透明民主，工作效率也更加快速。特此专致，此致

敬礼。

南京汽车附件六厂财务科、团支部，公民　戚汉英

1989年2月23日

① 中曾根，即中曾根康弘，日本前首相。竹下，即竹下登，时任日本首相。

319　孔经纬来函

（1989年3月8日）

大年同志：

您好！

寄上拙著《简明中国经济史》《东北经济史》《中国资本主义纲要》，请批评指正。

吉林大学经济研究所

孔经纬

1989年3月8日

320　山田辰雄来函

（1989年3月16日）

刘大年先生敬鉴：

新春贺年片奉到，不胜感谢。惟因较忙，迟复为歉，失礼之处，敬请见谅。

先生近况，此间报纸时有报导，闻之颇感欣慰。

日本的新年伊始，我的工作较为繁忙，诸位先生处未及时问候，很为失礼。目前正在撰写《中国政党史论》一文，并于今春将赴法国访问，北京之行拟定在今秋九月间。

任新生君来日以后，身体、学习、工作皆好，十分努力，是个好青年。目前，我与华井社长见面，谈及任君时，深得社长好评。我与任君也时有面晤。他已经决定做我们庆应大学大学院的研究生。

我正期待着九月间的访华，盼望着与先生见面。匆请康泰！

山田辰雄

1989年3月16日

321 中村哲夫[①]来函

（1989年3月16日）

刘大年先生：

今年一月访问北京的时候，蒙热情接待，非常感谢您。

最近我看《人民日报》知道了您的人大常委会席上的发言，日本天皇病了以后，政治环境不好，所以很多日本知识人也同意您的发言。

我拟于三月二十日离穗去港，二十五日回日本。一九九〇年一月，我们日本孙文研究会参加孙中山与亚洲国际讨论会，那时山口一郎[②]先生来穗，日本十五个人参加讨论，如果您来穗，我们特别高兴。

现在一年间的研究工作完了，贵国专家指教重要的问题、理论、材料，所以我满意，请放念。此致

敬礼

中村哲夫

一九八九年三月十六日

322 逄先知、金冲及[③]来函

（1989年6月23日）

大年同志：

感谢您为纪念田家英的文集写了这篇文章[④]，我们看了都认为很好，只是个别事实方面，略作修订，供您参考。此稿请阅后退还我们。敬祝

---

① 中村哲夫，时任日本神户学院大学教授。

② 山口一郎，时任日本神户孙文研究会会长。

③ 逄先知，时任中共中央文献研究室编审、常务副主任。金冲及，时任中共中央文献研究室副主任。

④ 指刘大年《田家英与学术界》一文，载《毛泽东和他的秘书田家英》，中央文献出版社1989年版。

身体健康。

逄先知　金冲及

一九八九年六月二十三日

323　胡乔木[①]来函

（1989年8月30日）

大年同志：

美国南伊利诺大学华裔教授吴天威，多次提议要成立日本侵华暴行研究会，这是一件好事，赞成的人（尤其海外华人）很多，成立的类似组织也不少。今年四月我和赵复三访美时，吴偕齐锡生[②]教授专程到华盛顿商谈此事，希望由国内正式发起组织，作为中心。我曾与赵说此事最好由你出面牵头，请近代史所推出几位热心的同志负责进行，建立一个民间性的团体，以便与海外各方联系，同时在国内选几个重点题目调查分别成书。回国后一直未能与你联系，赵亦匆忙出国。现吴又来信，请考虑可否挑起这个担子，并望与胡绳同志一商。兹托秘书徐永军同志前来面陈，希接谈。

祝好。

胡乔木

1989年8月30日

324　胡绳来函

（1989年10月15日）

大年同志：

此作反映井上清等思想状况，送请一阅，阅后还我。

胡绳

1989年10月15日

---

①胡乔木，时任中共中央顾问委员会常委委员。

②齐锡生，时任香港科技大学教授。

325　王汝丰[①]来函

（1989 年 10 月 22 日）

大年同志：

您好！

卢沟桥抗日战争史第二届研讨会已经圆满闭幕。会上还宣布了中国抗日战争史研究会成立。与会者对此会寄予很大希望，又得知您任名誉会长，都很高兴。

关于编辑出版日中学术讨论会论集[②]一事，已于 10 月 18 日上午趁这次开研讨会之机会，与北京出版社落实。郭景兴、刘建业（纪念馆负责同志之一）同志，还有我，一同和出版社同志谈的。郑惠[③]同志那天因另有重要会，不能分身，未参加。出版社已列入今年出版计划，并决定以高质量出版（纸张、印刷、装帧等），要求书稿于今年 11 月底全部交齐，争取在明年第一季度出书。昨天，我已将以上情况告郑惠同志，我们将抓紧办应办之事，请释念。

井上清、今井清一、江口圭一[④]先生都给这届讨论会来了信，说明因接到邀请时间过紧，原已有其他安排，故不能出席，表示极为遗憾，希望下届能获得邀请，一定出席，等等。井上清先生在信中还提出了自己的学术观点，要求转达与会学者。他信中所述见解是，他认为近代史上有两次日中战争，1894—1895 日清战争是第一次，1931—1945 日中战争是第二次。1928 年的济南事件则是第二次日中战争的契因（导因）。会议秘书组宣读了他们的信，一些同志对井上先生关于 1928 年济南事件的观点，认为尚可商榷。

同信奉呈我提供这次研讨会的文章之一的打印稿（另一篇是关于卢沟桥事变后中共北平地下党领导的地下斗争问题），这篇文章是用两三天时间赶写出来的，所据译文是前年赴日时的粗译稿。由于时间仓促，篇幅限制，日

---

① 王汝丰，时任中国人民大学教授。

② 指 1987 年 7 月 7 日在日本召开的“七七”事变五十周年中日学术讨论会论文集《中日学者对谈录》，北京出版社 1990 年版。

③ 郑惠，时任中共中央党史研究室副主任、《中日学者对谈录》主编。

④ 江口圭一，时任日本爱知大学教授。

本学者的论文也没有能够全面反映。我总觉得1987年开过会后，未能将有关信息及时向国内关心此一问题的学者交流是一件憾事，因此用《迟到的信息》为题写了这篇文章，算是还了一桩心愿。文中不妥不当之处，请您批评。匆匆，专此。即颂

大安！

王汝丰　上

一九八九年十月廿二日

326　胡乔木来函

（1989年11月8日）

大年同志并介夫[①]同志：

十月二十九日诗[②]收到，很好。第四首人字出韵，改“容□”则与“君子”对仗欠工，没有想好。

暴行调查事[③]，请先与介夫同志商议，分别依托社科院近代史所和抗战纪念馆作一些组织上的准备，包括指定专门负责人（将来专职但不脱产），拟出初步重点调查计划，经费收支匡算，经常参与合作单位人员，基金会日常工作和管理办法（会计账目收据奖状等）等项。秘书长人选正在从抗日名将中物色，不必着急，上次说主席团或董事会名称名单亦请商定草案，以便说话时易于作出决定。请酌。

胡乔木

十一月八日

① 介夫，即白介夫，时任北京市政协主席、中国抗日战争史学会执行会长。

② 指刘大年的《见说四首》，后载1989年11月21日《人民日报》。

③ 指日本侵华暴行调查事。

327 罗尔纲来函

（1989年12月1日）

大年同志：

首先敬问安好！

拙著《困学丛书十种》，顷从广西人民出版社出版，兹奉上一部敬请赐纳。其中《天地会文献录》为三十年代初在贵县修志时发掘地窖取得，学者论为海内外发现的天地会文献中最早的一本，接近于祖本的天地会员用作拜会的本子。今年台湾省学者据以证实天地会创立的年代、宗旨和人物，曾在国际学术讨论会作了报道。《太平天国的游击性运动战》为一九三八年在阳朔读了毛主席《论持久战》得到启发写成的。《八法对笔迹的鉴定》，为根据我国书法家的书法理论探索出来的一种技术。此三种似尚可敬求赐教，其他都是断简残篇，不值大雅一顾也。

年前出版的《困学集》并以奉呈，敬请赐教。专此奉呈。敬请
安康！

罗尔纲 敬上

1989年12月1日

328 郑惠来函

（1989年12月15日）

大年同志：

拜读了您给《对谈录》写的序言[①]，觉得很好。待全部书稿汇齐后，此文即可一并付排。

对您准备在《近代史研究》上发表巴黎华人来信的处理方式，我有一点不成熟的意见，即是否可以不用摘录的办法，而是全文发表，以表示对这封信的重视。最近我读到上海文汇月刊上的一篇关于北美华人情况的文章，才

---

① 指刘大年为《中日学者对谈录》撰写的序言《天壤公言录》。

知道关于日本侵华的赔偿问题，在海外华人中引起了多么深切的关注！而我们国内却显得过于冷漠。我们对此似应有足够的注意。随信寄上这篇文章的有关段落的复印件一份，供您参考。我的意见不一定合适，也供您参考吧。

顺问

撰安！

郑惠

一九八九年十二月十五日

329　陈安生来函

（1989年12月30日）

敬爱的刘大年先生：

拜读了您在《求是》上发表的《说历史的选择》。您仅说其一，没说其二。49年是中国人民选择了社会主义。蒋管区大多数学生、工人、市民反蒋迎解放。解放区几千万农民用小车送军火、军粮——把资本主义打出了大陆。当时仅一个苏联模式的社会主义可供选择。学苏反美，是正确的，是必然的。但这种斯大林主义的苏模式的弊病很快暴露。它使苏俄很快成为了工业强国，并没有使中国成为现代化强国。所以现在要改革。如果现在的改革往右再跨一步，像东欧那样，恢复资本主义，那么就糟了。

现在，我们既要清除斯大林模式遗留给我们的沉重负担，也要反击国际垄断资本的“和平演变”的阴谋。这是第二次历史选择，比第一次更复杂。

仅补充这点，请您赐教。

新年快乐。

北京机床齿轮厂陈安生，40岁，文学士

89年12月30日

一九八〇年代

330　张海涛[①]来函

（1980年代）

大年同志：

对您这位史学界前辈的为人品德及学术造诣，我从舍弟海鹏[②]处早有所闻。此次在职称问题上又承热心相助，深情厚意，深铭肺腑，谨致谢忱。

我正就尼克松、福特时期的美国社会及若干政治、经济、军事问题写一点野史，对资本主义制度寓有批判之意。尽管此种主题已经不为一些人所欢迎，甚至嗤之以鼻，我仍不自量力，努力为之。如能有所获，则心满意足，其余的事情已一概置之度外了。

在您有暇时，将前往拜谒，亲聆教诲。

敬礼。

张海涛

五月二十一日

331　刘志琴来函

（1980年代）

大年同志：

小野先生来函要求明年访华，作为我个人因为研究课题同她相似，她同

① 张海涛，时任中国社会科学院世界历史研究所研究员。

② 海鹏，即张海鹏。

我的商榷文章在日本发表，在国内亦有介绍，我不能不复信表示欢迎。但是此事能否成功还要看所和院的安排。从80年第一次接待她，是作为你邀请的客人进行学术交流的，我想她现在的要求还得由你来考虑为好。从她一贯对中国友好的态度以及同我在学术上不同意见的争论，我愿意促成此事，附原函一件。此致

敬礼。

刘志琴

4月6日

332　熊培庚来函

（1980年代）

大年老师：

很久未给您老请安了，想您老身体安健。遥祝您老生活愉快。

今年家乡华容，风调雨顺，未发生水旱灾害，夏收满好，特为相告。

我抽在市文化局编写《市文化志》，即将完成初稿，年底可望出书。这里的领导，想请您老人家出面题词一幅，以为该志增色。

另外，若您老精神尚好时，我还请求您老人家为我们写“岳阳市博物馆”几个字。博物馆拟修新馆，我们可将字体放大，镌刻于门庭门额，以彰岳阳的历史文化。专颂

大安。

学生　熊培庚　拜

8月15日

333　姜国仁来函

（1980年代）

大年同志：

您好。即将离开北京了。有个问题要和您研究，您是忙的。希望这两天

用电话约定一个时间告我，谈话大约一点钟就可以了。即此
敬礼。

姜国仁

5月21日

334 胡绳来函
（1980年代）

大年同志：

蒙借阅《韧的追求》和大作一篇，兹奉还。

胡绳

335 何定一[①]来函
（1980年代）

大年同志：

你好！力坤[②]同志好！

好几年没有见面了，真想念你。我好多年没有工作了，对有工作人的情况很生疏，很想和你联系，又怕对你的工作干扰。这些年变化实在大，我今年过七十周岁了，当然和过去没法比了，但生活自理没有问题，早晨还爬爬山，总算还可以。你比我年纪大几岁，当然你条件要比我强得多。你身体还好吧，力坤同志身体还好吧？我是很想念你们的，暗自为你们祝福。昨天晚上在电视里见你露了一下面，想与你们联系的心情又激起来了，实在控制不住了，给你写个信，也希望你有时间能回个信。祝你
健康，全家安好。

弟　何定一

2月26日

---

① 何定一，空军某部离休干部。1938年与刘大年自家乡湖南省华容县同赴陕北。

② 力坤，即师力坤，刘大年夫人。

336　孙平化来函

（1980 年代）

大年同志：

谢谢你给带来的小包，让我孩子去取，请交他带回。小燕预定三月份回来，回来再去看你。有事请打电话。

孙平化

1 月 20 日

337　庞春兰来函

（1980 年代）

一

大年同志：

久未通信，近来身体好吗？

一直想写信，但诸事杂乱，没有头绪，恐怕写去也是浪费您的时间，所以没有动笔。

我去日本的事，办得很长。井上[①]先生一直是热情欢迎，但这边手续繁杂，光是签证就批了几个月。六月下来批件，到国家教委办了手续，目前诸手续均已完毕，只待护照、签证了。预计时间是三个月到半年，在京都大学文学系现代史研究室活动。井上先生说通过京大只是为了手续上的方便，去了以后可以自由活动，不受此限制。

我希望去后找到适当的工作，减少主人的负担。井上先生说工作问题只能来后再找。

此次机会难得，一定不辜负井上先生的努力，多学习一些有用的知识。

井上先生对我的接待是出于对中国人民特别是对您及社科院同志的友谊，因此这里也应首先向您表示谢意。

---

① 井上，指井上清。

我估计不久就会来通知。到时候还要从北京出发。如果您方便的话，我将去您家拜访。您也许会想给井上先生带个信件之类物品，我可以去取。

要是您有空给他写上几个字或诗，我去裱一裱。我想该是很好的纪念品，不知您意下如何。顺祝

身体健康。

庞春兰

9月1日

二

大年同志：

您好。

我三月份已平安由日本回到洛阳。前些日子想给您写信，但想到人民代表大会召开之际，您一定相当繁忙，未敢打搅。一别又是半年，不知您身体好吗？一切都顺利吧。

这次去日本主要是在京大听日本近代史和语法课，其余时间是跑图书馆、转书店，同时也接触了一些日本朋友。主要收获是加深了对日本社会及日本人的了解，我想这对今后的教学与研究会有帮助的。特别是京大图书较多，总算开阔了眼界。最后也买回不少日本史及日本文学方面的图书。

半年中最不好受的是孤寂，资本主义发展到高级阶段，日益变得人情淡薄，互不往来，交谈者甚少。物质文明代替不了人的精神上的空虚，相比之下还是祖国的一切令人亲近。

国内理论界的混乱也传到国外，不少留学生思想界限不清。虽然大多数是爱国的，但也有些人羡慕外国的假民主、选举自由。我在那里也常和一些人争论，深感目前中国的政治理论教育一是放任自流，一是不能解决青年人的具体认识问题。人民代表大会开过之后，这些问题的解决可能会好些吧。

回来之后，听说我转业的要求业获批准。估计今年回京不成问题了。因此如果您有空，回京后可详细向您汇报此次东渡的情况。

在京大国际交流会馆住宿时，遇到社科院近代史所王学庄同志，他是在京大人文研究所讲学的。谈到我将回京工作时，他说近代史所缺少日文人员，你去后可搞点翻译，同时改学近代史可以经常与日本史学界交流。我想这倒是个值得听取的意见，只是不知我能否胜任。教学工作搞了多年，虽然为副

教授，也不会有什么大的成就了。回北京继续教书好呢，还是改行作研究好呢？一直下不了决心。目前北大、外交学院等都还需要人，不过人事部门如何，尚未联系。如果您能抽暇替我考虑一下，帮我出个主意，就太好了。您的工作很忙，总是打搅您，实在不安。请您原谅。有空时望来信指教。

洛阳正是花会时节，牡丹盛开，游人拥挤。这个小城较前有了不小的进步，修了飞机场，建立了地下古墓博物馆。如果您能来看看，我一定会好好招待的。顺祝

大安。

庞春兰

4月13日

338　胡绳来函

（1980年代）

大年同志：

《国外理论动态》1—3期，可以一看，兹奉上。

胡绳

2月20日

339　刘传贵来函

（1980年代）

刘老前辈：

前为征集县志资料曾奉一函，想早收到。兹再派县政协文史委和工作委符、胡两位秘书前来，一则请把您计划交县志的资料交他们带回；二则，我们把华容青年赴法勤工俭学的史料，编成了一个专集，初定书名为《海轮西去》，请您审查有关史实，并为题写书名。还想请您当顾问。专此恳陈，敬祝大安。

晚生　刘传贵

340　刘传贵来函

（1980年代）

大爹：

关于新的《华容县志》请您题词、作序并最后审定问题，曾于去年奉函请求。望您能抽空赐教，以增光乡里。这次周仲雅老师来京开会，特着登门再请。专此敬颂

大安。

县志办　刘传贵

6月4日

一九九〇年

341　王树槐①来函

（1990年3月19日）

大年先生：

承蒙邀请参加贵所主办之“近代中国与世界”国际学术讨论会，至感荣幸，惟因事不能前来参加，特此致谢，并祝讨论会成功。专此敬覆，并祝

大安

王树槐　敬上

3月19日

342　刘子凡来函

（1990年5月29日）

大哥：

你好！

你的腿疼，现在不知是否能走路？毛娃②出国，不知回国了没有？

---

①王树槐，时任台湾“中研院”近代史研究所研究员。

②指刘醒吾，刘大年之子。

从活民[①]的来信看到，刘定[②]有了一小孩作为[③]，丹丹[④]上了大学，作敌[⑤]上了小学。活民的孩子也都已就业，这很好！我很高兴。

我想要你再回家一转，看看华容的改革现状。拿我村来说，已修了十多栋楼房。全村已看不到荒山，都栽上了树。山脚地坡都栽上了果树，每户都有小果园，家家户户都可听到广播。

后背山上，已修了一条简易公路，各种检查都在上面倒车，县、镇两级还在山上立了一块石碑，上面写的是你的出生地，现任职务等。

想你回家，这也是多数人的愿望。我说了这么多，你是否能回来，我是否能等到你回来，这都还说不定。

就说到这里，下次再告。

祝你安康！

二弟　子凡

90.5.29

343　田中正俊来函

（1990年7月25日）

刘大年先生：

拜启

东京气温摄氏三十四度、湿度70%的猛暑连日持续，贵地北京也是酷暑，先生如何度过？谨致问候。

对于此次您为拙著《战争 · 科学 · 人》特别赐写“序言”，非常感谢，并感到十分光荣！对此谨致深深的谢意。韩一德先生作为促进中日友好努力成果的翻译本也已经完成，七月初旬黑龙江人民出版社已经送来，与其日文

① 指刘活民，刘大年之侄。

② 指刘衡山，刘大年之子。

③ 指刘作为，刘大年孙子。

④ 指崔丹丹，刘大年外孙女。

⑤ 指刘作敌，刘大年孙女。

原本《战中战后》一起，昨天已经另外邮送奉上了。

承蒙高览，倍感幸甚。

对于我本人而言，此次承蒙韩先生翻译拙作，更承蒙先生赐写“序言”，作为以研究中国史为志业的书生，及素怀中日友好耿耿之志的人，实为终生难忘的望外之喜！再次表示深深感谢！

值此酷暑之际，敬祈多加保重，衷心祝愿健康吉祥！

田中正俊　敬具

一九九〇年七月二十五日

344　金冲及来函

（1990年7月31日）

大年同志：

讲话稿匆匆改了一遍。张磊[①]同志的稿子昨天早上送到，也尽可能吸收在内。现除改稿外，把李文海[②]同志起草、李侃同志修改过的稿子和张磊同志的稿子一并送上，供参考。改稿共四千多字，从时间上讲倒差不多，但内容仍觉空泛一些。只得请您在北戴河休息期间再大刀阔斧地改一下。致敬礼

金冲及

7月31日上午

345　李侃来函

（1990年8月6日）

大年同志：

遵嘱！把发言稿又写了一遍。恐怕也只能是三个草稿之一。考虑到发言

① 张磊，时任广东省社会科学院历史研究所研究员。

② 李文海，时任中国人民大学党委书记。

的特殊场合，想尽量加一点“学术”气味，把政治性讲得含蓄一点。同时尽量避免重复人所共知的历史过程，说出一点“新意”，然而力不从心。只好请您去剪裁酌定了。比原来定的字数多出了一点，好在删汰比增添方便。任务完成得不好，请原谅。祝

暑天保重！

李侃

8月6日

346　余绳武[①]来函

（1990年8月11日）

大年同志：

大作[②]阐明了近代中外关系史的主要问题，读后很受启发。我只有几点小意见，未必正确，仅供参考。

1. 第2页说：“近代世界不是别的，就是近代工业生产社会，近代资本主义制度。它的特点，就是通常我们所说的近代化。”这里可否不提“资本主义制度”，提了就等于专指西方资本主义世界，与下文所说的“世界有两个”不尽一致。此句建议改为：“近代世界的基本特点就是工业化，也就是通常我们所说的近代化。”

2. 第11页批评费正清的西方主线论，似乎不够有力。费正清把马克思主义说成西方思想文化的一部分，这一论点必须反驳，否则就难以驳倒他的“冲击——回应论”。反之，中国在马克思主义指引下走上社会主义道路，倒像是为费正清的论点提供了新的论据。

我认为“西方”二字并非地理概念，而是专指资本主义社会形态（包括思想文化），否则，日本位于远东，何以公认它是一个“西方国家”呢？马克思主义学说是西方文明（即资本主义文明）的对立物，所以费正清把马克

① 余绳武，时任中国社会科学院近代史研究所研究员。

② 指刘大年在1990年中国社会科学院近代史研究所主办的“近代中国与世界”国际学术讨论会开幕式上的讲话《中国近代化的道路与世界的关系》，载《刘大年集》，中国社会科学出版社2000年版。

思主义说成西方思想，是不能成立的。

3. 第15页说："近代中国与世界，已经过去40年了。"此句不很清楚。中国近代史的下限是1949年，距今已40年，但世界近代史的分期则不同。建议改为："旧中国与世界的那种关系，已经结束40年了。"

以上如有不当，请批评指正。即祝

夏安！

余绳武

八月十一日

347 徐净武、韩辛茹[①]来函

（1990年10月13日、11月26日）

一

刘老师：

原北方大学在京的校友正在编写一本关于北方大学的书，赵子真同学写的一篇曾得到您的指导，后来又有几位同学写了几篇，各类史料汇集约六七万字。去年春天，在京校友去邢台、高家庄访问，我们的编写工作受到长治市委的鼓励，他们愿在印刷上给予支助。现在稿件大体上齐备，想请您写点文字，短文题词均可。我们找过张光年[②]老师。他答应执笔。何时方便，请打电话，当趋前就教，祝您

健康！

徐净武、韩辛茹

一九九〇年十月十三日

---

① 徐净武、韩辛茹，时任《北方大学记》的编委。北方大学，为晋冀鲁豫边区政府于1946年1月27日在河北邢台成立的一所综合性大学，校长为范文澜，刘大年为工学院主任、历史研究室副主任。该校设有文教、财经、工、农、医学、艺术、行政七个学院，以及经济、历史两个研究室。在校学生最多时达两千余名。北方大学于1948年与华北联合大学合并为华北大学，1949年更名为中国人民大学。

② 张光年，时任中国作家协会名誉副主席。

二

刘老：

《北方大学》一书想争取尽快发稿，大作盼早日见示。挤点您的宝贵时间，心里很不安。若太忙，就随便写点。只要是您的文字，无论长短，同学们看了都会高兴的。敬颂

健康！

韩辛茹

1990年11月26日

348　伊原泽周[①]来函

（1990年10月29日）

大年先生：

今暑贵院近代史所举办之“近代中国与世界”国际学术讨论会，承蒙招待参加，借此能与诸硕学讴歌一堂，交流彼我所见，获益颇多，不胜感谢之至！盼如此会议，今后能更进一步发展，以增进互相了解，有益于学术进展！

兹寄上拙著《近代中国之革命与日本》一册，敬请批评指正！是所至盼。又，附寄龙泉宾馆之纪念小照一张，祈笑纳。明暑，如可能，愿在夏威夷再晤先生，聆教一切。专此，敬颂

文安

伊原泽周

十月二十九日

---

① 伊原泽周，时任日本追手门学院大学教授。

349　杨鹏程来函

（1990年11月8日）

刘伯：

您好！很久没有见到您了，想必身体安康！不时从报纸杂志上看到您参加社会活动的报导，读到您发人深省的文章。四月份参加中南地区辛亥革命史研究会理事会，得知明年八十周年学术会议由您担任主任委员，深感欣慰！

这两年我除了担任系的行政工作外，也写了一些小文章，参加过一些书籍的编写，但成绩太小，颇觉自惭。今后当加倍努力，不辜负您的教诲和期望。

湖南省志办发起编纂《湖湘文化大辞典》，预计三百万字，实为湖南百科全书，邀请了一批湘籍学者为学术顾问，您当然是名列前茅。编委会委托我给您寄来聘书，具体情况以后会寄来编辑说明，望您拨冗指教，无任感激！

大伯年过古稀，望多多保重！有机会再来拜望您！谨颂

文安！

杨鹏程　顿首

90年11月8日

一九九一年

350　张岂之来函

（1991年1月18日）

大年同志：

这次中国抗日战争史学会成立的盛会，我很想来参加，但因学校正在研究1991年的工作计划，我很难离开，只好向您请假。

中国社会科学院外事局给西大党委的来函中，提出要我参加您率领的将于今年8月在美国夏威夷召开的"孙中山与中国革命"的国际学术会议的中国史学家代表团①。西大党委完全同意，并支持。已命学校外事处给中国社会科学院外事局回了信，表示同意。同时即开始在省上办理手续。

《侯外庐纪念文集》不久将出版（承印单位是陕西人民教育出版社），出版后当立即奉寄。

时属冬令，气候变化大，请多多保重。敬祝

健康

张岂之　敬书

1991年1月18日

（奉上药枕一个，很有治疗效果，我用了觉得颇有效。）

---

①1991年8月，"孙中山与中国革命"国际学术讨论会在美国夏威夷大学东西方研究中心召开。中国史学会代表团起初拟由刘大年任团长，后其因病未能成行，改由金冲及任团长。团员有：李侃、李文海、张岂之、章开沅、张磊、姜义华、张海鹏、王玉璞、李薇等。刘大年为这次会议提交了题为《孙中山对中国国情的认识》的论文，收入卫藤沈吉主编的英文版《中国共和革命》文集，1994年日本东京大学出版社出版。

351 胡乔木来函①

（1991年1月22日）

刘大年、白介夫同志并转中国抗日战争史学会
成立大会全体同志：

中国抗日战争史学会今天宣告正式成立，我向大会表示由衷祝贺！我临时因身体不适，不能亲临会场，请各位原谅。

在中国人民抗日战争胜利45年之后，经过同志们的努力，我们终于有了一个以抗日战争作为研究对象的群众性的学术团体，这的确是值得称赞的。我对各位的努力表示感谢！

八年抗战，是近代中国历史的一个根本转折，也是我党历史的一个根本转折。抗战改变了中国政治力量的对比，为人民解放战争的胜利奠定了基础，因而也为中华人民共和国的成立准备了必要的条件。抗战以中国人民的胜利而告结束，预示着中国社会历史的发展道路将要发生有利于中国人民的重大变化。从世界范围来看，中国抗日战争是世界反法西斯战线的不可缺少的东方战场。抗战胜利，彻底改变了鸦片战争以来的远东局势，意义深远。

抗日战争是一场伟大的民族解放战争。中华民族、中国人民是抗日战争的主人。作为主人，以往我们的学术界对抗战历史的研究是不能令人满意的。大家对抗战史的研究做了不少的工作，取得了不少成绩，但还是处在分散的状况下，研究成果还不很理想。对这段历史的认识还有许多不够深刻的地方。希望抗战史学会今后多发挥组织促进作用，推动我国抗日战争史的研究。这对于我国学术文化的繁荣是很有益的，对于我们总结历史经验，发扬爱国主义传统，对于爱国统一战线和统一祖国的事业，对于我们放眼世界，正确认识国际形势，都是有益的。

我预祝大会取得成功！预祝抗战史学会在各位努力下取得成就！

胡乔木

一九九一年一月二十二日

---

①本篇是胡乔木写给中国抗日战争史学会成立大会的贺词，并在成立大会上宣读。中国抗日战争史学会于1991年1月23日成立。胡乔木任名誉会长，刘大年任会长，白介夫任执行会长。

352　郭维城[①]来函

（1991年1月23日）

大年同志：

今天晚报载：中国抗日战争史学会今在北京开成立大会，谨致庆贺。

我是“九一八”事变东北流亡学生，大学毕业后任过张学良东北军机要秘书，一直在东北军领导机关八年之久。1942年在山东敌后组织部队起义，1945年抗日战争胜利后到东北。

中国抗日战争似应从“九一八”日军入侵东北算起，计十四年，“七七”只是一个阶段的开始。三十万东北部队，包括抗联及义军，基本在十四年抗战中被消亡。

我们曾组织了一个“张学良及东北军史研究会”（我任名誉理事长），已出了一本《东北军史》，特附上供一阅。

今年是“九一八”60周年，中央决定举行纪念，是非常必要的正确的。

我们是否可以用团体或个人名义参加中国抗日战争史学会？以便为中国抗日战争史做出微薄的贡献？请考虑！此致

敬礼

郭维城

一九九一年一月二十三日

353　任继愈[②]来函

（1991年2月19日）

大年同志：

春节好！

上海人民出版社给我几张特种书的购书卡，我不便随便分送，今给您寄

---

① 郭维城，曾任铁道部部长。

② 任继愈，时任北京图书馆馆长。

去一张，如不买，也不必轻易转送。此致
敬礼。

任继愈
1991年2月19日

354 张玉法[1]来函

（1991年3月27日）

大年先生道鉴：

承邀参加九一八事变六十周年学术讨论会，至为感谢。当此日本政学界不断扭曲中日关系史实之际，此会之开甚有意义。因前此已决定参加十月在武汉举行之辛亥革命八十年之会，恐无暇分身再参加九一八之会，但您的厚意非常感激，下次去北京，当趋前请教也。专此敬祝
时安

张玉法　拜上
一九九一年三月二十七日

355 安藤彦太郎[2]来函

（1991年5月27日）

刘大年先生：

来信奉到，谅必先生一切都好，我近来身体还好，请释远念。我们一家四人于今年夏天八月五日左右将赴贵国，拟去延边朝鲜族自治区访问参观。已委托贵国中日友协孙平化[3]先生给我们安排，我们这次打算在北京滞两周。届时想必能拜见先生。

---

① 张玉法，时任台湾“中研院”近代史研究所研究员。

② 安藤彦太郎，时任日本早稻田大学教授。

③ 孙平化，时任中日友好协会会长。

闻先生将率代表团参加夏威夷大学举办的辛亥革命八十周年纪念学术讨论会，并会路过东京。我还未决定是否赴会，但在东京当可与先生相聚。

我们一家还算平安，小润[①]今年春天有幸考上东京大学（早稻田大学、庆应大学也都考上了），他要研究新疆维吾尔族等少数民族的历史。现在还在继续叫他学汉语。

“九一八”六十周年的学术讨论会，尚未决定参加，改日答复。专此奉复，即颂

近安

安藤彦太郎

一九九一年五月二十七日

356　孙起孟[②]来函

（1991 年 5 月 27 日）

大年同志：

承教，至感！

借阅材料奉缴，请查收。顺致

敬意！

孙起孟

1991 年 5 月 27 日

357　刘恩达来函

（1991 年 8 月 20 日）

大年同志：

为了把《湖南省志 · 著述志》编写得更加符合实际，更能反映真实情况，

① 小润，即安藤润一郎，安藤彦太郎之子。

② 孙起孟，时任全国人大常委会副委员长。

我编写组曾于今年5月份给您寄去“湖南省学术人物、著作情况调查表”，请您将您的著作情况介绍给我们，以便收录。不知是什么原因，迄今未收到您的材料。《著述志》是湖南省志中唯一的一部反映我省学术发展过程和成就、反映湘籍人士和在湘工作的外籍人士对繁荣我省学术所作贡献的一部志书，各方面都很重视，要求它不要遗漏重要著作。为此，特请您在百忙中抽暇将您的简历、特别是著述方面的情况包括著作名称、著者、出版时间、出版社名称、字数、版本（精装或简装）等，告诉我们，以便汇集材料时，整理进去。谢谢您的支持。谨祝

身体康泰。

《湖南省志·著述志》编写组　刘恩达

1991年8月20日

358　李侃来函

（1991年10月6日）

大年同志：

呈上《读胡绳文集有感》一篇，我虽然自知对胡绳同志之书，妄加评论，不会写好，但出于一点“责任”感，总觉得像这样的书，在当今之世，应该有较多的“学士”们看看。故请您看后，如认为必要送胡绳同志过目（无空则罢）。对贵恙时在念中，知已赴沈阳开会[①]，则大喜大慰矣。

李侃

10月6日

---

① 指刘大年1991年9月赴沈阳参加纪念“九一八”事变60周年国际学术讨论会。

359　黄纪莲[①]来函

（1991年10月17日）

大年同志：

您给苏联汉学家嵇辽拉教授的信已于10月9日送出。非常巧，院外事局8日下午通知：9日晚宴请路过北京的苏联科学院远东所客人，请张海鹏[②]同志参加。我便把您的信请张海鹏同志带到宴会上交给了远东所副所长莫罗佐夫（研究经济的），莫罗佐夫一行已于10日回莫斯科。

嵇辽拉教授的全称为列昂纳德·谢尔盖耶维奇·贝列罗莫夫（俄文略），一般就写：列·谢·贝列罗莫夫（嵇辽拉）。尼克苏教授的俄文名尚不知道。嵇辽拉教授生于1928年，现为远东研究所研究室主任，历史学博士，专攻中国古代政治思想史，曾在我院历史所进修。

附上寄嵇辽拉教授的信封一个。

以后您有需办的事，请打电话。敬问

近好！

中外二室　黄纪莲

1991年10月17日

360　小坂哲郎等来函

（1991年11日3日）

刘大年先生：

谨启

值此秋凉之际，拜祈先生诸事顺利，益益清祥。

此次访问贵国之际，受到您们的热烈欢迎，并得到种种关照，尤其是对我们夫妇给予特别招待，对此谨表衷心感谢！

---

① 黄纪莲，时为中国社会科学院近代史研究所研究人员。

② 张海鹏，时任中国社会科学院近代史研究所副所长。

承蒙您关照，俞辛淳先生著作《孙中山、宋庆龄与梅屋庄吉夫妇》一书也顺利出版，这对几位相关者来说，也是非常高兴之事，对此也表示衷心感谢！

承蒙先生和王玉璞先生及其他诸先生的好意而预定的纪念聚会，因我方的原因而取消，对此也感到非常抱歉，极为遗憾。

这本书在中国首先出版，会有更多的中国读者，而且这本书对于今后日本与中国友好也很有裨益，我们对此也感到望外之喜。

另外，在十月二十四日晚上，NHK第二频道放映了关于辛亥革命研究的介绍片，以纪念辛亥革命八十周年，其中出现了日本学者藤井昇三先生、中村义先生、久保田文次先生及小岛淑男先生的影像，也出现了在武汉举办学术会议实况的画面，还有坐在讲台上的全体及作为会议主办者的您的影像，我们也很感动。在这一节目中，还介绍了梅屋庄吉的资料，久保田先生还详细介绍了以往不为人知的关于梅屋庄吉的事迹，我们作为梅屋的后人，对此也衷心地感谢。

同封寄上的照片，是承蒙先生招待之时拍摄的，请赐笑纳。

最后敬祈先生健康、活跃！

敬具

小坂哲郎

小坂主和子

一九九一年十一月三日

361　孙起孟来函

（1991年11月8日）

刘大年同志：

听了您的发言[①]，觉得既是正确的，又有现实意义。我打算在应邀参加

---

① 指刘大年在全国人大常委会上所作的有关思想工作的发言。

的周建人[①]诞辰一百年纪念会上讲些意见，容发言成稿后送请指教。

孙起孟

十一月八日上午

362 刘起釪来函

（1991年11月9日）

大年同志：

社会科学出版社最近出版了拙著《古史续辨》，今天特邮寄上一册，请教正。

同时我还附寄了我的《著述简目》一纸。日本刊物《东方》评我学述的文章三篇，《人民日报》评我著作的专评二篇，及东京大学邀聘我时对我学术的评价文字一段，这些谨供您大略了解我学术的参考。

我有一非分之想，拟恳乞您在百忙中抽出一点时间赐为拙著写一篇两三千字的专评，送登《人民日报》，以一援手于我这个涸辙之鲋。因为我自五十年代起即在您的领导下尽力于史料工作。后来还是经过您手调来北京随顾先生[②]整理《尚书》的。我对《尚书》已出版了专著三种（见著作简目），只是主体著作《尚书校释译论》还只完成3/5。在研究《尚书》过程中诱发我写了许多古史论文，因而汇集成这部《古史续辨》，以继顾先生古史之业。如果您觉您原领导之下的工作人员，出了这么一个写了点东西的人，可以值得介绍一下，那就恳乞您当我尚在继续研究工作之时，给以鼓励。

记得有一次在府上闲谈时，您问到有关《尚书》的一些关键性问题，那些在拙著《尚书学史》中都有明晰的叙述，而且从目录上一查就得。通过该书还可使读者对《尚书》获得既完整也明晰的认识。该书出版以来不仅在国内获得一些人的过奖，在日本尤受欢迎。除今寄上的《东方》已对我的《尚书》研究写了两篇评介外，1989年7月日本《尚书》学权威池田末利教授还给我信说："《尚书》研究，通中、日、西，无出先生之右者矣。"一位在

① 周建人，曾任全国人大常委会副委员长，中国民主促进会中央主席。

② 顾先生，指顾颉刚。

日台湾青年学者长叹似的说，到底是大陆学者才能写出分量这么重的著作。因为在东京书店中看到台湾出的四五种《尚书》著作，确实不怎么样。那么，我总算给大陆争了点气。而我这次《古史续辨》出来，在九月份洛阳夏商文化国际研讨会上分发，已有不少中外学者向我表示赞赏。回来后一个多月里，已遇到好几个同志殷殷致敬佩意。有一位原来只顺手翻翻第一篇，可是一气读下去，几天把全书读完。说："实在好。"这许多过誉，当然使我惭愧，然又给了我鼓舞。我想，您太忙，是不可能看全书的，是否可在三组文章中每组选读一篇或两篇，然后赐以评价，则对末学是最大的鞭策，因此我翘待着。专此敬颂

著安

刘起釪

一九九一年十一月九日

363 刘起釪来函

（1991年12月19日）

大年同志赐鉴：

今日《光明日报》刊出张岱老[①]对拙著[②]热情洋溢的专评，多所奖饰，起釪且感且惭。这全出您的托请，使张老很快着笔，因而很短时期即获见报，两公惠爱，几何不宣。谨当黾勉后学，以期不负两公雅望，庶可毋惭物议。谨布寸衷，专申谢意。即颂

冬安

刘起釪　拜上

一九九一年十二月十九日

---

① 张岱老，即张岱年，时任北京大学教授。

② 指刘起釪著《古史续辨》，中国社会科学出版社1991年版。

一九九二年

364　唐德刚来函

（1992年春节）

尊敬的大年副院长[①]：

客秋在京承教获益无穷。抗日战争史学学会在先生领导下，必成将来世界史中之显学。弟虽退出教室，然对推动研究，组织纪念，仍不敢后人也。在沈阳时曾与白介公[②]详议，想白老已上报也。我公不出则两三千万抗日冤魂，不能少安也。如有召唤，当执鞭随镫。

前年公子世兄辱函，弟适因休假出国经年未归，有失联络，至今耿耿，并恳致意道歉。弟今后仍在纽约，虽不再教书，然有任何使唤，绵力所及，仍应随时推毂也。匆上专候

年釐

德刚　偕眷上

九二年春节

365　胡绳来函

（1992年2月20日）

大年同志：

---

① 原信如此，刘大年未担任过中国社会科学院副院长职务。

② 白介公，指白介夫。

《一夕》又改了几个字。

胡绳

92-2-20

一夕罡风卷地腥，山颓木坏世人惊。
旌旗陡失辉煌色，闾巷空传叹息声。
自古奸渠皆祸国，开今竖子忽成名。
可怜涅瓦河边水，雪冷霜寒呜咽鸣。

鱼烂而亡古有之，祸生腑腑最堪悲。
堤崩水决缘群蚁，室毁宗倾笑毒鸱。
不信高丘无淑女，敢迎逆浪树红旗。
人间桑海寻常事，劫火消时凤更飞。

366　梅益[①]来函

（1992年6月1日）

大年同志：

《中国历史大百科全书》样书从上海寄来，全书三卷由我社总编室许丽君同志亲自送上，请收。

这三卷由于经专家学者亲自撰写，历时十年，阁下也主持一部分工作，谨向您致谢，并望能答应我几天前向您提出的请求，在浏览后写一评介文章，借您的名望，以引起学术界和读者对这部书的关注。

谢谢您了，再见。

梅益

六月一日

① 梅益，时任中国大百科全书出版社总编辑。

367　岸本美绪[1]来函

（1992年7月28日）

刘大年先生：

您好！听说今年北京很热，不知您的近况如何？上年我访问北京时，未能见到您接受指教，觉得十分遗憾。那时候打搅刘潞[2]先生，蒙她帮助和接待，过得很愉快，衷心感谢。

今年我再次得到文部省的科学研究费，能访问贵国了，觉得非常高兴。我预定8月9日从东京出发，先到上海住一个星期，16日到达北京，逗留两个星期。如果您身体好，我很希望拜访您，到达贵地时，我再同您联系。我实在盼望着在北京见您！敬祝

暑安

岸本美绪

一九九二年七月二十八日

368　刘传贵来函

（1992年8月）

老前辈大年先生：

久疏奉候，然时在念中。前修县志，多蒙指导，特别赐序，光史册而启后昆，其功其德，山高水长。

今县委政府承省市指示，要举办何长工诞辰百周年纪念，计划出版诗联书画纪念册，并希置纪念馆。家乡的同志们想请前辈赐副楹联，最好是请老先生自撰自书，或指明由我们请谁代书。谨此奉达，顺颂

撰安。

乡晚　刘传贵

92年8月

---

①岸本美绪，时在日本东京大学文学院任教。

②刘潞，刘大年之女，时任故宫博物院副研究员。

369 刘起釪来函

（1992年11月30日）

大年同志：

您好！

贱况造承关注，至谢！釪现已应日本方面再度相邀，定于十二月三日动身前往日本，时间约三个月。

台湾“中央研究院”文哲研究所经学室在编《刘起釪经学论集》，并表示有意邀请访台，是否成事实，到日后再联系确定。

所已确定的是，香港中文大学历史系在我访日后，要求南归过港，邀至该系访问。

因感您对我锦注之诚，我以为我的行踪有向您汇报之必要，特驰函奉陈如上。

空气日厉，至希珍摄。即颂

冬安。

刘起釪 上

92年11月30日

拙著《尚书学史》被台湾偷偷翻印了。这是台湾一个杂志社的朋友告诉我的。台大另一朋友函告此事，在台湾名书店一时盛销，致在台湾学术界传布甚广。又台湾《国文天地》87期（今年8月号）有一篇介绍我学术的较长的“访问记”。

370 胡绳来函[①]

（1992年）

大年同志：

今日读足下诗抄，看到关于诗韵的讨论，愿献一言。《见说四首》中，如按唐宋人押韵标准，则“出韵”者不止第四首。第一首“东、瞳、功”为一东，“龙、逢”为二冬，第二首“仁、亲、尘、人”为十一真，“闻”为十二文。

一东二冬可以说是邻韵，十一真十二文亦可谓为邻韵，按唐宋人规矩，可以通融用邻韵之处限于七律、七绝首句。此在王力（了一）著《汉语诗律学》中论之甚详。不过我以为，现在吾辈作旧体诗，固然还是应当“遵守格律”，但在押韵上似可从宽，邻韵尽可通用，不一定限于首句。有无“出群、入群、横参”之说也可不必管它了。

但通用的应限于邻韵。什么是邻韵，虽然不一定都说得清楚，但足下所引鲁迅诗以十一真（沦人尘）中杂用十三元（言），四支（时丝旗诗）中杂用了五微（衣）这应可以认为邻韵。郭诗十灰（堆回魁）与四支（危惟）杂用，这两个韵究竟是否邻韵，就难说了。（至于鲁诗押“华书多陀”则是打油诗，不足为准。又郭诗“身人伸民亲”似均为十一真，并未杂用它韵。）

在八庚韵中杂一“人”字，严格说是不行的。因为八庚与十一真不是邻韵。王力书中于讨论首句用邻韵问题时特别指出：“现代诗人以真庚通押之

---

① 据刘大年1995年回忆：二位胡老的意见都对。在讨论中，冯至先生也曾建议是否改“人”为“明”？“明”为八庚韵，很现成。我最初想的是用“明”字，但很快觉得有缺陷。“圣明”这个词一般用来称颂君主，韩愈《羑里操》“臣罪当诛兮，天王圣明”，就是大家知道的例子。拿它代替孔子，嫌欠通行，所以用了出韵的“人”字。“四首”发表不久，在协和医院碰到吕叔湘先生，他说：“你这是行家的诗。”我说人字出韵，他说音韵是随时间变动的，不成为问题。当然这是随便谈。如何改，现在我也没有想出好主意。

1990年12月26日《文汇报》上发表的《李一氓同志给蔡尚思教授的一封信——关于孔子学说的讨论》一文开头说：“尚思同志：你发表在《文汇报》的有关孔子的谈话，我读了一遍。早些时候刘大年同志在《人民日报》发表了几首诗，属于同类性质。在这个问题上，假如说，要坚持马克思主义，反对非马克思主义，自当以两位的著作为首。深惭见闻谫陋，不知道什么地方还有类似态度鲜明之作。……”刘诗发表不久，《北京日报》上也有文章引述。

类，纵然用于句首，亦不合唐宋诗人的旧规。”

八庚与真不是邻韵，理由很简单，庚的韵母是 eng，真的韵母 en，故八庚九青被视为邻韵，十一真与十二侵，也可视为邻韵。

有此韵学上的理由，故乔木同志对尊诗用人字不以为然也。

不过王力教授已经说现代诗人有真庚通押之例，他也只能说这不合乎唐宋人旧规，不敢说非如此认真不可。

此致

敬礼！

胡绳

一九九三年

371　胡绳来函

（1993 年 2 月 19 日）

大年同志：

送上诗笺二页，请指教（均想在报端刊登），尤其是七律，近日作，盼予斧正。此诗首二句用“汉苑”“未央宫”有些是吕后隐喻之意，不知合适否？其余句子亦多有不雅驯处。如蒙修改，不胜感谢。

胡绳

二、十九

372　罗梅君来函

（1993 年 3 月 5 日）

尊敬的刘大年所长先生：

去年夏天我在北大看资料，住了几个星期，除了中德关系史外，我还对“儿童在中国历史上的社会地位问题”产生了兴趣。因为我是带着我的儿子到中国去的，所以我的活动范围受到一定的限制。原来打算去拜访您，但是后来没有去成，请您原谅。如果您方便的话，我想今年八九月份去看望您。

今天我想向您提出一个请求。您大概还记得原来东德洪堡大学汉学家、中国历史教研室主任费路[①]教授。他对中国史的研究很有成绩。他在中国呆了多年，参加了不少的史学会议，发表了许多关于中国古代史、近代史、近代思想史的著作，在国际汉学界也获得了承认和好评。他和中国史学家的合作也都很成功。为了帮助这位有造诣并且和中国有真挚情感的学者，我请求中国朋友能够给以支持。如果您认为合适的话，请您以社会科学院、史学会或以您个人的名义写封信表述以下的内容：

1. 对费路的专业水平和为人的评价；2. 中国史学界和他的合作关系；3. 希望有关方面能重新考虑让他留任教授职位，为中德两国的学术交流贡献力量。

如果方便的话，请您最好用英文写两封内容一样的信，寄到下面的地址：

一、柏林洪堡大学评议会；二、柏林市政府科学研究委员会。

洪堡大学学术评议会将在四月下旬讨论汉学系新教授聘任问题，所以这封信最好能在四月中旬以前收到。衷心感谢您的帮助。祝您身体健康，万事如意！此致

敬礼。

罗梅君　柏林

一九九三年三月五日

373　张艳国[②]来函

（1993 年 5 月 7 日）

刘先生：

您好！

同您开过几次学术讨论会，不知您对我是否有印象？我有一事同您联系，请您支持。

---

① 费路，洪堡大学教授，东德共产党中央委员。经刘大年等国际学者推荐，洪堡大学学术评议会通过了他的职务评审。

② 张艳国，时任湖北省社会科学院副研究员，《江汉论坛》杂志史学编辑室主任。

我受出版社委托，编一套大型书:《我的史学观——中国著名史学家自述》。请您参与，请您赐作。具体事宜请见“约稿信”。此书已签订出版合同。

希望得到您的回信。此致

敬礼!

张艳国

1993年5月7日

374　堵德建来函

（1993年5月26日）

刘大年先生:

您好!

几年前在报纸上看到中国抗日战争史学会成立的消息，知道您出任会长。现有件事想问问您。我父亲堵述初早年追随晏阳初先生在中华平民教育促进会工作了17年，1945年抗日战争胜利后，当时平教会的负责人之一瞿新农先生要父亲编写了一部《抗战史话》，共分24章，约12万字。由于完稿时南京已届解放，故当时未及出版。前几年我在南京的中国第二档案馆发现了这份原稿（当时只剩下22章，我父亲已将文补齐），并将它复印了一份，现保存在我父亲处。这份《史话》内容翔实，通俗易懂，可能对当前的青少年爱国主义教育有一定意义，对你们学会来说也不失为一份参考资料。如你们有兴趣参阅或出版请直接与我父亲联系。他现年85岁，但身体尚好，至今仍能写作。我在洛阳工作，这次是来京办事的。我的地址是，河南省洛阳市涧西区机电部第四设计研究院，邮编471039。祝

夏安

堵德健

1993年5月26日于北京

375　刘肇阳来函

（1993 年 6 月 10 日）

伯父大人：

您好。很久没有给您写信，不知近来身体怎样，工作是否清闲了一些。

今天姑父给您写信，我顺便写几句。大哥[①]退休后现在找工作了吗？他的通信处怎样写，我今年对他写了两次信都没回信。

我的身体现在很不好，在两个月前，大吐几天血，通过两次照片，不是结核是支气管扩张，毛细血管破裂出血。现在身体很弱，腿又不好。

二十天后就要抢收早稻、抢插晚稻了。早稻生长不算好，入春到现在气候也不正常。

母亲的身体很差，姑父写了我就不说了。

祝身体

安康

肇阳

93.6.10

376　蔡登科等来函

（1993 年 6 月 10 日）

大哥：

久未问候。近来一切都好吧，为祝。去年二哥去世，活民[②]回来，言兄身体还清泰。当时有台湾的一个王昌武对我来函，我已给活民看了。他信上说，同兄从治乡先生读书，有一月同学之雅。他前年返乡，在岳阳楼见兄对联，知兄乃当代史学权威，他准备有空时，首先到上海他表叔刘柔伯（昉）那里再坐飞机到北京来看你。他现在台湾大学任教授，他的老屋是华容西乡，

---

① 指刘活民，刘大年之侄。

② 活民，即刘活民。

我本来不认识他，因我族修家史，他为瑞芝公作了一传文，寄给我刊载谱上，因此与他就这样搞熟了。弟现在耳聋眼花，四妹也枯瘦多病，想都不长久了，每年生活是三子宜耕负责，遂安弟媳，重病缠身，现还未愈，请兄不必挂念。刘潞是否还在法国？刘定弟兄[①]，活民统此未另函，兄接信后来函将近况告知，以免悬念。祝
体安。

弟　登科
胞妹　云英
弟媳　遂安　上
1993.6.10

377　胡绳来函

（1993 年 7 月 4 日）

大年同志：

奉上小册子一本，另《光明日报》一份，内五版有我的诗（有八句已据您的指教改过）。

胡绳
七月四日

378　山口一郎[②]等来函

（1993 年 8 月 20 日）

一

刘大年先生：

别后瞬已半年余，不知尊体健康如何？祈多保重！

① 指刘大年之子刘衡山、刘醒吾。

② 山口一郎，时任日本神户孙中山纪念馆名誉馆长。

今年正月，北京之“第二届近百年中日关系史国际研讨会”，承蒙招待，无任荣幸！

会后又承接待一周，并蒙近代史研究所诸先生之恳切关照，在北京对中日关系史，日本研究诸方面获益颇多。此皆先生之盛情嘉谊，衷心感谢！

在北京之研讨会时，曾谈到“第三届近百年中日关系史研讨会”于1995年在日本召开之事，为促其实现，已与日本各方面接触，其结果如何？甚愿面晤先生说明其实情。

刻下出席8月22日至28日在香港召开之国际会议，归国时取道北京，拟于8月30日以后拜访先生，不知时间如何？伊原（彭）泽周教授亦同往，抵北京后，当与近代史研究所张海鹏所长通电话，俾便联络，以期晤面。

草草数语，不尽其情，敬颂

暑安

山口一郎　拜上

一九九三年八月二十日

二

大年先生台鉴：

山口先生致先生之函，今按原文译出，请赐阅。

这次我在香港AA国际学术讨论会上提出一个研究报告。会后，伴山口先生赴北京晤先生，报告1995年在日本举办“第三届近百年中日关系史研讨会”的问题。

晤谈后，我即返香港，再回日本。我的大学，追手门学院大学于9月中旬开课。9月以后，工作较忙。

京都方面，一切如旧，井上先生时晤面，精神很好。

先生如有时间，欢迎再来京都一次。最后，祝

身体健康！

伊原（彭）泽周

1993年8月20日

379　安藤彦太郎来函

（1993 年 9 月 15 日）

刘大年先生：

我们一家已于 9 月 5 日平安回到东京。这次访问贵国承蒙各位老朋友的热情而周到的接待，深为感激。

这次我们在贵国逗留期间虽然短暂，但对于我们更进一步地了解大改革时期的中国社会，有很大的帮助。同时您们的友谊给我们留下了难忘美好的回忆。特此致以由衷的感谢！

今年日本台风特多，我们回国以后也没有几天晴天。贵地已到了天高气爽的秋天吧！谨祝

秋安！

安藤彦太郎、岸阳子

1993 年 9 月 15 日

380　刘传贵来函

（1993 年 10 月 5 日）

刘老大年前辈钧鉴：

你所关怀、指导的《华容县志》终于出版发行了。这是华容历史上的一件大事，家乡人民万分感谢你的高情厚意！

九月份湖南省地方志编委组织全省已出版的县志评选，《华容县志》被推为全国二等奖。因当时参评时的样书装帧等方面很不规格，故未能列入一等。这次正式精装本送出后，禹舜、胥亚等负责同志和评委们甚为惋惜，说“原来如果有这样装帧水平，当然是一等”。《华容县志》在全国已出版的志书中到底属于什么水平，刘老落眼就能评判，望能审阅，批评。

我作为县志主编，有失职守，有负前辈厚望，不胜愧疚。

奉上《华容县志》一册，作为纪念。最后，祝刘老

健康长寿!

乡晚　刘传贵

1993年10月5日

381　吴廷璆[①]来函

（1993年10月10日）

大年同志：

早稻田大学社会科学研究所依田憙家教授年来申请为南开大学史学博士，顷经国家教委初步批准于十二月中旬举行论文答辩。我校学位委员会已商定拟敦聘您为答辩委员会委员并主持答辩。兹由我所教师专程送上依田教授论文，请惠于审查，届时来津主持依田论文答辩。想为先生所熟务，望鼎力协助，不胜感祷。特由我所教师面陈，专肃。顺颂

著绥

吴廷璆　敬上

十月十日

382　吴天威[②]来函

（1993年10月11日）

大年先生史席：

上月杪过京，为时甚暂，公私两忙，未克亲谒聆教，深以为怅，幸能与张海鹏副所长畅谈。借悉日本方面筹办第三届中日关系会受阻，根据山口一郎及伊原泽周两先生在京与先生等之会谈纪要，嘱弟与台北有关学人联系，期能如期举办，免使此一关系近百年中日关系史之学术会议中途而辍。弟于十月一日抵台北，六日应金禾出版社郭俊鉌先生欢宴，有关近百年中日关系

① 吴廷璆，时任南开大学教授。

② 吴天威，时任美国南伊利诺伊大学教授。

之学人多应邀出席，借机讨论第三届会议之举办问题。与会学人一致赞成由台北主办，将于一九九四年秋季于台北召开，由“中央研究院”近代史研究所主办，“国立政治大学”协办，以后协办单位可以增加，并决定成立筹备委员会。公推近代史所所长陈三井[①]教授为主任委员，蒋永敬、张玉法、胡春惠[②]、郭俊鉌、吴天威等为委员（委员人数可以陆续增添）。

又，与会同仁虽对台北主办第三届近百年中日关系史会议抱定决心，惟对经费之筹措不无困难，乃决定会议之规模可视经费筹集之结果而定，但决尽力以赴。首先应分别向香港之杜学魁[③]先生及京都之山口一郎先生函告台北方面学人集议之经过，并吁请竭力资助。尤以日本方面既曾一度决定主办，当有一定之筹备基础，更应大力支持台北接办之举。遂决定由弟专函先生致书山口一郎，建议日本方面资助第三届会议两万美元（只为日本方面主办会议预算五分之一），并为协办单位，共襄盛举。时间迫切，至祈。先生本与山口一郎先生数十年之交，并以在日本学术界之崇高威望赐予照办，致使第三届会议能顺利召开[④]，裨益学术之推进，吾侪后学实感激无涯矣。恭祝
崇安

弟　吴天威　敬上

十月十一日

本函副本寄山口一郎、杜学魁、陈三井、伊原泽周、蒋永敬、胡春惠、郭俊鉌、张玉法、朱永德、白介夫、张海鹏等先生。

383　近藤邦康[⑤]来函

（1993年12月25日）

刘大年先生：

今年9月在北京幸得拜访府上面晤先生，非常愉快，收获很多，感激不

① 陈三井，时任台湾“中研院”近代史研究所所长。

② 蒋永敬，时任台湾政治大学教授。胡春惠，时任台湾政治大学教授。

③ 杜学魁，时任香港慕光英文书院院长，曾任世界抗日战争史实维护会创始会长。

④ 第三届近百年中日关系史国际研讨会1995年1月在台北召开。

⑤ 近藤邦康，时任日本东京大学教授。

尽。随后我顺利地旅行厦门和上海，月底回国。

已向佐伯有一、古岛和雄[①]等通知先生的话，他们托我向您问候。

我打算继续研究毛泽东的思想，明年写出一本书。

盼望将来再有机会面谈。谨祝

新年愉快，身体健康。

近藤邦康

1993年12月25日

---

① 佐伯有一，时任日本东京大学教授。古岛和雄，时任日本东京大学教授。

一九九四年

384　岳阳市文化局来函

（1994 年 8 月 17 日）

刘大年先生：

您老身体可好！近来持续高温，祈多珍重身体。

您老对家乡怀着深厚情谊，时刻关心家乡的文化建设，我们十分敬仰。现在我局正编写岳阳市《文化志》，这是岳阳市地方志的一部分，即将付梓，要求 12 月出版，故请您老为岳阳市《文化志》题词一纸，企盼至诚。我们将尽力把志编好，感激您老的关怀。敬祝您老健康长寿！

岳阳市文化局

94 年 8 月 17 日

385　林甘泉[①]来函

（1994 年 10 月 13 日）

大年同志：

白寿彝先生八十五华诞，北师大史学所出了一本纪念文集，约我写文章，并说白先生希望我对史学界的状况发表点意见。我遵嘱写了一篇《走向 21 世纪的中国史学》，因涉及对史学发展的一些看法，现将拙作复印寄呈左右，敬请指正。现在马克思主义在史学界很不吃香，衷心希望您能多发表点意见，

---

① 林甘泉，时任中国社会科学院历史研究所研究员。

给中青年史学工作者和我们这一辈人多作些指导。专此并颂
著祺

林甘泉　上
1994年10月13日

386　刘美炎来函
（1994年11月2日）

刘老：

近好！

1992年6月，本会副主席、原华容县委书记胡编庆等人去京请您为《岳阳百年大事记》一书题词时，蒙您关心赐《刘大年传》复印稿一份，但无作者署名，今特请赐教，刊用此稿时应如何署名？如非您自撰，则烦请您将作者简介（含姓名、出生年月、籍贯、文化程度、主要简历、现在何单位任何职务等项）及资料来源告诉一下我们。此稿刊用时，您是否还需要作修改、补充，特别是近两年情况是否需要续上。为便于您查找您送给我们的是哪一稿，先特将我们手头的那份《刘大年传》抄于另纸，供您查对。

又，去年，我们已将刊有您题词的《岳阳百年大事记》一书寄您，因不知您的邮码，不知您收到没有？并望这次来信时将您的邮码告我们，以便以后联系。

别不赘述，以免耽误您更多的宝贵时间。再见。敬祝
您老人家身体安康！

湖南省岳阳市政协文史委　刘美炎
1994年11月2日

387　胡绳来函①

（1994年11月15日）

大年同志：

小诗数首，请指正。

胡绳

15日

① 本篇写在1994年11月7日《光明日报》所刊胡绳《巴蜀行》一诗旁。

一九九五年

388　罗尔纲来函

（1995年7月9日）

大年同志：

欣逢八旬大寿，敬上。

九如之颂　松柏长春

罗尔纲

1995年7月9日

389　李侃来函

（1995年7月20日）

大年同志：

敬祝您八十大寿。值此良辰，本应前来当面祝寿。奈因病魔缠身，不能前来。告罪告罪。对您数十年如一日，始终坚持历史唯物主义的立场观点和方法，研究中国近代史，深感钦佩。并且坚信，在今后您也将一如既往，把近代中国历史的研究在科学道路上，引向深入和发展。我个人还有一个愿望，就是老一代马克思主义史学家们所开创和奠定的马克思主义的史学基础，无论如何不要在我们这一代被毁坏、被中断和改途。我作为您的一个挂名学生，很愿意追随您之后为此稍尽绵薄。我的这种病短时治不好，也死不了。如天假几年，在有生之年，还想在近现代史研究方面下点功夫，成绩未必有，用心不可无。现在才知道身体太要紧了。

衷心希望并祝愿您时刻珍重，再祝

健康长寿

李侃　谨拜

一九九五年七月二十日

于中日友好医院209病房

390　白寿彝来函

（1995年7）

大年同志：

您的八十大庆到了。我因不良于行，未能造府拜寿，至为歉仄。特备函致意，谨祝您健康长寿，年愈高，德愈劭，学愈进。在跨世纪之交的过程中，您将仍然是中国史学界的骄傲。尚望多多保重，早日完成尊著，嘉惠后学。

白寿彝　拜手

1995年7月

391　郭平英[1]来函

（1995年10月10日）

大年先生：

您好！收到《刘大年存当代学人手札》[2]，书中资料丰富翔实，非常感谢！

---

① 郭平英，郭沫若之女，时任郭沫若纪念馆馆长。

②《刘大年存当代学人手札》，刘潞、崔永华编辑，中国社会科学院近代史研究所1995年内部刊印。

甘泉同志早跟我提到您需要用《郭沫若对联集》，一时事杂竟拖至今日，歉仄之极，现送上。祝

秋安！

郭平英

95年10月10日

392　金冲及[①]来函

（1995年12月12日）

大年同志：

文献出版社出了一本抗日战争图录，王玉璞[②]送您一册。

台湾的那本图录，遵嘱送上，这一本用完后请掷还。

孙中山讨论会事[③]，我已分别给王忍之[④]、朱作霖（政协常务副秘书长）打了电话。他们都说是下面人办的，他们问一下。我准备再给海鹏[⑤]打个电话。请多保重！

金冲及

十二月十二日

393　闻黎明[⑥]来函

（1995年12月21日）

大年同志：

您好！

---

① 金冲及，时任中共中央文献研究室常务副主任。

② 王玉璞，时任中共中央文献研究室副秘书长兼中央文献出版社社长。

③ 指准备在1996年11月召开的纪念孙中山诞辰一百三十周年学术讨论会。

④ 王忍之，时任中国社会科学院党委书记、副院长。

⑤ 海鹏，即张海鹏，时任中国社会科学院近代史研究所所长。

⑥ 闻黎明，时任中国社会科学院近代史研究所副研究员。

本计划上月下旬从广州返回后即着手您交给的工作，但因母亲住院、年终考核等拖了些天，现仍赶在年底前完成。

文学艺术部分遵嘱压缩至三万字。原书第71页“成立国防参议会”，阅时觉得未甚准确（我曾有专门论文《国防参议会简论》，刊于《抗日战争研究》1995年第1期），便擅作修改，请定夺。

关于民主运动部分，原拟仅在第三编出现，但撰写时感到追述过多，有喧宾夺主之嫌，加之原书这部分较弱，故决定分作五节。安排上“第一次民主宪政运动与政治改革的初次尝试”“民主党派的初步联合”，可编入抗战中期的国内政治下。“国民党政权的腐败与专制”“争取民主权力的第二次宪政运动”“大后方人心大变化”，可放至抗战后期，但应置中共提出联合政府之前。

“腐败”一节原书标题未有“专制”，然王建朗[①]书稿有此二字，其内容亦以此为多，故暂作恢复。

新年即到，特在此恭祝

身体健康！

闻黎明

95.12.21

---

① 王建朗，时任中国社会科学院近代史研究所副研究员。

一九九六年

394　张海鹏来函
（1996年2月9日）

大年同志：

去年十二月院要报增刊刊出我关于近代史研究目前动向的一篇报告，是送中央领导人看的。现送呈复印件一份，请指正。

由北京市历史学会和国家教委社科中心主持的座谈会去年六月开过以后，反映还好。现准备在今年四月十日左右还开一次，以“五四运动和二十世纪中国历史发展道路”为题。当然还是要针对一些不良倾向。他们还是希望您在会上作一个总的发言。我想，似乎应该接受这个请求的好。顺致

敬礼！

张海鹏　上

一九九六年二月九日

395　张连兴来函
（1996年3月9日、3月26日、4月4日）

一

刘老：

您好！

我是衡山[①]的同事，在报社做香港、台湾的宣传报道十几年，手头积累

---

① 衡山，即刘衡山，刘大年之子，当时在人民日报社工作。

了一些资料。1993年吉林北方出版社约我写点东西，我编写了《香港二十八总督》，工作刚完，我即生病。去年出版社又来催稿，我稍作修改送去，吉林出版局审稿室主任认为，书稿总体不错，有出版价值，个别章节文字需加工。并提出请一学界名家写篇序言。我和出版社的领导同时想到您老是最合适。于是请衡山给您商量，恳请您在繁忙中给予指导和赐序言一篇。

至于内容由您来定，可长可短。

编写这本书的意图，是想由总督的角度，反映英国侵占、统治香港的历史以及香港本身的发展变迁，给读者以历史的回顾和思考。因为资料和水平所限，意图可能没有完全达到，望您指教。

第一次拜访，就冒昧提出请求，给您添乱，实在不好意思。请您谅解。

敬祝

大安

学生　张连兴

三月九日

二

刘老：

您好！

时间拖得长了，主要是不敢动笔，以您老的口气写序，实在胆怯。现把草稿送上，请过目审阅。如果不行，我再重写。如有修改基础，万望您老能亲自修改，我可从中学习提高。

您所推荐的书籍、文章，我已阅读学习，收获不小，感谢您的教诲。唯有刘存宽先生文章中所说“川鼻草约”一事，与我书稿中不相一致。关于有无“川鼻草约”，近年报刊有所争议。根据“考察”一文的提法，我已将此事删去，回避不提。不知是否合适。您老的平易近人和学者风范，给我留下深刻印象，令我钦佩不已。敬祝

大安

学生　张连兴

3月26日

三

刘老：

您好！

遵照您的意见，完全按改样重排了一遍，送上清样一份，望审阅。顺颂
大安。

学生　张连兴

4月4日

396　张海鹏来函

（1996年5月22日）

大年同志：

《手札》[①]我又看了一遍，用铅笔作了一些技术性处理，供参考。

现奉上《手札》清样及北方大学工学院史料。《手札》修改后，请掷下。

顺颂

大安。

张海鹏　上

96年5月22日

397　王芝琛来函

（1996年5月25日）

刘大年先生：

您好！

我是王芸生的儿子王芝琛。今年9月26日正值父亲诞辰95周年。由中国新闻史学会会长、人民大学新闻学教授方汉奇提议，在他们协会主办的杂

① 指刘潞、崔永华编《刘大年存当代学人手札》。

志《新闻春秋》出一辑专刊以示纪念。

忆当年，父亲在重新编订《六十年来中国与日本》这部著作时，曾得到您大力支持和帮助。尤其是在父亲去世后，新闻界几乎“一片沉寂”。而您的大作《王芸生先生和他的〈六十年来中国与日本〉》占据当时《人民日报》半个版面。今日贸然写信，主要是盼您在百忙中，若能替我父95周年诞辰题几句词，我们深感万分荣幸！

若能惠赐，请予7月前寄我即可。切盼！切盼！祝您

健康长寿！

王芝琛　上

一九九六年五月二十五日

398　陶文钊[1]来函

（1996年6月1日、12日）

一

大年同志：

久疏问候，甚歉。今有一事相烦。

最近院里要举行一次1992—1994年间出版的优秀科研成果评奖，我不揣冒昧，想以我的《中美关系史（1911—1950）》去试一试。想请您写简短评语，不知可否？如有不便，当作罢论。另，关于缅甸战役部分书稿已改完，誊清后即可交振鹍[2]同志。即颂

暑安！

晚　陶文钊　叩

一九九六年六月一日

二

大年同志：

① 陶文钊，时任中国社会科学院美国研究所副所长。

② 振鹍，即张振鹍。

您的推荐意见振鹍同志已交我。不管此次评奖结果如何，我却将铭记您对我的鼓励和鞭策，继续努力，把中美关系史写下去。只是在盛夏酷暑之中给您添这么多麻烦，实在过意不去。

您的意见对我还有一个重要意义。重庆出版社1993年出版时只印了1000册，很快售完，早就说要重印，但因赚不了钱，拖拖拉拉不肯印。我把您的意见复印一份寄给他们，可催促他们重印。即颂
暑安！

晚 陶文钊

六月十二日

399 李侃来函
（1996年7月5日）

大年同志：

听儿媳建光说，我住院后，您曾亲自到家看我。以八十一高龄，冒酷暑烈日登门寒舍，又未能晤谈，既衷心感谢，又深表歉愧。我卧病一年有余，几与外界隔绝。病中无事，每日以看书消磨时光，有时也想些问题，患这种病，几不可能彻底治好，但我又不甘心在不死不活中了结此生，所以如果有可能，还想写点东西（所幸脑子尚比较清醒）。比如中国近代史（包括抗日战争史）就有不少问题大有深入研究的必要。近年在近代史方面奇谈怪论甚多，其实都可以讨论。去年纪念抗日战争胜利五十周年，近代史界搞了不少纪念性的学术活动，一扫以往沉寂状态，而大增声色。这是一个经验，中国近代值得纪念的事件和人物很多。我想有机会有题目有条件就可以搞。借此使近代史的研究和讨论深入开展起来，活跃起来。论资排辈，您算是第二代马克思主义史学家了。我曾设想，史学会可否组织一篇“近五十年中国历史学记事”（文学方面搞得比较好《新文学大系》）把中国近代历史学的发展变化，理出一个头绪。此事也可以与白寿彝先生的史学史研究所商量，由他们做。

听说您的身体也不太好，请多多保重，力争健康长寿。

李侃

1996年7月5日

400　卫藤沈吉来函

（1996 年 10 月 1 日）

中国社会科学院近代史研究所刘大年名誉所长：

这次承蒙安排在贵研究所进行研究三个星期，我衷心感谢。在这期间，我在研究方面得到很大的成果。

有关第四次日中关系史国际讨论会，我打算正面积极进行。最近日中关系的冷却并不是好现象，日本一些粗率胡来之辈在钓鱼岛的行动，实在令人遗憾。

谨祝

贵体安康！

卫藤沈吉

一九九六年十月一日

一九九七年

401　林甘泉来函

（1997年1月5日）

大年同志：

惠赠尊著《抗日战争时代》和《存当代学人手札》先后收到，谢谢！

《手札》对于研究您的学术活动和当代史学史提供了很珍贵的资料。不知您是否有写回忆录的计划？我想，您如果能写一部回忆录，肯定能提供更多珍贵的资料。

《陈寅恪的最后二十年》一书不知您看过没有？书中对汪篯报告的内容记载甚详，看来作者是看了原始材料的。此书披露了一些内部资料，不知作者为什么有这样大的本事，能够找到这些资料。去年八月份我去广州，金应熙同志的爱人在电话里告诉我，对此书作者很有意见，因为书中把金的形象歪曲和丑化了。

严冬天寒，望多保重，顺颂

著祺

林甘泉　上

1997年1月5日

402 曾景忠来函

（1997 年 1 月 22 日）

大年同志：

您好！

近来身体好吧。

去年夏天您的抗战史论文结集[①]出版，这是您多年研究的结晶。谢谢您，还赠送编辑部诸同志。

当时我即想到请学者写文章在刊物上对大著做评介。我考虑，写书评的作者应是学术水平高，有名望的。我在所内外物色作者，一直未能定下来，拖了些时间。前段时间我与海鹏同志谈，他乐意承担。我想，他来写，符合我想的条件，能写好。本来他如果 1 月份交稿，就可刊发于今年第一期。但现在他要稍缓时日，这样大概就要等到今年第二期才能发了。我对书评还是重视的。国内书评不发达，书出了不少，但书评不多。我认为，已出的书，凡重要者，都应有反响才好，无论好坏，可以褒扬，可以批评。如果出的书不能发生反响，书的作者就寂寞了，学术界也不能活跃。

为什么要告诉您关于书评的事呢？因为春节后3月份我就到退休时间了，退休前我安排的事总要给人交代一下的。

《抗日战争研究》自创刊以来，在广大作者的支持下，已办了近六年了。您关心和指导刊物的编辑工作，并常有论文供我们刊用。谢谢您。我的水平有限，虽然自己对编刊是尽心尽力的，但刊物很难达到很高水平，差错倒不断出现。今后就靠编辑部年轻一些的同志来提高改进了。祝您

春节愉快，健康长寿！

曾景忠　敬上

1997 年 1 月 22 日

① 指刘大年著《抗日战争时代》，中央文献出版社 1996 年版。

403　刘起釪来函

（1997 年 1 月 29 日）

大年同志：

好几年没有趋聆教益了，过去每逢春节，大抵要偕同张书生[①]兄同来拜年。现张兄将届八十，而釪则已届八十，张兄有时犹可不畏寒外出，釪则几同“冬眠”，不敢轻率冒寒动弹，以致久疏候教，至愧礼数疏简。釪屡承关爱，教导诱掖有加，永不敢忘。今又逢春节，未能趋贺，特专函拜年，敬祝健康长寿、吉祥幸福、万事如意。

刘起釪　敬叩

97 年 1 月 29 日

404　《近代史研究》编辑部来函

（1997 年 2 月）

刘大年同志：

您好！

自 1840 年英国发动侵略中国的鸦片战争开始，一系列割地赔款的不平等条约便强加在中国头上，使中国逐渐沦为半封建、半殖民地社会。同时，中国人民也开始了对反动统治阶级和帝国主义侵略进行一次又一次英勇反抗的斗争，最后在中国共产党的领导下历尽千辛万苦，终于取得胜利，使中华民族重新站了起来，屹立于世界的东方。

对既充满屈辱、又可歌可泣的中国近代历史进行研究，对我国当前的社会主义事业、爱国主义教育和民族凝聚力的增强，都有着重要的意义。中国社会科学院近代史研究所主办的《近代史研究》，便是国内唯一一份以这段历史作为研究对象的学术性刊物。今年 7 月，在我国恢复对香港行使主权这一具有重大历史意义的时刻，恰逢《近代史研究》出刊 100 期。故此，我们

---

① 张书生，时任中国社会科学院历史研究所翻译室译审。

将出第100期专刊纪念。由于您在中国近代史的研究工作中成就卓著、令人仰慕，并一直给予巨大的支持，所以敬请您在百忙之中拨冗为百期专刊题词留墨，不仅为本刊增添光彩，对广大近代史研究工作者也是一种激励。
敬礼。

近代史研究编辑部

1997年2月

405　张书生来函

（1997年3月23日）

大年同志：

您好！

《手札》匆匆读了一遍，给初步印象的惊喜之情作了一首诗，非敢言“作”，盖纪实也。吾道一以贯之：歌颂（真正）共产党，歌颂毛主席。

您的身体看来算是不错的，耳聪目明，“关乎神明”；齿摇发落，勿碍大局也。但以偌大岁数，在劳逸结合上应注意，不宜搞长篇（本）大套，即不宜连续作战，久战不决。老年人的脑子要用，只不宜用得过度耳。

刘起釪为“终身制”曾奔跑了一阵子，既知无望，也就不跑了。有同志说，现在许多老年“学者”都在做“大师”梦。如果大师比肩而立，那就要货币贬值了吧。敬候
时安。

张书生　上

97年3月23日

读《刘大年存当代学人手札》

张书生

有心发覆尽阳谋，门户千年一旦勾。
文史哲经纷改造，声光化电始绸缪。

强梁超海窥中国，朋友交流遍五洲。
多少学人遵号令，齐心建国永无尤。

406 陈其泰来函

（1997年4月17日）

尊敬的大年同志：

您好！我是北师大史学研究所教师，多年来拜读过您的许多论著，获得许多教益，十分尊敬您——史学界的老前辈。不久前，又拜读您在一个座谈会上的发言，对您讲的中国现代化事业一要靠中国共产党的领导，二要靠对近代以来中国走过道路的正确认识。于此更为叹服，深受教育和激励！

前些年，在您和其他一些专家研究成果启发下，我作了一点对范老史学的研究，写在《新史学五大家》书中的范文澜的史学一篇，即为初步的认识，现呈上请予指正。范老是我国马克思史学的大师，我很想将此项研究再深入下去，特奉此函，恳切希望得到您的鼎力帮助。我有两点希望：一、请您拨冗安排时间，允许我去采访您一次，请您费神谈谈您与范老的交往，范老的贡献，和如何深入研究范老的成就。二、我拜读过您在纪念范老诞辰100周年大会上的讲话，您保存有范老30余封信件。这一珍贵史料，可否到时借给我抄录，或允许我复印，作为史料引用。您老提供的指教和珍贵资料，我一定在研究成果中郑重致谢！

至盼您老能抽时间回电话或予以复函赐教，我将不胜荣幸！

专此奉函，伫候教言！敬祝您

身体健康！

晚　陈其泰　敬上

一九九七年四月十七日

407　田珏来函

（1997 年 5 月 11 日）

大年老：

您好！

日前，我去上海了。听说您打算用一篇文章换下回忆文章，我们照办。

“文集”已三审毕交总编，日内即付排。为了赶时间，请把大作直接寄高教社臧嵘同志为感。臧嵘是责任编辑。专此，敬颂

夏泰！健康长寿！

田珏　敬上

1997 年 5 月 11 日

408　施宣圆[①] 来函

（1997 年 5 月 27 日）

尊敬的大年先生：

寄来的大作很好，今天《学林》发表了，以后如有大作，不拘长短，均可寄来拜读发表。再次感谢您的关心与支持。如方便请告知府上电话，以便联络。祝

健康长寿。

宣圆

5 月 27 日

① 施宣圆，时任《文汇报》编辑。

409 杨淑田来函

（1997 年 6 月 12 日）

刘大年同志：

您好！

师勤同志电话通知我，您已从外地返回北京，我们甚为高兴。您年事已高，一定要根据自己的身体情况，妥善处理工作与休息的关系。作为名家，社会工作又多，若能在百忙中抽时间为书生[①]的诗集写序或题词，我们实在感动，非常感谢。现将清理出来您写给书生的信和诗，及他写给您的两首诗复印件一并寄回。请您在不影响身体健康及工作的情况下，酌情处理，或序或题词由您看着处理。我们都将十分感谢，书生在天之灵也一定会非常高兴的。如果需要先看他的全部诗稿，可直接来电话通知。敬祝

健康长寿！全家安康！

张书生之遗孀　杨淑田　上

6月12日

410 陈克明[②]来函

（1997 年 6 月 14 日）

大年同志：

回忆去年某日在协和医院看病偶尔谋面，一时高兴，将拙著《群经要义》行将问世告知，并蒙留下通讯地址，现邮上一本，请抽空顺便翻阅，覆函。因世风欠佳，邮寄书刊，经常被人中途“窃走”，堪叹！最近我将此后邮赠清华大学某君三本，请代分送，殊知一个月后用电话联系，竟未收到，只得补送。

范老早年撰著《群经概论》，由北平朴社出版，不知范老全集何时编辑

① 书生，即张书生。

② 陈克明，时任中国社会科学院哲学研究所研究员。

梓行。我建议此著应该收入。余不一一，顺颂
康安

陈克明　上
1997 年 6 月 14 日

411　胡绳来函

（1997 年 7 月 10 日）

大年同志：

上个月曾到苏北淮海、徐州一带转了一下。其地多西汉初年遗迹，因作咏古诗四首。现稍加整理，奉录求正。

淮上咏古

韩信

开国登坛盖世雄，功高鸟尽弃良弓。
刘家天下吕家党，千载行人叹不穷。

项羽

百战重瞳有霸才，可怜垓下楚歌哀。
如何烧尽秦宫殿，株守彭城戏马台！

（彭城即今徐州，有近年修建的戏马台）

刘邦

亭吏居然称至尊，龙交蛇斗杳无痕。
万千斩木陈吴辈，赢得刘家四百春。

刘邦与项羽

常赊刘季酒钱无，宰狗呼朋尽博徒。

乱世枭雄惯伸屈，项王华胄不禁输。

胡绳

7月10日于医院病房

412 杨向奎来函

（1997年9月11日）

大年同志：

你提出来的问题：

《春秋》是否出于孔子。

这是我国经学史、学术思想史上会永远争论下去的问题，任何人的结论也不会被所有学者所接受。但我的看法是前后一致的，就是：

孔子曾经修《春秋》。

这说来话长，可以写成一本书：

论孔子与《春秋》。

如今把我的意见，比较简单地写在下边：

（一）中国史学源流

我国古代史学与史学家的发展，可以分作三个阶段：

1. 神的阶段。

在我国古代，氏族社会或者在阶级社会初期，“神”是天人之间的媒介，“申”即“神”。根据古文字学，它象征着天（上帝）与人之间的联系，也就是“申”是天人之间的媒介，代表“人”向“上帝”有所请求，也代表上帝向人世间发布命令。“神”（申）是当时政治上、学术思想上的权威，所以他们也就是政治上的首领，部落的首长，因之在我国古代史上有所谓“神守国”。

2. 巫的时代。

“神”（申）以后发展为巫，在阶级社会初期，巫是学术上的权威人士，也是“史学家”，他们所知道的历史，不是写在纸上或者书本上，而是记忆在他们的头脑中而可以背诵出来，这就是所谓“史诗”，不仅外国古代有史诗，我们也同样有。《楚辞·天问》就是一首很好的史诗。《孟子》中的：

“《诗》亡然后《春秋》作。”

据我的解释是：巫的时代过去了，史官出现，有了史书（《春秋》），史诗就逐渐消失了。

3. 史的时代。

这一点我们根据司马迁的自序，就可以知道，巫与史（史官）及其发展源流。他们自叙史官的来源上及“重、黎”，他说：“唐虞之际，绍重黎之后，使复典之，至于夏商，故重黎氏世序天地，其在周，程伯休甫其后也。当周宣王时，失其守而为司马氏，司马氏世典周史。”重黎还是巫的时代，他们还不能修史，只能是史诗的保有者，所以孟子说：“《诗》亡然后《春秋》作。”

（二）所谓《春秋》

其初，《春秋》不是一部书的私名，而是一种书的类名，也就是：一种书籍的类名。它是史书的一种称呼。比如鲁国有《春秋》：

《左传》昭公二年：见《易象》与鲁《春秋》。

《公羊》成公十五年：《春秋》内其国而外诸夏。

《礼·坊记》：故鲁《春秋》记晋丧。

以上都是说鲁国有史书《春秋》（其中公羊所指孔子修《春秋》）。

又晋楚两国都有各自的史书《春秋》（均见《国语》），而《墨子·明鬼》中有：周之《春秋》，燕之《春秋》，宋之《春秋》，齐之《春秋》。所以日本人泷川资言在《〈史记·孔子世家〉考证》中说：

“孔子以前，列国之史皆曰《春秋》，自孔子作《春秋》，列国之史旋废，而《春秋》之名，亦专孔子。”

他这些话有些道理，但不能说“孔子作《春秋》”，只能说：

孔子修《春秋》。

（三）孔子修《春秋》

为什么说，不能说：孔子作《春秋》。

因为鲁国原来有史书《春秋》，孔子是在原来鲁国《春秋》上加以修订，他增添了他自己对于其中某些事件、某些人物的评价，而定出一些记事的义法出来。某一种记法是“褒”，某一种记法是“贬”，因为这些褒贬而使“乱臣贼子惧”，但这些义法一般人是看不懂的，所以有后来《左传》中的凡例（五十凡）、义法及君子曰。而《公羊传》内的义法更多，有所谓三科九旨、大一统思想等内容。《春秋》是儒家的一部经书，所有的经书，比如：《易》《诗》《书》及《周礼》《仪礼》《礼记》《尔雅》《孝经》等原来和儒家都没有关系，但儒家如果没有这些经书，儒家思想就没有“载体”了，儒家思想也就不可能成为我国文化传统中的正统派。是从孔子开始把传统的经书加以整理，现在我们可以说，孔子对于《易经》下过功夫，他从《易经》中吸取了其中刚健中正的哲学思想而改造了儒家；他也曾整理《诗经》，而使“雅”“颂”各得其所。孔子是知礼的，而《仪礼》是当时通行的礼。

儒家是战国时代的显学，他们必须有自己的思想体系、丰富的学术内容，不然是没法和当时的诸子百家争，尤其是不能与墨家争。儒墨俱是当时的显学，墨家的思想，尤其在自然科学方向的成就，在当时的世界上是无敌的，我们说他们的成就超过古希腊。现在我们只举出三点就可见其卓越之处：

（1）数学上“0”的发现，这是一件大事，假使没有“0”，哪里去找数学？

（2）牛顿力学三定律的相同描述，这简直是科学史的奇迹。

（3）弹性力学，发丝构造均则不绝的发现。

和这样一个大的学派争胜，没有他们的丰富的学术思想内容是没法取胜的，而结果是儒家胜利了。他们之间的斗争之激烈，看孟子与墨家之互以“禽兽”相骂就可以知道了。孔子除了使传统的经典儒家化，后又把鲁国旧史《春秋》加以修订而出来新的《春秋》，孟子曾经很强调这一点，他说：

“世衰道微，邪说暴行有作，臣弑其君者有之，子弑其父者有之。孔子惧，作《春秋》。《春秋》，天子之事也。是故孔子曰：知我者，其惟《春秋》乎！罪我者，其惟《春秋》乎！”

孟子是正统派儒家传人，《史记·孟子传》中说他“受业子思之门人”，子思是孔子的孙子。孟子的话是有根据的，怀疑这些话的人，可以找到种种理由，但我们还可以找到其他证据，说明孔子曾经修《春秋》，比如：

第一，在战国时期曾经出现了三部解释《春秋》的“传”，也就是《春秋》三传。在上面我们曾经指出在当时有各国的《春秋》，也就是各国的史书，而只有孔子的《春秋》有传，那是说，当时的学术界，承认孔子曾经修鲁《春秋》，这一部《春秋》有深入的内在含义，它可以教导人们，使我们的社会纳入运行轨道。《左传》《公羊传》以至《穀梁传》都有他们解释孔子《春秋》的义法。

这些义法都是儒家思想的组成部分，在我国历史上发挥了无比的积极作用，我们不能说战国时代的学者愚昧无知，把不是孔子的《春秋》说成孔子的《春秋》。

第二，孔子是在修《春秋》。《史记 · 孔子世家》说：

“春秋之义行，则乱臣贼子惧焉。……至于为《春秋》，笔则笔，削则削，子夏之徒，不能赞一辞。”

孔子是在旧的鲁史上来作文章，所谓“笔则笔，削则削”，也就是，能用的则用，不能用的则削去。这当然是指记事措辞说，而不是指史实本身，《史记 · 孔子世家》曾经举例说：

“吴楚之君自称王，而《春秋》贬之曰子。践土之会，实召周天子，而《春秋》讳之曰：天王狩于河阳。推此类以绳当世。贬损之义，后有王者，举而开之，《春秋》之义行，则天下乱臣贼子惧焉。”

这些记载都是事实，所以民国初年北大文学院教授崔适有一部《春秋复始》，就是说，原来的《春秋》不是现在这样子，现在的《春秋》是孔子修改过的。崔适是一位今文经学家，他的“复始”不一定全对，但孔子的《春秋》，不同于旧史鲁《春秋》，是可以肯定的。

（四）三传问题

如今，我们仅谈《左传》与《公羊》问题，因为这两种书发挥作用最大。《左传》列为古文经，《公羊》是今文。但自清乾隆年间常以今文学派兴，刘逢录指出《左传》是伪书，是刘歆伪造出以助王莽篡位者，其中书法、凡例、君子曰都是伪造，一直到清末康有为也是这样说，顾颉刚老师等疑古派更是如此，所以几百年来没有人敢用《左传》来讲中国史。在 1935 年我在读大学四年级的时候写出一篇论文《论〈左传〉之性质及其与〈国语〉之关系》，发表在 1936 年北平研究院《史学集刊》上。这篇文章完全反对刘、康及顾老师说，证明书法、凡例、君子曰都是原有，全书更不是刘歆伪造。此文发挥了积极作用，1937 年的《考古》（不是现在的《考古》）刊物上，一位莫非斯先生评论说这篇论文“精当绝伦”。同时前后，我们的老师钱穆先生发表《刘向歆父子年谱》一文在《燕京学报》上，也是说刘歆不可能假造《左传》等。从此后，才有人敢用《左传》讲古史了。而在1970年左右，一次我与何其芳同志谈天，他还说《左传》是伪书，不能用。何同志不是研究经学的，他只是听别人说而已，但可以知道刘、康等人影响之大。

再谈《公羊》。在我国古代经典中，发挥作用最大的是《公羊传》。康有为戊戌变法即充分利用了公羊学说，而其中的"大一统"的思想体系对我国的统一、民族间的凝聚团结起了无比的作用，我曾经在许多文章中发挥此义。

在我送给你的两本学案中有一半讲今文经学牵涉到此一问题。

敬祝

近好。

杨向奎

97.9.11

413　西村成雄来函
（1997年9月22日）

刘大年教授台鉴:

您好！我在中国北京做活动之际，承蒙周到接待和关怀，表示由衷的感谢。我这次能够与您见过面，亲耳听高见，受到启发，再向您致由衷的谢意。

9月10日回国以后，学校方面有新的条件，比较忙乱，未能及时写信，很抱歉。

从此以后，请您多多联系，以便更进一步发展学术交流。顺致

文安!

1997年9月22日

日本大阪外国语大学　西村成雄

414 刘文约[①]来函

（1997年10月26日）

大年老夫子尊鉴：

仰止崇山，景行无已。岿然鲁殿，独焕灵光。每欲一亲畅谈，无由晋谒，常以为憾。

今年六月间，张书生兄转来老夫子惠赐之《刘大年存当代学人札记》一册，极为珍贵，礼失而求诸野，具在斯乎，锡逾百朋，感荷无既。

仆因患喉癌，前年曾动手术将声带切除，喉部留有阔口经常感染，导致喘气心脏诸病并发，有时昏厥，人事不知，数经医护人员抢救，死而复生，未为鬼物。住院已半年，不亲笔砚，因念厚赐，无以为报，试作条幅一纸现奉上，以博一笑。倘蒙赐教，指出缺点，俾知取舍，则日后寸进，皆先生赐矣。天气日冷，万望为国珍重。敬祝

健康长寿。

教晚　刘文约　拜上

1997年10月26日

415 胡木英[②]来函

（1997年10月30日）

刘老：

十分感谢您老热情、认真地向我们介绍您与胡乔木的交往，这对我们十分有益。

现将上次拍的几张照片寄上。拍照水平有限，权当留个纪念吧。祝您老身体健康。

胡木英

1997年10月30日

---

① 刘文约，江西诗词家，著有《任庵诗存》。

② 胡木英，胡乔木之女。

416　刘起釪来函

（1997年12月17日）

大年同志：

新年即届，特向您专贺节禧，健康幸福，万事如意。

兹奉上拙著《日本的尚书学与其文献》，这是访日短短四个月时间内搜集所得资料，回国后仓促写成，非常不完备，非常不成熟，只是表示访日的雪泥鸿爪之迹而已，既已成书，所祈我公教正之。

书生兄终于不讳，为之悼甚。釪与之大学同班，到历史所又同事。晚年同住劲松，经常过从，情同手足。今虽溘逝，诚釪已其哀伤也！专达，谨致敬礼。

刘起釪　上

97年12月17日

一九九八年

417　姜斯雄来函

（1998 年 1 月 4 日）

敬爱的刘老：

您好！

涿州大米名气很大，但真正出产的只在百尺竿乡；而据当地人介绍，百尺竿乡只有两个村产才是正宗。前两天我专程去了其中一个村。现托同事马平川、陈乃菁二位带来少许，您先尝尝。

另照片、报纸一并呈上。

我重感冒，过些时来看您。颂

安好！

晚生　中国石油报　姜斯雄

1998 年 1 月 4 日

418　屠式璠来函

（1998 年 3 月 12 日）

大年先生尊前：

为配合《张伯美先生法书集》出版，初学应邀就敌伪时期先外祖伯英公隐居北平鬻字为生事撰一短文。

余生也晚，于国事、家事浑然不知，且生性疏懒，学无所成，实无知识奢言历史。若蒙先生垂教，至令顽石点头，庶几不辱使命。

1936年先外祖为宋哲元先生写了《陈寿上诸葛氏集表》。国难当头，以诸葛亮激励宋明轩，其期望军方抗日之意不言自明；北平既陷，王克敏屡邀先外祖出山为官，诱逼再三，伯英公终不为所动。

为写清上述内容，望先生能就“宋哲元”“王克敏”“华北政委会”等条目提供一点背景资料。先生初愈，无劳惠答，谨赐借现成资料既可。顺祈尊绥

屠式璠　拜上

1998年3月12日

419　齐赫文斯基[①]来函

（1998年3月31日）

尊敬的刘大年教授：

我们在北京的最后一次会晤快一个月了。我对那次会晤依然难以忘怀。

您和令爱十分亲切、热情地在府上接待了我，赠给我漂亮的纪念品——精致的深红色花瓶，美化了我的研究室。此后你们还安排我与贵研究所同仁张海鹏教授等人的友好会见。

飞离北京之前有人向我转交了一本杂志，其中载有您的文章并有您的赠言[②]。

您的文章谈到我们多年的交往，附有我的简历。读完之后感到实在尴尬，因为您在大作中对于我在俄罗斯的伟大友邦——中国的历史和文化研究中所做的十分微薄的贡献给了我难以承受的高度评价。

假如我还有些时间继续从事我的研究工作，我将竭尽全力，哪怕稍许接近您在献给我的八十寿庆大作中所作的评价。

您的大作充满友好精神并以中国悠久文化的优秀文学传统精神写成，其中祝愿俄罗斯中国学保持、发扬和更新它的传统，并在致力于增进我们两大

① 齐赫文斯基，俄罗斯科学院院士。

② 指刘大年《山长水又远，佳景在前头——对老朋友齐赫文斯基院士的祝愿》一文，载《读书》1998年第3期。

民族相互了解，睦邻和友谊的事业中取得新的成就。

我十分赞赏这一祝愿并相信它符合我的俄罗斯中国学同仁的愿望。

再次感谢您多年的友谊。祝您身体健康、长寿、幸福并取得新的创作成就。

永远深切敬重您的谢尔盖·齐赫文斯基

莫斯科 1998 年 3 月 31 日

又及：请向令爱、社会科学院、历史研究所和中国历史学家协会同仁转达问候。

420　周红来函
（1998 年 4 月 12 日）

刘老师：

您好！

我是山西人民出版社的编辑，叫周红。

敏泽老师给了我您的地址，让与您联系。《学海钩沉丛书》，是我社的重点图书，现已出版了第一辑，共六本，反响很好。第二辑的组稿工作已开始，您是我们约请第二辑作者之一，希望能得到您的支持和帮助。

《学海钩沉》这套丛书是一项长期的工程，我们还只刚刚开始，但一开始就得到了学者们的热情鼓励和支持，我们感到高兴的同时，更认识到责任的重大。我社和我们编辑一定尽心尽力，认真踏实地做好工作，把这套书编好、出版好。

虽然第一次与您通信，但我已从您的著作中受到了很大的教益，特别期待着能再次得到您的教导，有一次学习的机会。

再叙。顺祝

健康！

周红

98 年 4 月 12 日

421　李长莉来函

（1998年6月23日）

刘先生：

您好！

一晃又一年多未见您了，身体还好吧？听说您还经常下楼散步，想您的足疾也有所好转吧！还经常在报刊上看到您发表的长篇文章，您仍不断思考，笔耕不辍，对学生是很大的激励和鞭策，更要奋进！

原与杜语商量，春节我们三个师兄弟去拜望您，但因姜涛家中有事回老家了，未能如愿。我们又约定今夏8月，我们想在您方便的时候，共赴府上为您祝寿，与先生共聚把谈，届时再与您相商吧。

刚出了一本书，刘志琴[①]主编的三卷本，我写第一卷，后面两卷是由闵杰和另一年轻人写的，由1840—1921年，不算研究著作，只是个研究准备，供您闲时消遣吧。

不多打扰了，祝您健康，愉快！顺颂

大安。

学生　李长莉　拜上

98年6月23日

422　陈四益来函

（1998年7月8日、8月25日）

一

大年先生：

冒昧写信，多有打扰，敬希见谅。

我是《瞭望》周刊的编辑。今年八月十八日，距离新世纪的到来只有五百天了。我们打算在新世纪到来倒计时五百天的时候，出版一本专辑，内

① 刘志琴，时任中国社会科学院近代史研究所研究员。

容是回顾20世纪，迎接新的世纪。其中有一部分内容是历史学家谈世纪之交，希望能以历史学家的眼光看：

一、20世纪在中国历史长河中占据什么样的位置；

二、20世纪，中国解决了什么问题，还留下了什么问题；

三、您对新的世纪有什么期望？

希望您能就这三个方面或其中一两个方面为我们写一点什么。因为是新闻周刊，无法展开来说，提纲挈领，千字即好。

先生的史识、史德，是我素所敬仰的。希望您能给予我们大力支持。因为发稿印刷有一个周期，如先生慨允，文章望于七月底以前给我。附上名片，以便联系。即请

夏安

《瞭望》周刊　陈四益

一九九八年七月八日

二

大年先生：

刊物出版后曾寄去，想已收到。

由于先生的文章[①]刊在“瞭望论坛”，按常规是不配发照片的。上次为先生拍的照片，放印了几张，寄上，以作纪念。先生提供的一张也一并奉还。

再一次对您的支持表示感谢。即请

秋祺。

陈四益

8月25日

423　张海鹏来函

（1998年11月30日）

大年同志：

---

① 指刘大年《这一百年——中国由百年衰败到奋起复兴》，载《瞭望》周刊1998年第33期。

东京回来，想一切都好。

院里决定，要为若干老同志写传记，主要介绍学术经历和思想。院科研局要我写您的传记，我不能推托。我以您从前写过的传记为基础，加以扩展，共得一万七千字，稍稍超过了要求。有些东西写不进去，也只好如此了。特送请您过目，有些不清楚、不准确之处，请您删改。因需稿甚急，我从东京回来后，抽空做了这件事。

我本来还想采访您，曾拟定了若干问题，也送请您过目，如果有空的时间，我想来谈一谈。请您不吝接纳。顺颂

冬安！

张海鹏　敬上

一九九八年十一月三十日

424　高莽[1]来函

（1998年12月20日）

刘老：

我叫高莽。您大概不记得此人。俄罗斯汉学家齐赫文访华时，我曾陪过他，并见过您。

齐赫文80寿辰时，俄罗斯科学院远东研究所出了两本纪念文集，其中收入了您写齐氏的一篇文章（18页—27页）。最近有人从俄罗斯带来此书，让我转给您。现送上。收到后，请通知我一声。

祝全家新年好！

高莽

98.12.20

---

① 高莽，时任中国社会科学院外国文学研究所研究员。

一九九九年

425　李侃来函

（1999 年 4 月 5 日）

大年同志：

几年不见，听说您精神饱满，仍在精心治学。老当益壮，可敬可佩！在我卧病期间，您曾亲临舍下，惜未晤面，至今犹感遗憾。每想及此，感激之情，笔难尽述。

最近，辽宁人民出版社出版了我的一本《中国近代史论丛稿》，现呈上一册，一则求教，主要是为了纪念。

此生有幸，与你相识几十年，往事历历，如在目前。您的许多教诲，使我至今难忘。本想在有生之年，对中国近代史再作些研究，看来已不能实现。徒唤奈何！

我的病情还比较稳定，精神状态也还可以。但是如往昔那样，与您和同志们切磋学术，谈论世事，则不可复得矣！

您已年逾八旬，在中国史学界，可谓硕果仅存之人，恳请多加保重！敬祝

康乐长寿。

李侃

1999 年 4 月 5 日

426 顾菊珍[①]来函

（1999年5月28日）

大年先生：

今年1月29日嘉定博物馆的顾维钧生平陈列开幕，可惜您未能来参加，但是我们知道而且衷心感激您的远见，在80年代初建议将他的口述回忆录[②]译成中文，由此将父亲一生的工作介绍给外交学者。

附上二月一日在北京照的两张照片。

顾菊珍　上

1999.5.28

427 方克立[③]来函

（1999年6月10日）

大年同志：

有人转告我您要看晚辈97年后发表的一篇正面论西学东源的文章。我没有发表过这种题目的文章，有一篇题为《应该重视李约瑟的真知灼见》的短文涉及到一点这方面的内容，不知是否指这一篇？现送上请指教。

八十年代以来我的工作涉及到关于现代新儒学的问题，陆续发表的文章，在97年结集出了一本书。此外近两年还发表过几篇相关文章，一并送上请指正。

专此顺颂

康祺

晚辈　方克立

1999年6月10日

---

① 顾菊珍，顾维钧之女。

② 指《顾维钧回忆录》，共十三册，由中华书局自1983年至1994年出齐。

③ 方克立，时任中国社会科学院研究生院院长。

428　张传玲来函

（1999年6月20日）

刘大年所长：

三月初趋府造访，至今已有三个多月，时时挂念要来信问候您的腿疾，拖到今日，深以为歉。不知有否决定动手术？您的精神很好，如不急需开刀，最好不要轻易动手术。不知您同意否？

昨日收到侄女张嘉佩传真，知杜春和[①]已将他写的《张国淦文集》的传记交张海鹏所长并由近代史研究所的两位研究员看过，并提意见，现等张所长审阅后即可定稿。于是我计划八月初赴京，将稿件交燕山出版社并签订合同。估计明年年初即可出版。

我仍希望您肯为先父[②]的文集写序。我请了先父学生方志学家史念海[③]教授写一篇序。您是先父老上司，如再有您的文章或长或短，定会增光不少。

八月在北京时，定要拜访问安。敬请

撰安！

张传玲　敬上

一九九九年六月二十日

429　郝贵远来函

（1999年7月27日）

大年同志：

送上您在史学会成立50周年座谈会上讲话录音稿，请您过目。错误之处请予改正，有何补充也请加上。改完后请速退我。祝

---

① 杜春和，时任中国社会科学院近代史研究所研究馆员。

② 指张国淦，曾任北洋政府国务院秘书长、教育总长等职。1946年出任《文汇报》董事，1953年任中国科学院近代史研究所特约研究员，1955年被选为全国政协委员。

③ 史念海，时任陕西师范大学教授。

夏安。

史学会秘书处　郝贵远

7月27日

430　江苏近代史博物馆筹建办来函

（1999年8月9日）

刘大年先生：

您好！

南京长江路292号“总统府”大院内的南京中国近代史博物馆，由江苏省委、省政府组成筹建领导小组，江苏省政协主办，部分陈列将于十月一日对外开放，是一个遗址型的博物馆。这里曾是清两江总督署，太平天国遗物、碑文石刻多有留存。近代史馆名拟请江泽民总书记题写。馆内各个分展名：西花园名家书画展已请赵朴老题就，太平天国文物史料陈列原已请刘海粟老题就，新筹建的洪秀全与天朝宫殿展拟由胡绳老题写，国民政府展拟由程思远老题写。刘老您是近代史专家、史学泰斗，德高望重，“两江总督署史料陈列”特恳请您题写。我们非常渴望能得到您的墨宝，热切盼望您的回音！

题字内容：两江总督署史料陈列　落款（姓名、年月）。时间：考虑到要将您的题字制作成3米×0.75米红木横匾，最好能在8月底前题好。

江苏省政协办公厅近代史博物馆筹建办

1999年8月9日

431　顾菊珍来函

（1999年9月10日）

尊敬的刘先生：

很荣幸今年早些时候与您见面并看到您身体安康。

随信送上嘉定活动照片纪念册。在纪念家父一百一十一周年诞辰活动开幕式上，我特别回顾了此次规模宏大的顾维钧展览的由来。其中我特别强调了，在七十年代后期，您担任近代史所所长时提议翻译出版顾维钧回忆录中文版这一重要项目。这部十三卷的回忆录首次全面展现了近代中国外交史，其中体现了家父在其职业生涯中曾发挥的作用。

可能您已得知，嘉定活动后，影片《我的一九一九》已经开拍。它描述了中国为恢复对山东省主权和拒绝签署凡尔赛合约所做的努力。据说此片将在本月纪念“五四运动”八十周年时上映。上周，我得知家父被国家电视公司列作本世纪为国家做出重要贡献的五十二位杰出人物之一，节目名为《百年中国》。[①] 这对家父来说是巨大的荣幸。所有这些均得益于您提出原汁原味翻译出版顾维钧回忆录中文版的具有前瞻性的计划。这使台湾《传记文学丛刊》的编辑非常震惊。我借此机会代表全家对您和近代史所表示诚挚的感谢。

我期待下次到中国时再拜访您。

顺致祝福

顾菊珍

一九九九年九月十日

432　宁国华来函

（1999年9月19日）

刘大年先生钧鉴：

今年五十大庆，祝您长寿。末夏之际，我晚年有幸能看到中国抗日战争史学会主办的《抗日战争研究》，感到很欣慰。屡经事变，不加修饰，情节真实，感人肺腑，观之回味无穷。

在那战争岁月，敌来我往，相机拼杀，打得痛快，追亡逐北，顽强拼杀，智擒敌酋，纵横驰骋，急风暴雨，齐鲁健儿，夙兴夜寐，枕戈待旦。平原青纱帐，丘岭绕山岗，出奇制胜，坚持抗战八年，民众是英雄！

悼念山东抗日义勇军史志明将军。1942年深秋，率领千余名抗日战士，

① 此处据原文翻译。应为中央电视台制作的五十二集电视片《百年中国》。

在邹平、长山一线，阻击济青日寇联合大扫荡，在山头店阻击青岛日寇北进，鏖战两昼夜，弹尽粮绝，壮烈牺牲。史志明将军年仅四十二岁。当年山东抗日义勇军总部为史志明将军召开追悼会七天。渤海军区、胶东军区、泰北军区均送有挽联、挽幛，表彰其爱国气节！

我是位久经沙场而战绩平平的抗日战士，经过残酷的生死存亡的斗争，有幸存活下来。国家富强了，在这不可多得的晚年，读着屡战经纶而存活下来的历史鉴证者撰写的抗日篇章，时而拍案叫绝，时而泪下，脑海中不时显现出那一幕幕可歌可泣、雄伟壮烈的拼杀场景。触景生情，让人难以忘怀。

正是那严酷的恶劣的环境，锻炼了山东人的坚强性格。他们侠肝义胆，性情开朗。国难当头，顾全大节，抗日救国。回忆我青少年时代，少年军校的教官，指导我们读岳飞的《祭十二郎文》，举其孝，尽其忠，精忠报国。

我们这一代人，生之际世，国难当头，日寇扫荡，奸淫掳掠带抢粮。夏日无雨，秋季黄泛汪洋，饥民流离，扶老携幼，天灾人祸，可谓困苦之极！正是当年的艰难困苦造就了一代英豪。回忆当年华北抗日战场上，国难当头，民族存亡之机，正规军逃跑了，民众难以抵挡。不愿做亡国奴的人们，拿起刀枪，在泰山脚下，黄河岸边，活跃着一支山东抗日义勇军。

1937 年 7 月 7 日卢沟桥头一声炮响，震醒了华北大地上的千万同胞，唤起了齐鲁大地上中华儿女抗日怒潮。

抗日战端已开，全国地不分南北，人不分老幼，皆有守土抗战之责。有枪出枪，有力出力，黄河儿女组成了一支浩浩荡荡子弟兵：山东抗日义勇军。

民国二十六年八月中秋，日本鬼子打过了黄河。我齐鲁健儿几千子弟，挥戈跃马，驰骋黄河岸边、胶济路两侧，扒铁道、断交通，抗击日寇扫荡，保卫家乡，举旗帜，山东抗日义勇军。

民国二十六年七月，山东驻防军韩复榘统领数十万大军，固守千里黄河防线，征集数万民工，在黄河南岸强修防御工事，碉堡成群，战壕连通。千里河防可谓固若金汤，当时又有谁能设想到：卖国贼，韩复榘领兵固守千里河防，在日寇面前，阵地前沿竟然一枪未发，一夜之间，放弃河防，率部逃往河南商丘。罪魁祸首，军阀韩复榘竟然抛弃万余民工，继续修筑工事，以换防为由欺骗民工。第二天拂晓，未遇抵抗，日寇一炮未响，越过千里河防大堤，将数万民工坑杀殆尽。卖国贼韩复榘征集数万民工修好千里河防大堤，在阵地上不抵抗，万余日寇不废一枪一弹，一夜之间渡过黄河，小鬼子暴戾恣睢，烧杀、奸淫、掳掠。大敌当前，民族危亡，三千万勤劳善良的民众，遵守祖宗遗训，恪守民族大义，在极端艰难困苦而残酷斗争的环境中，他们不投降，不当汉奸，不逃亡，视死如归，同心协力，同仇敌忾，拿起刀枪，誓死保卫家乡。

自从民国二十六年八月中秋，在泰山脚下黄河岸边，活跃着一支万人的抗日义勇军：孟昭晋、宋福泰、张景越、杨中、杨国夫、翟玉蔚、周长富、史志明、岳伯芬等部队。驻防：章丘、历城、商河、莱芜、长山、邹平、齐东、惠民。组织地方政府，设教育，办通讯，联防保安，印纸币，以粮代票，牵制着日寇华北驻屯军十万人，迫使日寇五次大扫荡，五次强化治安。胶济铁路月月中断，无一日安宁。

刘大年先生，我的夙愿：在我有生之年，计划将那些为我中华民族存亡，抛头颅，洒热血，为保卫山东，为国捐躯的死难烈士，树碑立传，记述他（她）们当年保家卫国的光荣事迹，教育我们山东后代！让他们知道他们的先辈人们是：爱国、爱民、热爱中华民族的爱国者！

刘大年先生，我是一位实干家，不揣冒昧。关于中国抗日战争史学会章程，能否赠寄一份。人到晚年，回首往事，惜之如金。忆往事，与人同乐，也自取乐！我是位诚实的山东汉子，希望能交个知友、挚友。请回信。

祝您五十国庆万事如意！

一个年过七旬的老人　宁国华

一九九九年九月十九日书于太行

433　俄罗斯科学院院士来函

（1999年12月15日）

尊敬的刘大年教授：

如您所知，1999年6月3日，俄罗斯科学院院士大会推选您为外籍院士。

按照规定，外籍院士证书会在科学院领导访问外籍院士所在国期间颁发。

当然，证书也可在外籍院士来访俄罗斯时在莫斯科颁发。

如您有机会访问莫斯科，我们将很高兴在俄罗斯科学院主席团会议上给您颁发证书。主席团会议在9月到次年6月期间每月的周二举行（每月的第一个周二除外）。俄罗斯科学院将承担您在莫斯科停留两日的费用。

您诚挚的，

N.A.Plate 院士

俄罗斯科学院科学秘书长

434　山口一郎等来函

（1999年12月31日）

哀悼刘大年先生逝世：

我们这次来北京参加新中国建国50周年纪念学术讨论会，得知近代史研究所名誉所长刘大年先生不幸突然逝世的讣报，衷心至表悲痛，并致哀忱！

中日邦交尚未树立的1963年，先生为中国学术访问团秘书长初次莅日，与日本学术界奠定了深厚的友情。此后，在中日两国及海外诸地召开的中日学术国际交流会，多为先生奔劳尽力的结果，并于1979年秋，在东京大学讲学三个月。这种热心于国际学术交流的精神，令人感佩千万！

先生的突然逝世，不但失去了中国近代史研究的巨人，而且也为中日国际学术交流上的极大损失。

祈先生安眠于黄泉之下。

山口一郎、山田辰雄、近藤邦康、

中村哲夫、水野明、上田贵子[①]、伊原泽周

一九九九年十二月三十一日于北京

---

① 水野明，时任日本爱知学院大学教授。上田贵子，时为日本大阪外国语大学大学院博士后研究生。

一九九〇年代

435　施宣圆来函

（1990年代）

尊敬的大年先生：

您好！

我因出差前日刚返沪。据《人民日报》一同志来电说您要寻找为本报六十周年而作的文章。据我了解大作发表在本报“笔会”副刊，其后又收入文汇报六十周年纪念册中。“笔会”何月何日发表我记不清了。好在本报存有原稿，现复印一份给您，请收！欢迎以后继续为本报撰文。祝

健康长寿。

施宣圆

9月16日

436　白介夫来函

（1990年代）

大年同志：

曾就是那天我建议请他在研讨会第一天上午发言的那位教授，正好在北京开会，他已同意来参加会并发言。寄上他的一篇文章。祝

健康。

白介夫

6月2日

437　杨清华来函

（1990年代）

大年同志：

您的来函寄到小汤山时，我已经出院了。那里的同志替我把信转了回来。我回来后，又累了一些，病情有些恶化。现在已经经慢性肝炎“确进”到早期肝硬变了，也就没有积极的给您回信——大概好找“客观”的人，总会找到借口的。

接来信知道您患着颇严重的胃病，不知现在已否确诊。念念。

我现在准备到太湖去疗养，下周即将动身。最近医生要我卧床，在家里我是卧不成的。因此拟早日成行，恕不走辞。

敬礼。

杨清华

3月20日

年代不详

438 龙盛运来函

（年代不详）

大年同志：

太平天国官方文书提到“小天堂”的地方现在查到计有下列数处：1. 各军各营……努力保持“老幼男女病伤，总要个个保齐，同见小天堂威风”（《天命诏旨书》，《太平天国》第一册 64 页）；2. 上到小天堂，凡一概同打江山功勋等臣，大则封丞相……累代世袭（同上书 66 页）；3. 盖自起义以来……又不知若何辛勤矣，兹蒙天恩，主恩，及东王之鸿恩，同到小天堂，得受荣光……（《天情道理书》，《太平天国》第一册 372 页）。其他未及查看，可能还有。

龙盛运　上

8 月 31 日

439 李光灿[①] 来函

（年代不详）

大年同志：

送上我所考虑的“研写《中国近代思想史》设计规划的初步意见”一份，请审提意见。

向辽宁省委汇报了近代史学术会议的情况和工作之后，省委极为重视，

① 李光灿，时任辽宁大学副校长。

此刻正着手搞各学科队伍名单和进一步搞长远规划，争取那边排队。

当汇报到中国近代思想史是由辽宁所做负责单位时，省委书记周恒同志极为支持，极为重视，并且细问我究竟怎样具体搞。这里（指学校和研究所）工作我是完全能够长期离开的。

我想，设计会议准备在九月份开（即按原定的时间），九月十号左右我先去京，和你商量后再发通知邀集有关地区有关人参加。九月廿以后到十月前这个时间将设计会议通过。

至于有关完成《中国近代思想史》项目的事业规划（如集中人力、经费等）辽宁省均可解决，勿念。有何意见，请赐示。

井上清还能否去东北讲学？能去多长时间？请并复为感！顺致

敬礼。

光灿

8月7日

440　李侃来函

（年代不详）

大年同志：

在东京时，日本广播协会（NHK）的几个人（上次来的井上和另外二人），又约我谈了一次，我对他们原来的方案提出了一些个人意见。

主要是：①把原来第一部分的“蒋介石的革命”改为“蒋介石的统治”。内容也有较大改动。②毛泽东的革命，原来主要讲“大跃进”“文革”，不讲成就。现已改正。③把原来的第四部分（1949—1990）删掉。

我曾表示，您列名之前，应征求同意，后来他们表示您已表示支持（提意见，帮助提供资料）。因此事并非中国合作。我也未再坚持，他们似乎还要讨论。

李侃

10月8日

441　郑惠来函

（年代不详）

大年同志：

遵嘱送上刊载您的文章的刊物5本，如果需要复制，请用电话告知，也可再送。另外送上今年出的《中共党史研究》3期、去年出的5期，请您多多指教。如有新作，还望赐寄，以光篇幅。原打算昨天来府上拜谒，以临时有会未能如愿，只好俟诸他日了。专此顺问

撰安。

郑惠

8月2日

442　张侠来函

（年代不详）

大年同志：

您好！别教甚久，不知贵体康泰否？

我们一些人（计所里9人，台湾4人，广州2人，南京1人，上海1人）共同编辑了一部《中山墨宝》，现初稿已集80%，与北京出版社已签协议，《征订启事》已发，工程已接近完成。

我们认为，您在研究孙中山学说及其墨迹等方面，既走在我们前面，也是我们尊敬的领导，所以，拟聘请您担任我们的顾问。日常琐事，不会给您添麻烦，有重大问题，总应该请教于您，您作为我们大家的老领导，也会不吝赐教的。所以，我们一致认为您会接受的。如蒙同意，请附一小条于后附信封内，如半月不见您回信，可能是太忙，我再登门拜访（怕干扰您，所以信呈）。如有赐教，召之即至。专此

敬礼。

张侠

7月27日

443　吴大羽来函

（年代不详）

大年同志：

好久不见了。我校历史系教师彭述同志去人民出版社编写《列宁论无产阶级专政》回来后，他说见到了你，说你身体很好，并说你还问到了我，甚感欣慰！

我来西大，已经十八年多了，真是弹指一挥间！记得我们是五八年还是六四年见过一面，以后再没见过，只是报纸上见过你名字，传闻说你身体不大好。经他一说，放心多了。我自六七年参加学校革委会工作，七一年成立党委后又参加党委工作以来，情况一直很好。只是近半年来，身体情况逐渐差些了。主动脉、脑血管都有硬化，经常头昏、脑胀、脑鸣，十分讨厌。这大概是事物发展的必然规律，也值不得什么大惊小怪。

去年时人民出版社的魏泽老曾来学校征求意见，我曾表示，我希望，恐怕很多人在希望，能尽早把党史、长征史、中国通史搞出来，以便教育下一代。抗日战争史、解放战争史也需组织人力搜集资料。这方面情况不知进展如何？如有所知，望尽可能有所告之。

杨剑培同志，听说尚在北京，住得离你不远，不知情况如何。如能见到，请代为问候。我校学报编辑同志和工厂工人同志，业余搞了一本《法家诗词三百首》，送上一本请哂阅。

吴大羽

7月4日

444　范文澜来函

（年代不详）

大年同志：

遵嘱改了，如有不妥处，请你动手改正，不必客气。因为发表出去受批评，不如先自己动手多改改。你掌握运动精神比我好、亲切，所以还是请你改比我自己改要好些。
敬礼。

范文澜

445　胡绳来函
（年代不详）

大年同志：

二月八日起我又因病住医院。近日内不出院。

兹介绍一个年青人的诗给你看看。此人在广西，但非南方人，似乎流浪过不少地方，现在在南宁任轻工业工程公司总经理。三十四岁，嗜诗，现奉上的几首是他寄来的二月上旬所作。
祝好。

胡绳
二月廿四日于301医院

此人曾印过一本《逍遥山庄诗稿》。

446　张连兴来函
（年代不详）

刘老：

您好！

《思想理论动态参阅》不知是否能每期都收到，如有遗漏，望及时告知我们，以便补送。上半年合订本已经出来，现送上。

我们人手少，水平低，编选中肯定有不少错误和缺失，恳请您经常给予指点。

今年已经出来41期，准备编52期。在您看过的一些材料中，您认为哪些应该多编选，哪些意思不大，可以少选或不选；哪方面值得坚持发扬，哪些问题应当纠正，希望您在时间允许的情况下给我们做些指导，以便提高我

们的工作水平。感谢您的关心和支持。敬祝
健康长寿。

学生　张连兴

10月21日

447　胡绳来函
（年代不详）

大年同志：

日本回来后，没有时间和你谈一下。现在代表团的几位同志分工写出的报告已经搞了出来，送上一阅，以代面谈。这份报告不知应送社会科学院的哪位同志，请代转送。

胡绳

448　胡绳来函
（年代不详）

大年同志：

今天从外地回来，大作稿本已陆续看完，拖得太久，实在抱歉，如已成书，就算了。读稿时尽量把想到的意见写上了，并不都妥当是一定的。（也许未分清楚）

胡绳

5月31日

449　王枫来函

（年代不详）

刘老：

您的大作遵嘱退还，以便在其他刊物山登载。内中第六页“同时由张治中出面派黄少谷去见王昆仑”与当时情况大有出入。那时我和昆仑兄住在一起，是张治中亲自去的，没有派黄少谷。请考虑是否改一改？专此敬问

晨安。

王枫

10月21日

450　米暂沉来函

（年代不详）

大年同志：

前送你处稿件，计有恽宝惠写的“冯段斗争”一篇，金汉鼎写的“蔡松坡讨袁战争”一篇，万保邦写的“滇军辛亥革命”一篇，张钫写的“陕西辛亥革命回忆”一篇，尚未退还。电话询问，迄无差落。请即交付高仲平同志携送，以便处理。

再原送英文原本书三册，其中两册有错误，已送还，并请查明更换带回。此致

敬礼。

米暂沉

9月24日

451　戴逸来函

（年代不详）

大年同志：

春节跟您来拜年，未遇。

祝您春节好，并代问范老好。

戴逸

1 月 30 日上午

452　杨东莼来函

（年代不详）

大年同志：

据芸生[1]同志言，兄拟住院治病，不知近况如何？念念。兹介绍陈伟芳教授前来请益，希予接待为感。弟三个月来在病中，未能走访，正以为歉，专此顺致

敬礼！

弟　杨东莼　上

10 月 21 日

453　张国淦来函

（年代不详）

范老、刘大年同志：

---

① 芸生，即王芸生。

内稿两册。

牛排子胡同一号　张国淦

十二月十六日

454　范文澜来函

（年代不详）

大年同志：

经整修，已渐有眉目，谢谢！请指导打字员把稿打印出来，再请同志们指教。

文澜

455　范文澜来函

（年代不详）

大年同志：

请提意见，并速转有关的上级审核，以便修改定稿。

范文澜

456　莫文骅来函

（年代不详）

大年同志：

前几天你谈及拙作的事，现该书已出版，送上各一本，请收。这些东西只是流水账的记录和打油诗，不成样子。因你是文学家，请予指正。

敬礼。

莫文骅

元月廿二日

457 胡绳来函

（年代不详）

大年同志：

又改了一道，请你看看，一定还有须修补的地方。

胡绳

8日下午

458 胡绳来函

（年代不详）

大年同志：

有感于时事，作小诗二首，乞予斧正。

胡绳

12月22日

459 范文澜来函

（年代不详）

大年同志：

稿内有何错误不当和不足之处，请提意见。专此奉恳。

祝好。

文澜

即晚

460　孙文淑来函

（年代不详）

大年同志：

送上的这本书稿，请您一阅，有何需修正补充之处，请指正。

身体如何？请多珍重。

祝您全家健康长寿。

孙文淑

1月9日

461　范文澜来函

（年代不详）

大年同志：

杨老[①]在津法商学院授课时的讲义遗稿（复制件）奉上请便中一阅。其中第十五页复制寄来北京后再补送给您。祝您外出一路平安，身体健康。问好您的全家。

敬礼。

文澜

2月19日

---

① 杨老，指杨秀峰。

462　李侃来函

（年代不详）

大年同志：

胡绳同志为《真理的追求》写的文章，请您看看，意思是务请您也写一篇。上次您说的那篇“序言”是否可发表。胡绳同志的文章十月号刊出。您的文章拟在11月号刊出。此事许立群同志一再叮嘱，务必请写一篇，待您有暇我再详谈。

李侃

8.29

463　林甘泉来函

（年代不详）

大年同志：

前些日子，经藤井昇三联系，我和佐伯有一，还有一位久保田①，一齐到宫崎智雄家，会见了宫崎路苳，并看了他家收藏的材料。宫崎智雄夫妇很热情，愿意把东西拿出来给看，但因时间关系，无法全看，也不能细看。他家的材料，主要有这样几部分：（一）宫崎滔天和孙中山的笔谈记录；（二）滔天和孙中山、黄兴的来往信件；（三）同盟会和国民党要人的题字；（四）同盟会留日学生的照片。其中（一）（二）部分，据智雄说，基本上都已收入滔天全集，有一部分并已拍照送给中国（交屈武②）。我问哪些拍了照片，哪些未拍。他也说不清楚。信件有的是比较重要的，如黄兴给滔天书信数件，从中看出孙、黄二人私人关系十分恶劣。又孙中山一信，是在广东任大元帅时写的，谈及出兵广西得胜，又委托滔天筹款及购置军械等事。这些信件是否都已收入滔天全集，我不清楚。第（三）（四）部分，从历史研究角度看，

---

① 久保田，即久保田文次。

② 屈武，时任全国政协副主席、中国国民党革命委员会中央副主席。

似无甚价值。但从保存文物的角度看，又当别论。如同盟会早期会员及国民党元老在日本留学时的照片甚多，可能国内找不到。在宫崎家，遇到北京景山学校日语教研组组长何子岚，他原是留日学生，由日本友人接待来东京做研究工作（私人关系）。他与宫崎家关系看来相当密切，现正帮助他家整理有关与中国友人来往的材料。他希望能把私人关系变为官方委托的关系。我说此事可向您反映。详细情况，我二月份回北京后再谈。如有需要再了解的情况，请在二月二十日以前给我来信（地址可问历史所）。此致

敬礼！

林甘泉

一月十六日

收藏信函

一九四七年

1　高树勋[①]致范文澜[②]

（1947年3月7日）

文澜校长吾兄左右：

自去年我们的部队旧部发生特务案子以后，我就来军区。在这半年多的看书、学习中，深刻感觉到我个人的无能。在这样好的环境条件和时间，没有将队伍整理好，还是不断发生事情。想起来真是觉得对不起革命，对不起毛主席、朱德总司令对我们部队的企希。往事已过，追悔莫及，只有痛加检讨过去缺点，严为纠正，抱定“昨死今生”的精神来锻炼成能为人民服务的一个战士，来报答革命，来报答毛主席、朱德总司令。我现住冶陶军区司令部，肇棠[③]兄同住一处，终日看书和讨论，获益良多。望兄在便中时赐箴言为祷。

专此敬候

健康

弟　高树勋

3月7日

---

① 高树勋，原为国民党十一战区副司令长官、新八军军长，1945年10月率军在邯郸起义，其部队改编为民主建国军，驻扎在山西长治附近，其儿女在北方大学学习。

② 范文澜，时任北方大学校长。

③ 肇棠，即邢肇棠，曾在山西一带国民党军中任重要职务，其时在晋冀鲁豫边区政府工作。

一九四八年

2　王自重致董必武[①]

（1948年6月20日）

董老：

最近曾托人带呈一信，不知能否收到。北大和联大合并[②]，不日即可完成，我总务处工作已经校长允许解职，但云仍当留作教员。我再三考虑，我实无有可教之能力。因此我决心离开教育工作，在您直接领导下做点事业。此种初衷至今未变。故万恳和吴老[③]一谈，允许我离校来您处工作。不胜感盼之至。

敬礼并祝健康！

王自重　谨上

六月二十日

---

① 董必武，时任中央财政经济部部长。他在该信上的批语是："此人原在重庆新华日报工作，现为华大教员，曾有信要我调他做工作，我已回信说我这里只有研究工作可做，如愿意我可以试调，将来调得动财经学校，他是可以做部分工作的。"中央财政经济部秘书长薛暮桥1948年6月28日在该信上批语："范校长：王同志能否调出，请你考虑决定。上面是董老的指示。"范校长，指范文澜。

② 指北方大学与华北联合大学1948年合并为华北大学。

③ 吴老，指吴玉章，时任华北大学校长。

3　杨秀峰[①]致范文澜
（1948年6月28日）

文澜同志：

顷接天宇[②]同志一信，对两大学合并及工、农、财各院改变领导各计划似有误会，我不知天宇现在何处？是否仍在太岳或返长治[③]或即回邢[④]，因是不能即作复。请您速致函解释，并请他返长后能来一次。对农院职教学员希加慰解安心并更努力工作。昨天曾晤张副部长（农林部），他同意农院作法并愿协力推广，这对农院工作会更有帮助。

我数日内还留石[⑤]，北大学员来时如我未走，当与一谈。

希注意健康。

敬礼

问仿吾[⑥]同志好

秀峰

六月廿八日

4　李何林[⑦]致孟夫唐[⑧]
（1948年8月24日）

夫唐同志：

回历史研究室后，因大年同志在午睡，遂与此间负责事务工作的冷先生共同查视空房，计算所能容纳人数（每人一铺位），共可容八十人左右。又

---

① 杨秀峰，时任晋冀鲁豫边区政府主席。

② 天宇，即乐天宇，时任北方大学农学院院长。

③ 长治，今山西省长治市，1947年前为北方大学校部所在地。

④ 邢，今河北省邢台市，1948年前一度为北方大学校部所在地。

⑤ 石，今河北省石家庄市。

⑥ 仿吾，即成仿吾，时任华北联合大学校长。

⑦ 李何林，时在华北大学研究部历史研究室工作。

⑧ 孟夫唐，时任华北大学教务长。

此间大灶厨房原可供百人伙食，中灶厨房可供三十人左右，只需加添服务人员，及添一烧开水灶即可。铺板全无，一切请建议成校长①并与鲍处长会商解决。四联中②以二部③即可迁入为佳。匆上奉达。并致

敬礼！

弟　李何林　上

廿四日下午一时

5　陈伯达致王炳南④

（1948年9月15日）

炳南同志：

华北大学刘大年同志写《美国侵华史》，想到你处找点材料，并和你处研究美国的同志谈些问题，请予帮助是荷！

敬礼！

伯达

十五日

---

① 成校长，指成仿吾，时任华北大学副校长。

② 指河北正定城内一中学。

③ 指华北大学二部。当时华北大学分为四个部，即一部短训部，二部师范部，三部文艺部，四部研究部。

④ 陈伯达，时任中共中央宣传部副部长。王炳南，时任中共中央外事组副主任。王炳南在这封信上的批语是："老柯：兹介绍刘同志见你一谈。"老柯，指柯柏年，时任中共中央外事组研究处处长。关于此信所谈之事，刘大年在《田家英与学术界》一文中说："1947年秋天，我利用养病期间写完《美国侵华简史》初稿。一直搁在手里。1948年5月，北方大学从山西潞城经河北邢台，7月再迁到正定与华北联大合并，组成华北大学。《简史》初稿也随即送请华北局审查。解放区出书没有什么规定，我和范文澜同志都觉得这个稿子仓促草出，送请上面审查一下很有必要。不久接到华北局宣传部长周扬同志回信，说稿子要请在中央宣传部工作的陈伯达看，已经转往中央机关驻地西柏坡，我可以自己去接头。艾思奇同志这时由中宣部临时派在华北大学兼职。他担任研究部副主任、党支部书记，我是副书记。艾思奇给陈伯达写了一封信，介绍我去当面听取意见。又附一张便条，请田家英同志给予帮助。……一连六天，先后访问王炳南、柯柏年等几位同志，想从他们那里搜集资料，不过并无所获。……稿子不久由艾思奇同志看过一遍。"（载《毛泽东和他的秘书田家英》，中央文献出版社1989年版）

一九四九年

6　中宣部致范文澜[①]

（1949 年 1 月 15 日）

范老：

您给定一、伯达[②]同志的信收到。刘大年同志所写《美国侵华简史》一稿，现正由艾思奇[③]同志审阅，一俟审阅毕，即送书店排印。此复。即致

敬礼！

中宣部

一月十五日

7　王子野[④]致范文澜

（1949 年 12 月 15 日）

范老同志：

刘大年同志的书[⑤]已出版，寄上样书十一本。因不知刘现住何处，烦代转交。此致

敬礼！

王子野

12.15

---

① 范文澜，时任华北大学副校长兼研究部主任、历史研究室主任。

② 定一，即陆定一，时任中共中央宣传部部长。伯达，即陈伯达。

③ 艾思奇，时在中共中央宣传部工作，兼任华北大学研究部副主任、党支部书记。

④ 王子野，时在中国出版委员会工作。

⑤ 指刘大年著《美国侵华简史》。

一九五〇年

8　李培之[①]致杨之华[②]及复函

（1950 年 7 月）

一

之华大姐：

我们这里需要[③]参看瞿秋白同志著的《中国革命中之争论问题》（书的名字或者有点不同），你处不知是否存有？请借一用。祝

你好！

培之

七月六日

二

培之大妹：

你好吗？很念你！

这本书我从中央秘书处借来，现正在宣传部抄写，写好后当奉上。现在我处没有，也许这是唯一留世的一本。

之华

---

① 李培之，王若飞夫人，时任中国人民大学教务处处长。

② 杨之华，瞿秋白夫人，时任全国妇联副主席。

③ 指刘大年请李培之代向杨之华借书事。

一九五二年

9　杨钟健[①]致郭沫若[②]

（1952年8月13日）

院长钧鉴：

本月六日属局派艾提同志前往出版总署商谈关于属局与商务印书馆的关系问题。据该署出版管理局谢冰岩副局长谈，政府希望商务印书馆待条件成熟时，逐步走向公私合营，其任务专门担任理工科书刊之出版事宜，并拟实现成为科学院附属之科学出版社。谢副局长继称：商务印书馆之编审部由我院编译局领导，并希望属局目前对商务印书馆能做到下述三点：1．出版计划及选题计划；2．定期的业务指导；3．重要出版物的审定。

以上情况，特此报告。属局应如何处施，请加核示。

（请文澜同志如郭院长指示再与出版局长洽谈一次）[③]

谨致

敬礼

杨钟健　启

一九五二年八月十三日

---

① 杨钟健，时任中国科学院编译局局长。

② 郭沫若，时任中国科学院院长。

③ 文澜，即范文澜，时任中国科学院近代史研究所所长。郭沫若1952年8月18日在信上批语："最好请由出版总署邀集商务及科学院编译局会谈一次，将领导关系弄明确再策具体进行。"

一九五三年

10　郭沫若致党组[①]

（1953 年 10 月 3 日）

贺昌群[②]，现任南京图书馆馆长。贺某系隋唐史研究专家，研究态度踏实，著述颇多。此类专才宜集中至第二历史研究所[③]，从事研究工作。请党组考虑，向文化部调用。张稼夫[④]同意。

郭沫若

十月三日

11　贺昌群致陶孟和[⑤]

（1953 年 10 月 9 日）

孟和先生：

手书奉悉，至为欣感。西谛[⑥]上月曾来长函，谓科学院如调去做研究工

---

① 此信是中国科学院院长郭沫若给中国科学院党组写的。

② 贺昌群，时任南京图书馆馆长，后调至中国科学院历史研究所第二所任研究员，兼中国科学院图书馆馆长。

③ 指正在筹建的中国科学院历史研究所第二所。

④ 张稼夫，时任中国科学院副院长。

⑤ 陶孟和，时任中国科学院副院长。

⑥ 西谛，即郑振铎，时任中国科学院考古研究所所长，文化部社会文化事业管理局局长。

作，彼甚赞成。如仍系图书馆工作，与南图[①]工作无异，此言并不尽然。故望群暂不必离南图。今院中既有历史研究新单位成立[②]，以研究而兼图书馆事提出，想必再无话可说。但如郭院长[③]再与周副部长说明，由周转告社管局[④]党组，则社管局内部对于群之调动，可以认识一致，更为圆满，祈先生考虑。剩下一事为南图接替人问题。前曾非正式建议社管局，前任南京文教委员会秘书长、又曾为华东水利学院院长裴海萍，系老党员，虽对图书不熟悉，但能力甚强；因肺病休养年余，短期可以出医院，上月曾征询其个人意见，是否愿负南图责任，彼笑云愿服从组织分配，其意已默许。

又，曾与省委提及裴来馆事，省委亦未表示不同意。如中央党、政方面可以同意调裴接替，即可解决。此意南图与社管局党内曾个别交换意见，并无异议。只因南图方向与性质问题，中央尚未决定，故未积极进行。倘郭院长与周部长商调涉及接替人问题时，此项意见可以提供参考。先生以为然否？研究兼图书馆事，因是新办法，并是先生苦心，但恐群力不能胜耳，当毕生尽力以赴之。专此

敬礼。

贺昌群 上

十月九日

12　萧三[⑤]致郭沫若

（1953年12月22日）

郭老：

最近由保加利亚起程回国时，在那边教书的朱德熙君托带一部手稿给您。兹特着人送上，即请查收。

---

① 南图，指南京图书馆。

② 指中国科学院筹备成立历史研究所第二所一事。

③ 郭院长，指郭沫若。

④ 指中央人民政府文化部社会文化事业管理局。

⑤ 萧三，诗人，时任世界和平理事会理事。

专此致

敬礼。并祝于夫人[①]早日恢复健康。

萧三

1953年12月22日

① 于夫人，指郭沫若夫人于立群。

一九五四年

13　郭沫若致陈寅恪[①]

（1954 年 8 月 12 日）

寅恪先生大鉴：

今日健康情形如何，良以为念。尊著[②]已在《历史研究》上先后发表，想已见到。

中国科学院为了加强学术领导，正在筹设物理学数学化学部，生物地学部，技术科学部和社会科学部等四个学部。学部是科学院指导全国科学研究工作与学术活动的机构，将由各方面的在学术上有较重要成就的专家学者组成。所有学部委员均为兼职，除了定期举行一些会议，不影响其原有的工作。目前社会科学部包括历史、语言、文学、经济、哲学、考古等学科。我们拟请先生担任社会科学学部委员[③]，这方面的事务不会很多，祈予同意，并盼赐复。

对《历史研究》的编辑工作有何意见，亦望便中告知。即颂
著祺！

郭沫若

1954 年 8 月 12 日

---

① 陈寅恪，时任中山大学教授。

② 指分别发表在《历史研究》1954 年第 1 期（创刊号）和第 2 期上的陈寅恪的两篇文章：《记唐代之李武韦杨婚姻集团》和《论韩愈》。

③ 陈寅恪后同意担任中国科学院哲学社会科学学部委员。

14　杜国庠①致张稼夫

（1954 年 9 月 4 日）

稼夫同志：

陈寅恪先生已答应就委员职②。日前给您电报想已收到。第二日晚到达北京，现住北京饭店，有暇请约谈，当以详情奉告。

敬礼！

杜国庠　拜上

九月四日

15　郭沫若致陈寅恪③

（1954 年 9 月 30 日）

寅恪先生大鉴：

---

① 杜国庠，时任中南军政委员会委员。

② 指陈寅恪答应就任中国科学院哲学社会科学学部委员事。

③ 此信是刘大年为郭沫若起草的，郭阅后有修改，并在修改后的草稿上批语："刘大年同志：文稿略有润色，已书就，望交杜守素同志转。"

关于陈寅恪与中国科学院的交往，在中共中央宣传部于 1953 年 9 月 21 日下发的"中国历史问题研究委员会第一次会议记录"中，还有一段记录：

> 关于研究的机构问题。重要的科学研究机构应该集中在科学院。中国科学院不但应成为自然科学的权威机构，而且也应成为历史研究的权威机构。中宣部提议设立三个历史研究所，从远古到南北朝为第一所，以下为第二所，近代史所为第三所。这不是历史阶段的划分，是工作范围的区别。第一所郭老兼所长，第二所请陈寅恪先生担任所长。聘请研究人员的范围不要太狭，要开一下门，像顾颉刚也可以找来。增加几个研究所可以把历史研究的阵容搞起来，学术问题在各所讨论。由郭老、范文澜同志来共同组织讨论会。有些问题在讨论之前我们这个委员会先研究。第一、第二两个研究所找两个人来做组织工作。

中国科学院聘陈寅恪担任历史研究所第二所所长事，《竺可桢日记》中记载："晨九点半开院常委会，通过……历史所人选。上古所郭院长兼，尹达为副；中古所陈寅恪为所长，向达和侯外庐为副；刘大年为近代史所副所长。"（载《竺可桢日记》第三册，人民出版社 1984 年版，第 399 页）

这段往事，刘大年于 1995 年重新看过有关信件后回忆说：

学友杜守素[①]先生来京，获悉尊体健康，并蒙慨允担任中国科学院社会科学学部委员，曷胜欣幸！

学部乃科学院指导全国科学研究工作与学术活动之机构，事务不多，不致影响研究工作。目前正积极筹备，详情将由守素兄返粤时面达。

尊著二稿[②]已在《历史研究》上先后发表，想已达览。《历史研究》编辑工作缺点颇多，质量亦未能尽满人意，尚祈随时指教，以期有所改进。尊处于学术研究工作中有何需要，亦望随时赐示，本院定当设法置备。专此著祺！

郭沫若

九月三十日

我手中现存的涉及科学院与陈寅恪交往的资料和信函共四件：1953 年 9 月中国历史工作委员会会议记录、12 月 14 日回郭沫若信中提到的“汪篯报告”、1954 年 9 月 4 日杜国庠致张稼夫的信和郭沫若致陈寅恪的信。它们记录的是三件事：

（一）科学院筹建历史研究所第二所并请陈担任所长是在 1953 年 9 月 2I 日历史委员会上提出的。也就是在那次会议上，讲了历史研究要百家争鸣的问题。后来才知道这是毛泽东主席的意见。其经过我写的发表在《历史研究》上，后来收入《选集》的《〈历史研究〉的光荣》一文里有详细记载。历史工作委员会会议记录上又有“要开一下门”“顾颉刚也可以请来”“把历史研究的阵地搞起来”等，这说明考虑由陈寅恪担任历史所所长，是和百家争鸣相联系的，决不是要陈寅恪来讲马克思主义。陈伯达在那次会上讲的学习马列著作等，只是对共产党员历史学者的要求。

（二）现在可以知道，12 月 14 日回郭信中所说“汪篯同志报告”，就是汪从广州回来以后写的关于与陈寅恪见面结果的报告。内容我已经毫无记忆，只记得汪口头汇报说，陈提出请毛、刘二公允许他不讲马列主义。汪带回陈的两篇文章、四首诗。文章很快发表在《历史研究》上。诗是给北大教授邓之诚的，有“会议”“经史”“文章”等题目，反映出作者对共产党很不了解。其中多用古今掌故，包括梅兰芳最初演戏的戏园名称等，由翦伯赞注释后刊登在中宣部的内部刊物上。周恩来总理很快知道了汪报告的内容，在政务院的一次会议上讲，像陈寅恪这样的老一辈知识分子不了解共产党是正常的。他愿意留在大陆，不去台湾，是一位爱国主义者，我们要团结。

（三）陈寅恪同意担任科学院学部委员，时间是在 1954 年 9 月，学部委员人选正在推选中。科学院当时制定有资助院外学者工作办法。郭信中表示了对陈研究工作的关心，不是客套。

① 杜守素，即杜国庠。

② 指分别发表在《历史研究》1954 年第 1 期（创刊号）和第 2 期上的陈寅恪的两篇文章：《记唐代之李武韦杨婚姻集团》和《论韩愈》。

一九五五年

16　陈伯达[①]致范文澜[②]

（1955年）

文澜同志：

示敬悉。关于此事，请和尹达[③]、刘大年二位同志交换一下意见。要给的材料由你们共同斟酌，也不要经我的手。对于原材料[④]有些使人难堪的地方，应该声明一下。托姚洛[⑤]同志来访，请有便接见！（有些意见由他奉告）

陈伯达

十九日

请告诉刘大年同志：转告语言所搜集一些关于汉字改革的文章和书籍给苏联语言学专家。

---

① 陈伯达，时任中共中央宣传部副部长、中国科学院副院长。

② 范文澜，时任中国科学院历史研究所第三所所长。

③ 尹达，时任中国科学院历史研究所第一所副所长，《历史研究》主编。

④ 指中国科学院语言研究所苏联顾问谢尔久琴科要找中俄关系史方面的材料。

⑤ 姚洛，时为中共中央宣传部干部。

一九五六年

17　申伯纯[①]致范文澜[②]

（1956年3月）

范老：

下星期二（本月廿日）下午三时，在政协礼堂召开文史资料研究委员第二次会议[③]，会议内容主要是报告一下二三个月来的工作（如收到文稿的情况和出文史资料选辑的问题）和请各委员更从各方面推动这一工作的开展。

会议请您主持，工作报告请杨东莼副主任做。工作报告的内容即可送请您审阅。本来我打算在本周内去看您向您当面报告。现在我同您先说一下，如果没有必要我就不去您那里了。

您还有什么指示，请告。

申伯纯　即

---

① 申伯纯，时任全国政协副秘书长、文史资料研究委员会副主任。

② 范文澜，时任中国科学院历史研究所第三所所长、全国政协文史资料研究委员会主任。

③ 关于全国政协文史资料研究委员会的工作，范文澜曾在1956年致刘大年函中说：“大年同志：明天上午九时申伯纯同志来谈政协文史资料研究会的具体问题，请你一起商谈。”

18 汪某致鼎老[①]

（1956年5月28日）

鼎老尊鉴：

久铭德望私淑非百矣。往日读书河南大学曾获听范文澜、嵇文甫诸先生之教。刘君曜（闻即尹达），亦旧日同学。当郭子衡先生主持发掘山彪魏王墓时，亦曾追随在田野见习，因之对中国古史及近代史皆有相当兴趣。惟以学短力薄未能有所造就。兹有陈者窃以后代修前代之史，在中国已成习惯。国民党统治期间及日本人占据期间之历史有待于今之史学界整理编纂，自不成问题。但解放前后档案散失，文献不足，势所难免。后学以为今之全国文史馆员，就其组成人员观察，多辛亥以后各时期之老辈。如由先生倡议发动全国文史馆员，就各人经历将辛亥以后之所见所闻写成札记，或为军事或为政治，一事之兴废，一人之起伏，大者编年，小者记事，写成之后汇交历史研究所，则将来集中研究，必有补于文献之不足。愚见所及，尚祈指示。并颂

撰祺。

后学 汪大铁 上

五月廿八日

19 杨献珍致范文澜[②]

（1956年7月15日）

范老：

对不起，因为这几天学校事情多一点，没有来得及读你的稿子，直到昨

---

① 本篇写信、收信人均不知为何人。中国科学院院长郭沫若1956年6月在该信上批语：“请刘大年、尹达同志看一看，他的建议和往年周善培的建议相近，我觉得可以采纳。”

② 杨献珍，时任中共中央直属高级党校校长。范文澜在这封信上的批语是：“孟源同志：献珍同志这初稿可作我们的模范，请你多注意采用。”孟源，即荣孟源，时任中国科学院历史研究所第三所研究员。

天和今天，才匆匆地读了一遍。你收集的资料很丰富，写得很好，我提不出什么意见。

前年中宣部指定我给《真理报》[①]写一篇稿子，题目也是《真理报》出的，是为纪念十月革命三十七周年的。当时我也是从十月革命对中国所发生的影响方面来研究这个问题，翻了一些材料，但翻得很少。我觉得在中国党成立前的社会主义论战那一段材料很重要，你的文章可以用上。我当时写了一篇稿子，因写长了，没有用（《真理报》只需一两千字的文章）。当时曾打了几份清样分送给我们学校的几位同志，向他们征求意见。现在把那个旧稿清样送一份去，供参考。

敬礼！

杨献珍

七月十五日

一九五七年

20　范文澜致张劲夫[1]

（1957 年 6 月 2 日）

劲夫同志：

我们所此次在放鸣中，大大暴露了我和大年同志在领导工作上的弱点，“三害”为患，形势是不轻的。这确实初步叫我们醒过来，必须认真地检查我们身上的毛病，探求妥善地解决已存在的问题的道路，再不能允许像过去那样拖下去了。

已暴露的问题，大体上可分为三类：（1）党内思想教育很弱；（2）对群众的思想教育很差；（3）研究工作的领导力很弱。这三类问题不从根本上予以解决，我所整风将无法获得满意的效果。兹将我和大年同志的意见提出来，请求您指示如何进行整风并给我们帮助。我们在您的大力帮助下，我们在您和党组的指示下，相信我们可以把风整好的。

我和大年同志的意见如下：（1）我今后仍将致全力于写作上，领导我所的工作，仍像过去那样，由大年同志负担。（2）大年同志不能老是不读书，必须给他每周三四天功夫去做本人的研究工作（这是建立领导威信的必要条件），再有一两天做领导各组的研究工作（包括参加各组业务讨论和找研究人员谈话）。他现在的情形，他可以面陈，确实是整天忙碌，顾此失彼，出了大力却收效有限。对党内的工作，当然更是招架不过来，党内思想教育，实际上我们不曾进行。

针对上述情形，我们请求调给我所一位副所长。郁文[2]同志曾允许调唐

---

① 张劲夫，时任中国科学院党组书记、副院长。

② 郁文，时任中国科学院副秘书长。

若愚同志来，我们非常欢迎，目前听说有了问题，为此我们恳切请求您给我们大帮助，务必让若愚同志早日来所，把党的工作和一部分对群众的思想政治教育领导起来（我和大年同志尽量帮助、支持他）。我们所的党的工作和群众政治水平是有一定的程度的，只要我们加以领导，我看，困难不是很多的，比有些所可能较容易些。我们十分盼望得到您的允许，调若愚同志来。

我因事不能前去见您，兹由大年同志将详细情形面陈，请赐指示为盼！

敬礼！

范文澜

六月二日

21　中国科学院党组致范文澜

（1957 年 8 月 22 日）

范文澜同志：

为了加强哲学社会科学方面党的领导，党组曾于 7 月 2 日报告中宣部，提出如下建议："成立哲学社会科学部的分党组，负责经常工作的领导，由潘梓年、刘导生、裴丽生、尹达、刘大年、何其芳等六人组成。潘梓年任书记，刘导生任副书记。哲学社会科学的学术思想方面问题，建议请中央宣传部直接领导，一般政治思想工作和行政工作仍由中国科学院负责。"中宣部于 8 月 9 日批示同意。

特此通知，希分党组即开始工作。

中国科学院党组

1957 年 8 月 22 日

22　吴泽[1]致范文澜

（1957年8月27日）

文澜先生：

首先让我向您致以亲切的问候。敬愿您在紧张的反右派斗争中保重身体康健。

我系有两名中国现代史青年教师（陈善学讲师，王承礼助教）迫切要求把他们早日培养起来，但我系没有研究这一专业的老教师，又缺乏必要的资料，所以我校前次曾来公函联系拟派这二同志来脱产进修。但我校接到回函说，所里研究任务重又无导师指导，不接受进修生。

为了解决在上海、在我校所不能解决的这个困难问题，所以只好请范老帮忙了。

叫他们来，一定会给所里带来些麻烦。我看他们来进修不用为他们请专任导师，只要一般的指教就非常感激了。

此外，他们住在所里，还可以看到一些外地难以找到的资料，这也是他们进修中的有利条件。

敬请范老予以大力支持。此致

敬礼。

吴泽

8月27日

23　波里索夫致郭沫若[2]

（1957年9月12日）

致中国科学院郭沫若院长

敬爱的郭沫若同志：

---

①吴泽，时任华东师范大学教授。

②郭沫若1957年10月2日在信上批语："即送刘大年同志，请他组织一下。我自己不能写。"

《历史问题》杂志编辑委员会请您写文章，如果现在您没有时间的话，那就请您委托一位工作同志，让他给我们的杂志准备一篇简述的文章——鉴于伟大十月社会主义革命四十年，中国的历史学家进行了些什么工作（科学常会、代表会议、科学的专题论文、论文集、发表文件等等）。

我们希望文章最晚要在今年十月二十日以前由北京寄出。

副主编辑　波里索夫

1957.9.12

24　侯外庐[①]致云非

（1957年9月17日）

云非同志：

稿子赶成了。你们是否要？不要，我即送《人民日报》去了。稿子如要，请大年同志一看，并请其审阅。

侯外庐

① 侯外庐，时任中国科学院历史研究所第二所研究员。

一九五八年

25　包尔汉[1]致三所

（1958年1月2日）

中国科学院历史研究第三所：

兹送上我最近加以修正的关于阿古柏的一篇文章，请审阅。此致

敬礼！

附稿一件

包尔汉

1958.1.2

26　尚钺[2]致尹达

（1958年4月10日）

尹达同志：

病虽好，但腿不能走，想去看你，只好等能出门时再说了。日前寄上的《历史科学工作为谁服务和怎样服务》一稿，不知看过否？如不能用，可马上还我，如用，校稿务必送我一看。还有一事：即对本年一期所载大年同志一文[3]，我提出了许多商讨的地方，文也不短，前专送大年同志一阅，他未

---

① 包尔汉，时任全国政协副主席。

② 尚钺，时任中国人民大学教授。

③ 指刘大年《关于尚钺同志为〈明清社会经济形态的研究〉一书所写的序言》，载《历史研究》1958年第1期。

看即嘱桂五[①]送编辑部打印，随即因有同志建议“要回来”，我又要了回来。现在我们这里有两种意见：一种主张送《历史研究》，一种主张摸摸底再说。我不能决，如果仅仅是学术讨论，打印了先请伯达、胡绳[②]、陆定一等同志看了提出意见，修改了再发表，原无不可。如果不必争论，我就打算不送编辑部，而藏之小舍了。特此上函。请予指示。此致

敬礼。

尚钺

4月10日

27 李济深致范文澜[③]

（1958年5月6日）

范文澜先生：

兹接梁漱溟[④]先生转来陆世一君来信一件，提及整理吴稚晖[⑤]遗作。我认为是有助于揭发反动统治的参考资料。他欲和我一谈。爰将其原函附奉察阅，尊见如何？还请赐示，以资复知。致以

敬礼

李济深

一九五八年五月六日

---

① 桂五，即刘桂五，时任中国科学院历史研究所第三所学术秘书。

② 胡绳，时任中共中央政治研究室副主任。

③ 李济深，时任全国人大常委会副委员长、全国政协副主席。范文澜接此信后转给刘大年，由刘大年往访李济深，商量处理办法。

④ 梁漱溟，曾任全国政协委员、常务委员。

⑤ 吴稚晖，曾任中央研究院院士。

28 陈叔通[①]致范文澜

（1958年6月20日）

文澜先生：

戊戌纪念征文[②]甚难检，旧稿有诗五首，只是轶事，无关宏旨。送请教正，即有纪念册亦不必录入也。此致

敬礼

陈叔通

廿日

29 康同璧致范文澜[③]

（1958年7月29日）

文澜先生：

关于戊戌纪念事[④]，各方面来稿想必不少。先君自编年谱是至四十，以后我为之补遗，初稿正在校审，拟于纪念会前付印分送各方借作参考。舍间住房，早年给予小女仪凤，她现亟愿献出，作为戊戌纪念南海及其殉难六君子之纪念馆。此意已转达最高负责当局，尚待决定。顺便奉闻。专此谨致

敬意

康同璧　拜上

七月廿九日

---

① 陈叔通，时任全国政协副主席、全国工商联主任委员。

② 指中国史学界为纪念戊戌变法60年学术讨论会的征文。

③ 康同璧，康有为之女，时任中央文史馆馆员。1995年刘大年回忆与此信有关之事时说，康有为《戊戌奏稿》中有后来伪造的东西。康同璧这封信对于弄清楚这个问题有参考价值。

④ 指1958年中国史学界为纪念戊戌变法60周年所筹备的一系列纪念活动。

一九五九年

30 范文澜致王其梅①

（1959 年 2 月 16 日）

其梅同志并请转西藏工委：

我们的研究所正在编写中国近代现代史。西藏地区近百年的历史在书中应该占有适当地位，但是这方面的资料却非常缺乏。我们希望西藏工委给以帮助，供给一些西藏地区近百年来的政权、宗教、阶级关系、外国的侵略、人民反侵略斗争等方面的资料。其中最好包括：（一）打印出来供内部参考的当地社会经济、阶级状况的调查资料；（二）打印出来准备讨论修改的藏族简志、简史初稿；（三）可以借调和可以代为抄录的档案文献等。所有这些资料我们一定负责保存，只供少数负责人员阅读利用，不使外传。需要归还的当定期归还。谢谢您们的帮助，并希早日能有结果。

敬礼！

范文澜

二月十六日

① 王其梅，时任中国人民解放军西藏军区第二副政治委员。此信是刘大年起草的。

一九五〇年代

31　叶籁士致张稼夫[①]

（1950年代）

稼夫同志：

最近和胡绳同志研究了一下语言所的情况，我们觉得语言所的政治情况很复杂，在搞少数民族语文这一点上，它又是一个要害部门，因此很有必要逐渐在所内增加一些党的力量。科学院曾要调江苏省委宣传部的赵卓同志，不知有没有去调，能不能调来。赵卓搞过多年学校行政和政治工作，他一向是弄语言的，最好能调来语言所任行政副所长。目前吕叔湘[②]要管行政，因此无法把精力集中在研究工作上，赵如能调来，还可减轻吕的负担。罗[③]、吕都曾提过，希望能调个行政副所长来。但这样的人很不好找，又要是党员，又要懂一点业务，赵卓倒是很合适的。此事是否可行，请考虑。

敬礼。

叶籁士

4月21日

---

① 叶籁士，时任中国文字改革委员会秘书长。张稼夫4月25日在信上批语："请刘大年同志考虑解决。"

② 吕叔湘，时任中国科学院语言研究所副所长。

③ 罗，指罗常培，时任中国科学院语言研究所所长。

32　刘子厚[1]致范文澜

（1950 年代）

北京东厂胡同历史科学研究所范文澜同志：

郑位三同志同意刘大年同志最近来，特复。

刘子厚

三月六日

①刘子厚，曾任中共湖北省委第二书记。

一九六〇年

33 黄炎培[①]致范文澜[②]

（1960年）

范老：

前天梁思成[③]同志谈起梁任公[④]先生存着没有完成的遗稿六七大箱，还没有处理，这事似值得注意。如过去还没有联系，似可由你老向思成商量一下。也许是研究所的一种宝贵资料。

炎培

---

①黄炎培，时任全国人大常委会副委员长、全国政协副主席、中国民主建国会主任委员。

②范文澜，时任中国科学院近代史研究所所长。

③梁思成，梁启超长子，时任清华大学教授。他在黄炎培信上批语："不全是'没有完成'的，而绝大部分是'完成'了的手稿。全部在北京图书馆。"

④梁任公，指梁启超。

一九六六年

34　范文澜致黎澍[①]

（1966 年 5 月 18 日）

黎澍同志：

承删改拙稿[②]，至感！原稿中厚今薄古一段里，本有“我在这次教育运动[③]里受到很大的教育”这几句话，我想仍加上，不要删去，以免人们误会，以为我一向是厚今薄古的，这个运动与我无关。

请毫不容情地加上自我批评的文字，愈过头愈好。请你站在敌对者的方面，尽量抨击，不大大抨击，将来自有人出来抨击，那时就被动了。这一点务请采纳为幸！致

敬礼！

范文澜

十八日

---

① 黎澍，时任中国科学院近代史研究所副所长。该信黎澍阅后转给刘大年。

② 指范文澜在 1966 年 5 月写的自我批判文稿。

③ 指 1966 年 6 月“文化大革命”正式开始前夕的批判吴晗、邓拓、廖沫沙的运动。

一九七八年

35　宋庆龄致仁木富美子①

（1978年5月23日）

仁木富美子女士：

邮寄给我和姑娘们的饼干、圆珠笔都已收到。向您致谢。

您所得到的关于我生平的记事，来源有不确实的部分。《西行漫记》的作者埃德加·斯诺叙述了正确的事实。我和孙中山是在一九一五年十月二十五日结婚的。我们的结婚年份不是一九一二年。一九一二年我还在美国读书；因此，并未参加第一次的辛亥革命。和孙中山紧密联系的是我父亲，我父亲是老同盟会员，在一九一二年参加了革命，帮助孙先生从事财务工作和负责英语信件的答复等等。

那时候按我的年龄进大学是太年轻了。我只好到新泽西州萨米梯一个私人开设的学校学法文和拉丁文。这两种外语是大学入学考试必须应考的。因此，先到这个学校学这两种外语。在填写入学申请书时，把年龄一项填大一些。学这两种外语学了两年。

我毕业的学校威斯莱大学是在美国佐治亚州的美昆，而不是如您所得到的报道在康内克蒂卡蒂。我父亲是在美国田纳西州范德比尔特大学受教育。他在美国南方有好朋友可以照顾我，因此，让我到南方受教育。

以上让您知道，可以了解事实真相。此致

敬礼

宋庆龄

一九七八年五月廿三日

---

①仁木富美子，《宋庆龄选集》日文版译者，曾任日本宋庆龄基金会副理事长。1979年刘大年应邀至日本东京大学研究生院讲授中国近代史时，仁木富美子赠此信。

一九八七年

36 李侃[①]致金冲及[②]

（1987 年 4 月 4 日）

冲及同志：

《大百科》辛亥革命条，由杨天石[③]同志、我、大年同志写了一个初稿。大年同志要我看看并提出意见。我对辛亥革命没有研究，很难提出中肯的意见。初读全文，印象如下：

一、对辛亥革命的准备、发动、结局，叙述得比较清楚，材料也还比较充实，文字写法基本通畅可读。

二、论点大体平实，虽然没有什么“新意”，但也并不显得“陈旧”。

三、读后，有些“平铺直叙”的感觉，重点不突出，给人的印象不深。

四、写法有些不够精练，文字压缩余地似乎不小。

请你花点时间，好好看看，并且提出一些修改意见，告诉大年同志。我看这个稿子是有修改基础的，不知尊意以为如何。拜托。即祝

春安。

李侃

87 年 4 月 4 日

---

① 李侃，时任中华书局总编辑，《大百科全书·清史（下）》副主编。

② 金冲及，时任中共中央文献研究室副主任，《大百科全书·清史（下）》副主编。

③ 杨天石，时任中国社会科学院近代史研究所副研究员。

年代不详

37　申伯纯[1]致范文澜

（年代不详）

范老：

《西安事变史话》稿后一部分已誊清一份，送请审阅，并遵嘱写了一个序言稿，一并送请查阅。

这个稿子请您阅后多多提指正的意见，以便修改后打印出来送请领导同志审阅。您什么时候找我谈，请用电话告诉我。致以

敬礼！

申伯纯

6月20日

（另附一个名单请转交刘大年同志参考，这只是一部分，其实我们联系的还比这个名单多许多。）

38　易礼容致申伯纯

（年代不详）

申伯老：

有一位金梁[2]别号息侯先生和我相识，传闻是溥仪的师傅之一。会的东

---

① 申伯纯，曾任全国政协副秘书长。

② 金梁，号息侯，满族瓜尔佳氏，汉名关介之，光绪三十年进士。撰有《光宣小记》等。

西（如书法）似多少有研究。昨日他寄来三页有关李秀成的文件，似颇有参考价值。特送请参考。

此件如您处不合用，似可转送刘大年所长。

易礼容

7月27日